XIANGCUN
ZHENXING

SHIJIAO XIA YUNNAN NONGCUN SANCHAN RONGHE FAZHAN YANJIU

乡村振兴视角下
云南农村三产融合发展研究

毛昭庆　李梁　张素芳　等 ◎编著

中国财经出版传媒集团

经济科学出版社

·北京·

图书在版编目（CIP）数据

乡村振兴视角下云南农村三产融合发展研究／毛昭庆等编著． -- 北京：经济科学出版社，2025.8.
ISBN 978 - 7 - 5218 - 6214 - 0

Ⅰ．F327.74

中国国家版本馆 CIP 数据核字第 2024KP5681 号

责任编辑：初少磊　尹雪晶
责任校对：李　建
责任印制：范　艳

乡村振兴视角下云南农村三产融合发展研究
XIANGCUN ZHENXING SHIJIAO XIA YUNNAN NONGCUN
SANCHAN RONGHE FAZHAN YANJIU
毛昭庆　李梁　张素芳　等／编著
经济科学出版社出版、发行　新华书店经销
社址：北京市海淀区阜成路甲 28 号　邮编：100142
总编部电话：010 - 88191217　发行部电话：010 - 88191522
网址：www.esp.com.cn
电子邮箱：esp@esp.com.cn
天猫网店：经济科学出版社旗舰店
网址：http://jjkxcbs.tmall.com
北京季蜂印刷有限公司印装
710×1000　16 开　19.75 印张　306000 字
2025 年 8 月第 1 版　2025 年 8 月第 1 次印刷
ISBN 978 - 7 - 5218 - 6214 - 0　定价：88.00 元
(图书出现印装问题，本社负责调换。电话：010 - 88191545)
(版权所有　侵权必究　打击盗版　举报热线：010 - 88191661
QQ：2242791300　营销中心电话：010 - 88191537
电子邮箱：dbts@esp.com.cn）

本书得到云南省"兴滇英才支持计划"云岭学者专项（YNWR-YLXZ-2019-013）、云南省科技人才与平台计划"中青年学术和技术带头人后备人才项目——董晓波"（202105AC160088）、云南省哲学社会科学规划项目"云南粮食产能保护的理论逻辑与实现路径研究"（QN202412）等项目的支持。

《乡村振兴视角下云南农村三产融合发展研究》写作团队

主　笔：毛昭庆　李　梁　张素芳

副主笔：袁　媛　鄢文光　董晓波　张晓娇

　　　　巨　茜　李锡红　崔正菊

　　进入21世纪以来,我国农村经济社会发展取得了长足进步,农业发展质量稳步提升,农民生活水平大幅提高,"三农"形势逐渐向好。随着我国经济发展的增长速度有所减缓,地方财政支农增长幅度减少甚至出现下降趋势,加上一直以来农村空心化、农业边缘化等新问题日趋突出,农业农村的发展正面临着前所未有的挑战和机遇。巨大的挑战在于农村地区一系列亟待解决的问题:如农村生态资源环境不断恶化、农业生产成本攀升而农产品价格趋于稳定导致农民收入减少、大量农村剩余劳动力外溢现象普遍存在、农村生产生活基础设施有待进一步完善、新兴融合业态存在同质化和单一化等问题。迎接的机遇是现代工业化、信息化等深入农村地区,推动着农业产业化转型升级的步伐。

　　我们党始终高度重视"三农"问题,一直坚持把解决好"三农"问题作为全党工作重中之重。为准确把握机遇面对挑战,进一步改善农村发展基础薄弱、发展缓慢等现状,党的十九大报告首次提出了要实施乡村振兴战略,党的二十大报告又明确强调了全面推进乡村振兴战略,对我国"三农"发展具有划时代的历史意义。乡村振兴战略作为破解我国"三农"问题的金钥匙,为农业农村现代化建设指明了方向。乡村振兴战略的实施须按照产业兴旺、生态宜居、乡风文明、治理有效、生活富裕的总要求来进行,这不仅涵盖了农村的"五位一体"总体布局,还包括乡村"五大振兴"的核心工程。产业兴旺是乡村全面振兴的基础,更是关键;是乡村振兴之本,也是乡村振兴的"发动机"。实现农村一二三产业深度融合发展则成为促进农村产业发展,进而实现产业兴旺的必要途径。

　　2015年底,国务院办公厅印发《关于推进农村一二三产业融合发展的指导意见》。2016年底，农业部印发《全国农产品加工业与农村一二三产业融合发展规划（2016—2020年）》，激发农产品加工业助推农村一二三产业融合发展的引领带动作用。2018年，农业农村部印发《关于实施农村一二三产业融合发展推进行动的通知》，通过多渠道增加农民收入促进农村一二三产业融合发展。2019年，农业农村部印发《全国农村一二三产业融合发展先导区创建名单》，确认153个县（市、区）为全国农村一二三产业融合发展先导区创建单位，以深化实施乡村振兴战略。2021年，随着我国全面打赢脱贫攻坚战，推进农村一二三产业融合发展成为拓宽农民增收渠道、巩固我国脱贫攻坚成果的重要举措。2022年中央一号文件《中共中央 国务院关于做好2022年全面推进乡村振兴重点工作的意见》对"持续推进农村一二三产业融合发展"作出全面部署，并将其作为"聚焦产业促进乡村发展"的首要任务。2023年，国务院办公厅印发《关于做好2023年全面推进乡村振兴重点工作的意见》，为培育乡村新产业新业态，支持国家农村产业融合发展示范园建设。这些政策提出了完善农村要素配置、培育新业态、加强品牌创建、拓宽销售渠道等具体举措，为农村一二三产业融合发展提供了强有力的政策支撑。

云南省委、省政府对农村一二三产业融合发展尤为重视，连续出台了一系列扶持政策。2017年，云南省委办公厅、省政府办公厅印发《云南省推进农村一二三产业融合发展行动方案》，提出了促进全省农村一二三产业融合发展的思路举措。2018年，云南省发展和改革委员会联合多部门印发《云南省农村一二三产业融合发展规划（2018—2022）年》，对全省农村一二三产业融合发展作出顶层设计。2019年，云南省农业农村厅联合多部门印发《云南省农村一二三产业融合发展三年行动计划（2019—2021）年》，提出了具体行动措施。云南省在财政资金投入力度、融资支持、要素保障、政策服务等方面，也出台了一系列扶持融合发展的措施。云南省各州（市）也立足本地资源禀赋优势，重点围绕特色主导产业，分别制定了促进农村一二三产业融合发展的具体实施细则。这些政策的实施为云南农村一二三产业融合发展提供了有力保障。

本书编写团队先后分赴大理、丽江、普洱、玉溪、西双版纳等州（市）开展实地调研，在充分总结国内外不同类型的农村三产融合发展典型模式的基础上，合理借鉴其经验做法，以云南农村三产融合发展为出发点，深入剖析当前云南农村三产融合发展所面临的优势与劣势、机遇与挑战，进一步明确未来云南农村三产融合发展的基本思路、发展方向和政策建议。本书共十二章，第一章阐述本书的研究背景及意义；第二章至第三章从理论上阐明了农村三产融合的理论基础、本质特征、基本环境与内生动力；第四章至第五章分析了云南农村三产融合发展现状；第六章至第八章综合评价了云南农村三产融合发展水平，并分析了其影响因素、存在问题及产生原因；第九章至第十一章以国内外及云南省内产业融合发展模式为例，梳理出典型的发展模式与成功经验；第十二章针对云南农村三产融合如何高效推动乡村全面振兴提出对策建议。

由于时间较为仓促，加上作者水平有限，在撰写过程中难免会出现纰漏及不足之处，敬请读者批评指正。未来，作者将及时关注学界动态，逐步探索创新，强化理论研究水平；逐步拓宽研究视角，从纵向历史角度对云南省农村三产融合进行分析研究，从区域发展角度开展更多的典型案例分析；逐步加强研究深度，充分挖掘调研资料，获取更多研究价值，为促进云南加快建设特色农业强省，高效实现乡村振兴提供更好的学术支撑。

目 录
CONTENTS

第一章 绪论 ·· **001**
 第一节 研究背景 ·· 001
 第二节 发展意义 ·· 004
 第三节 国内外研究动态 ·· 006
 第四节 研究内容和方法 ·· 013
 第五节 创新点与不足之处 ··· 017

第二章 农村三产融合发展的理论基础与本质特征 ················ **019**
 第一节 农村三产融合发展的理论基础 ······························ 019
 第二节 乡村振兴战略与农村三产融合发展的内在关联 ········ 038
 第三节 农村三产融合发展的本质特征 ······························ 051

第三章 农村三产融合发展的基本环境与内生动力 ················ **058**
 第一节 农村三产融合发展的环境分析 ······························ 058
 第二节 农村三产融合发展的内生动力 ······························ 069

第四章 云南农村三产融合发展形势 ····································· **082**
 第一节 云南农村三产融合发展背景 ·································· 082
 第二节 云南农村三产融合发展基础 ·································· 093
 第三节 云南农村三产融合发展主体 ·································· 101
 第四节 云南农村三产融合发展模式 ·································· 108

第五章　云南产业融合与经济发展现状 … **115**
- 第一节　云南产业发展概况 … 115
- 第二节　云南经济发展现状 … 124
- 第三节　云南产业结构与经济增长的关系 … 134
- 第四节　云南农村一二三产业融合现状 … 139

第六章　云南农村三产融合发展综合评价 … **153**
- 第一节　评价指标体系构建 … 153
- 第二节　基于熵值法的水平测度实证分析 … 160

第七章　云南农村三产融合发展影响因素分析 … **169**
- 第一节　模型构建 … 169
- 第二节　基于灰色关联法的影响因素实证分析 … 171

第八章　云南农村三产融合发展主要问题及其成因分析 … **174**
- 第一节　云南农村三产融合发展的主要问题 … 174
- 第二节　主要问题的成因分析 … 182

第九章　国内外乡村振兴及产业融合发展经验模式 … **189**
- 第一节　国内乡村振兴发展经验模式 … 189
- 第二节　国外产业融合发展经验模式 … 199

第十章　云南农村三产内部融合发展典型案例 … **211**
- 第一节　农业内部融合模式 … 211
- 第二节　乡村产业链延伸融合模式 … 219
- 第三节　乡村产业集群型融合模式 … 229

第十一章　云南农村三产外部融合发展典型案例 … **240**
- 第一节　农业多功能延伸融合模式 … 240
- 第二节　特色小镇引领模式 … 253

           第三节　田园综合体模式 …………………………………… 263

第十二章　以产业融合推动云南乡村振兴的协同对策 …………… **275**
           第一节　协同动力：形成农业经营主体与农村三产融合的
                   "互利共生" ………………………………………… 275
           第二节　协同主体：培育农业经营主体作为农村三产融合的
                   核心力量 …………………………………………… 278
           第三节　协同引擎：现代农业发展方式推进"三链同构"
                   ……………………………………………………… 281
           第四节　协同保障：形成多元化保障 ……………………… 286
           第五节　协同基础：打造产业公地实现技术共享 ………… 289

参考文献 ……………………………………………………………… **292**
后记 …………………………………………………………………… **306**

第一章 绪 论

第一节 研究背景

一、理论背景

产业融合是产业发展的重大趋势。产业融合最早出现于因数字技术发展带来的技术融合,本质上是产业链重构和升级的发展过程。20 世纪后期,信息通信、电影出版、广告、农业等产业领域陆续出现产业融合现象,萌生了内容产业、数字产业、IT 产业等融合型产业概念。当前,在大数据、5G、区块链等新一轮产业技术革命的推动下,一二三产业融合水平不断提升,人才、科技、信息、数据等生产要素特征发生重大变化,城乡经济时空联系愈加紧密。产业技术环境不断改善的同时,城乡居民消费结构也持续升级,绿色化、功能化的涉农产品需求不断增加。在农业农村领域,创意农业、互联网农业等融合型农业新产业不断涌现。[①]

农村三产融合发展是优化升级农业产业结构、拓宽农民增收渠道、繁荣农村经济发展的重要途径,对于破除农村经济发展不充分、农业产业体系不健全、城乡经济不平衡等问题具有重要积极作用。[②] 目前,我国正处于农业产业结构的变革期,在积极探索中国特色农业现代化的道路中,以

[①] 郝武峰. 产业链视角下我国农村一二三产业融合发展研究 [D]. 北京:中共中央党校,2021.

[②] 刘国斌,李博. 农村一二三产业融合发展研究:理论基础、现实依据、作用机制及实现路径 [J]. 治理现代化研究, 2019 (4):39–46.

往家庭分散承包式的农业生产体系虽能激发农民生产积极性、保障我国粮食安全，但在逐渐迈向农业现代化时仍有许多不妥之处：如分散式小规模农户难以应对庞大的市场风险冲击，农户抗风险能力差也体现为农业的弱质性之一；农民对生活必需品的需求转化为对土地资源的无限索取，耕地资源（质量和数量）的减少引致主要农产品缺口变大（张红宇等，2015）；资金匮乏、人才外流导致农村发展困难（曹祎遐等，2019）；农业产业链单一、附加价值低、供需矛盾等。同时，随着社会生产和生活成本不断上升，农产品价格"天花板"却不断下压，单纯依靠农业发展农业，农产品的盈利空间十分狭小，农村发展和农民增收更是困难重重。

面对日趋突出的"三农"困局，要实现农业的现代化，抓住现代化建设的关键一环，必须将农业发展延伸到二、三产业。我国政府顺应农业农村领域产业融合发展客观趋势，提出在农业中引入产业链、价值链等现代产业组织方式，从而拓宽农业产业发展空间，推动农村一二三产业融合发展。农村产业融合发展成为拓展农村产业发展新空间，破解"三农"困局的必由之路。第一，农村产业融合发展有助于创新农业现代化发展模式，升级农村产业结构。新一代数字技术、生物技术、农产品加工技术不断向农业部门渗透，以技术、知识、信息、数据等要素替代劳动力、土地、水等要素在农业部门投入，使得农业逐渐转变为技术和知识密集型产业。与此同时，农村产业融合发展能够在农业农村发展中注入现代工业化标准理念和服务业人本理念，拓展农村产业链增值空间，推动传统农业经济转向现代农村多元经济，让农业真正地"跳出农业""超越农业"。第二，农村产业融合发展有利于就地就近拓展农民就业增收渠道。以利益联结机制为纽带，广大农民利用龙头企业、互联网平台、合作社等市场主体综合带动优势，不仅能够提高农业生产的专业化和集约化水平，增加农业生产经营收益，而且能够就近就地发展农产品加工、农文旅产业等，分享全产业链增值收益。第三，农村产业融合发展是促进城乡循环融合，创造新的农村增长极，进而降低农村空心化带来的负面效益，使农村本土优质人力资源留在农村，外来人口流向农村，激发农村人口活力。农村产业融合发展可以推动农业与二、三产业高效对接，能够将生态资本、文化资本变为富农资本，激发农业潜在的多功能性，形成农村"三生"融合发展、城乡循环互动的发展新格局。①

二、现实需要

云南作为农业大省,具有多样的气候条件和丰富的自然资源,出产大量的特色农产品,是全国重要的农产品生产基地和产品供给区。云南位于我国西南边陲,同时具有边疆省份、民族区域和山地地形等多重特殊性,农村地区分布广泛、农业发展禀赋较差、农民生活水平较低,但从另一方面来看,丰富多样的生物资源、品种多样的特色农产品、奇特壮观的自然景观和多民族分布的人文风情也成为云南农村三产融合发展的优势。云南高度重视农村三产融合发展,2016年云南省人民政府发布《关于推进农村一二三产业融合发展的实施意见》,持续促进农业增效、农民增收、产村融合和农村繁荣。云南地区生产总值从2010年的7735.33亿元增长至2021年的27146.76亿元,增加了2.51倍,增速较高,平均增长速度为12.09%左右,高于同期国家增长水平。另外,第一产业比重在逐渐降低,第三产业比重在逐渐提高,2019年第三产业的比重达53.2%,达到了历史新高度,这和云南产业调整政策有着紧密的联系。随着云南加快三产融合发展政策的逐步落实,2021年云南第一产业增加值3831.3亿元,同比增长6.08%;第二产业增加值9537.2亿元,增长13.71%;第三产业增加值13739.1亿元,增长9.85%。2017年以来,通过出台各类扶持政策,云南农村三产融合取得了很大成效,但在发展过程中涌现出很多问题。譬如,云南新型农业经营主体示范带动能力不强,产业利益联结机制不够完善、三产融合落脚点不明确,先进技术渗透型融合不足,导致农业生产效率不高、农业产业效益不佳、农业产业竞争力不强。② 这些问题是农村三产融合发展阶段中积累的矛盾,也是目前需要解决的重点所在。因此,对云南农村三产融合发展进行研究,探究云南农村三产融合发展水平,对加快推进农村三产融合、发展农村经济、制定农业政策具有重要研究意义。

---

① 郝武峰. 产业链视角下我国农村一二三产业融合发展研究 [D]. 北京:中共中央党校, 2021.

② 李凤. 云南省农村三产融合对农民增收的影响研究 [D]. 昆明:云南农业大学, 2022.

第二节 发展意义

一、理论意义

农村三产融合是在产业融合的基础上发展起来的。当前,农村三产融合发展已经成为国家农业发展的新动向和重要推动力,但由于涉及该领域相对于其他国家较晚,农村三产融合发展才刚刚迈出第一步,农业的生产如何向市场方面靠近、要以什么样的形式进行生产经营将会直接决定经济的发展效益。农村富有丰厚的土地资源、浓厚的文化韵味,但大多以传统的方式进行耕作,且大多处于初加工环节,而导致其他精加工和销售环节被忽略,往往因为注重数量而忽视质量,降低了农民的收入,导致流向城市的劳动力不断增加,带来了一系列发展不均衡的问题。因此,农业生产方式的转变成为有力手段,农村三产融合成为缓解农业资源矛盾的必要途径。从理论意义来讲,将农村作为实现二、三产业与农业进行融合的研究对象,拓宽了这一融合方向的研究渠道。目前,在新时代发展下,农村三产融合成为农村基础建设中的重大突破点和创新点,对解决农业内部多方面的问题也有一定的推动作用。建立农村三产融合体系不仅有助于农产品的进一步发展,还可以促进农产品独特品牌的形成,并在实现农民增收的同时促进现代化农业的发展。[1]

自 2015 年提出农村一二三产业融合发展以来,国内学界对农村三产融合的研究也日渐丰富,且已取得了一定的研究成果。通过文献检索来看,对于农村三产融合的研究大多针对浙江、江苏、山东、福建等东南部地区或者全国层面,针对云南农村三产融合度的研究较少。云南作为一个多民族聚居的西南边疆省份,与越南、老挝、缅甸三国接壤,并与泰国、柬埔寨、马来西亚、新加坡等国邻近,是中国连接南亚、东南亚便捷的陆上通

---

[1] 尹贺. 吉林省农村一二三产业融合发展路径研究 [D]. 长春:吉林财经大学,2021.

道。① 云南农村三产融合发展对于引进农业发展资本、向东南亚国家推广中国发展模式具有积极意义。农村三产融合的核心，是以农业生产为发展基础，利用产业间的关联互动，构建现代化乡村产业体系，实现农业产业链条的延伸。为此，本书选择作为农业特色大省的云南的农村三产融合发展作为研究对象。首先，对乡村振兴战略、产业融合理论、城乡融合理论等理论基础进行阐释。② 其次，对云南农村三产融合发展现状进行分析，并从农业全产业链的区域特点出发，在评价指标的选取上突出融合的深度、广度以及融合的经济社会效应。同时，通过熵值法和灰色关联度分析法对云南农村三产融合发展的水平进行评价并对其影响因素作出分析。③ 然后，通过总结国内外先进的农村三产融合发展经验，探索对云南农村三产融合发展的相关借鉴意义，并总结归纳结论和启示。通过分析探讨云南农村三产融合发展现状及国内外相关成功经验，为云南农村产业发展和农村产业结构调整以及乡村振兴战略实施提供了相应的理论依据和借鉴参考，有助于政府和相关组织对农村三产融合发展提供更积极的引导和扶持。

二、实践意义

对于农村一二三产业融合发展来说，其主要目的在于依靠现代的科学技术来改变农村生产方式，提高农业生产能力，同时解决劳动力短缺的问题，扭转农村的衰落。解决"三农"问题的首要任务就是促进农民的增收，这是因为农民的富裕程度是衡量一个国家或地区"三农"发展程度的一项衡量标志，而且农村一二三产业融合发展已经成为全国实施乡村振兴战略的核心，也说明它具有一定的现实意义，对农民的增收问题颇有成效。具体来说，首先，农村产业的融合能够扩大产业链，增加农产品的价值；其次，通过产业融合的形式聚焦某一产业，建立相应的集合群体，形

---

① 刘稚. 云南与东盟各国经贸合作的现状与发展思路 [J]. 东南亚, 2003 (3): 5-12.
② 于佳禾. 吉林省农村三产融合发展研究 [D]. 吉林：东北电力大学, 2022.
③ 闫田. 内蒙古农村一二三产业融合发展综合评价及影响因素研究 [D]. 长春：吉林大学, 2022.

成特色品牌；最后，农村一二三产业融合将创造出来的产业形式应用于更多的空间，吸引更多的人参与进来，提高就业率，降低失业率。①

当前发展形势下，农村一二三产业融合发展对深化农业供给侧结构性改革、增加农民收入以及全面推进乡村振兴具有十分重要的实践意义。②推进农村一二三产业融合发展是转变农业发展方式、优化农业产业结构的根本选择，是推进农业供给侧结构性改革的重要载体。自2015年国务院印发《关于推进农村一二三产业融合发展的指导意见》以来，各省（市、区）陆续出台自身发展战略，但相对国外农村产业融合发展进程来说，我国起步较晚，研究也是渐进而持续地展开。③与我国绝大部分省份一样，云南的农村三产融合发展进程缓慢，虽然目前全国各个地区都已经意识到了农村一二三产业融合发展对农业农村发展的重要性，但是苦于无法实现因地制宜，盲目照搬照抄其他地区的先进经验，各省（市、区）的三产融合发展特色优势始终难以展现。云南气候优势显著、农业资源优势明显，但农村经济发展相对滞后，农村一二三产业融合发展也尚处于初级阶段。在此背景下，深入研究分析云南农村三产融合发展，在理论上找到根本立足点并将其与实践相结合，从实证层面论证云南农村三产融合的发展现状，发现问题并探讨影响因素，随后针对存在问题提出相应有效对策，不仅为相关部门制定政策提供可供借鉴的决策依据，而且可以加快"三农"问题的有效解决，对新时期全省调整农村产业结构、推进供给侧结构性改革、转变农业发展方式、更新农村产业发展格局具有很强的指导作用，对于助推乡村振兴战略实施具有重大的现实意义。④

第三节 国内外研究动态

西方发达国家从20世纪70年代开始在信息技术领域出现产业融合现

---

① 尹贺. 吉林省农村一二三产业融合发展路径研究［D］. 长春：吉林财经大学，2021.
② 于佳禾. 吉林省农村三产融合发展研究［D］. 吉林：东北电力大学，2022.
③ 肖昊明. 广西农村一二三产业融合度测量及对策研究［D］. 南宁：广西大学，2021.
④ 闫田. 内蒙古农村一二三产业融合发展综合评价及影响因素研究［D］. 吉林：吉林大学，2022.

象，西方学者也开始关注这一新现象并展开相关研究。随着时间的不断推移和研究的持续深入，研究视角逐渐从信息技术向农业、工业等领域拓展。我国学者对产业融合研究开始较晚，但研究范围更为广泛。目前，国内外学者在产业融合领域均已积累了丰富的研究成果，为理解和推动产业融合发展提供了重要支撑。

一、国外研究动态

（一）关于产业融合的研究

1776年亚当·斯密在《国富论》中提出了分工理论，后经马克思和马歇尔进一步发展，分工理论为后来的产业融合理论作了铺垫。罗森伯格（Rosenberg，1963）在研究技术融合的过程中提出了产业融合的概念，通过对美国工业中的机械使用进行研究，发现很多机械技术的进步是产业融合带来的。格林斯坦和坎纳（Greenstein & Khanna，1997）通过研究电信行业，认为各行业之间的界限逐渐消失，各行业交叉发展，产业融合就此出现。而对于产业融合的定义，各流派学者从不同视角进行界定。德文德拉（Devendra，1985）认为，产业融合是因为技术关联所引起的。多西（Dosi，1988）则认为技术融合是在不同产业中进行应用和发展，从而实现创新的过程。此后，越来越多的学者将产业融合发展的研究范围和内容等方面进行拓展。约菲（Yoffie，1996）从整合创新的角度将产业融合概括为"通过利用数字技术来整合独立商品"。盖恩斯（Gaines，1998）认为，信息技术融合是一个持续的选择，通过替代来寻求方法，而产业融合的一个驱动力就是信息技术。格林斯坦和坎纳（Greenstein & Khanna，1997）认为由于各产业不断增长，随着技术进步，发生在产业边界和交叉处产生的技术融合会使产业界限模糊甚至重划产业界限。甘巴德拉和托里西（Gambardella & Torrisi，1998）却认为技术融合并不代表产业融合，产业融合应最终通过市场融合达到完全融合。通过产业融合的定义变化可以发现，产业融合由最初的技术融合到后来的注重过程融合，融合视角转移到技术、产业和市场，融合方式不断细化，融合角度不断完善。

(二) 关于农村一二三产业融合的研究

对农村一二三产业融合的探索,最早可追溯到舒尔茨在《改造传统农业》中提到的"改造传统农业发展路径,探索农村工业化发展理论"。① 直到20世纪90年代,日本著名农业经济学家今村奈良臣提出了"农业六次产业论"这一概念,真正涉及农村这一研究,他认为一二三产业无论是通过加法还是乘法,其结果都是六,所以称为"六次产业"。② 西方学者多是从农业产业化和乡村旅游等角度对农村一二三产业融合进行研究分析,勃杰等(Boehlje et al.,2000)将农业产业化定义为从供应链的生产到农产品的加工和销售等一系列经营主体组成的有序链条;麦吉希(Mc Gehee,2004)认为家庭农场是乡村旅游和休闲农业等农村产业融合方式的重要载体,能够拓宽农场主的收入渠道,促进农村产业融合的发展;雷等(Lei et al.,2011)强调乡村旅游是将农业和旅游业结合起来发展现代农业的最佳途径,但理论体系有待完善;基玛等(Kima et al.,2015)认为农村产业融合将资源集成,逐步将生产技术、市场等组合起来,鼓励新兴产业出现以及传统产业重新配置;宋等(Song et al.,2016)指出,人口增长、社会发展也是会从不同方面来促进农村一二三产业融合;查尼奥塔基斯(Chaniotakis,2017)提出农业产业化的作用不仅能够提高农产品加工原料利用率,而且对生态和就业同样具有较大的促进作用,尤其在促进农业商品化和经济发展方面的体现更为明显;金(Kim,2019)则指出农村一二三产业融合的关键是要促进农业与乡村旅游的融合,来发挥农业的多功能性;刘(Liu,2019)从区块链的角度出发,基于自适应神经网络算法,分析乡村旅游的农村产业融合现象,对农村产业融合发展理论进行了巩固。相比之下,东方学者对农村一二三产业融合发展的研究更侧重于以农业为中心,显然东方学者的研究对于我国农村一二三产业融合发展更具有指导性。今村奈良臣(1996)提出的"农业六次产业论"概念,即在第一

---

① 舒尔茨. 改造传统农业 [M]. 梁小民,译. 北京:商务印书馆,1999:25.
② 今村奈良臣. 把六次产业的创造力作为21世纪农业产业 [J]. 月刊地域制作,1996 (1):89.

产业的基础上，鼓励农民参与农产品加工、销售等第二、第三产业，充分发挥农业的多功能性；佐藤正之（2012）和室屋有宏（2013）在"农业六次产业论"的概念基础上，分析日本农村一二三产业融合发展状况；植草益（2001）指出农村一二三产业融合的本质是通过农业产业链的延伸能够实现生产销售一体化，为农民带来第二、第三产业的增值利润；申孝忠（2010）认为农业通过与加工业和运输业相融合，促进了食品行业的发展并形成六次产业。

（三）关于产业融合测度方法的研究

国外对产业融合测度方法的研究，始于20世纪90年代末，由于所研究的产业领域不同，国外学者尝试采用不同的研究方法，如赫芬达尔指数法、线性回归法、综合分析法等方式来测量产业融合的程度。甘巴德拉（Gambardella，1998）采用赫芬达尔指数法对通信产业、技术产业和电子元器件产业等产业之间的融合程度进行分析，认为技术融合在产业发展过程中起着重要的作用。杜伊斯特等（Duysters et al.，1998）通过线性回归的方法从产业升级、市场创新、技术传播产生的影响等方面对产业融合进行计算分析，评估出产业融合的绩效并总结出产业融合的类型，使产业融合理论更具有系统性。辉等（Fai et al.，2001）和柯伦等（Curran et al.，2010）在科技研发投入领域对相关指标进行监控，通过建立产业融合的综合分析测度指标体系，测算相关产业的融合水平，并根据结构讨论了产业融合的意义。万等（Wan et al.，2011）试图利用定量分析法和投入产出法从宏观角度分析ICT的产业结构的演变，从而测度ICT的产业融合发展水平。

总体来说，赫芬达尔指数法更适合分析某个具体产业的产业关联度，难以测度农村一二三产业融合发展水平；线性回归是经济学的主要实证工具，能够较好地测度以截面数据为研究对象的农村一二三产业融合发展的水平，但对于研究时间序列的分析具有很大的局限性；综合评价分析法通过构建评价指标体系，采用层次分析法或熵值法等方式进行赋权，最终测度农村一二三产业的融合发展水平，是当前广泛应用的一种方法。

二、国内研究动态

(一) 关于产业融合的研究

中国学术界也曾提出"农业产业融合"的概念,主要界定了两个方面的内容:一是农业与其他产业在相关交集的地方产生了融合;① 二是同一农业产业内部的不同行业之间通过重组结为一体。② 之后,有学者认为"农业产业融合"这种提法容易让人误解农业产业融合仅是农业内部产业间的融合,从而产生理解上的偏差,应使用"农业与相关产业融合发展"这一概念更为合理。③ 江登斌(1994)最早提出我国存在农村多元经济融合度不高、区域内部一二三产业自我循环等问题,农村经济发展需要以多元融合为突破点、市场机制为聚集点、资源开发为结合点、要素升级为着力点、服务优化为支撑点,强化一二三产业关联度,形成农村多元经济内部良性循环。于刃刚(1997)基于三次产业的划分,指出在自然经济条件和计划经济体制下,三次产业划分清晰,但在农业产业化和技术进步的推动下,服务业向农业部门渗透、制造业与服务业相互融合的步伐加快,而且随着市场机制的完善,一二三产业间渗透融合趋势将持续下去。马健(2002)概括了学界对产业融合的特征和规律的研究,提出产业融合实际上广泛发生在很多领域,强调技术融合改变了产品市场需求,进而推动原产业竞争激化、产业融合创新、主导产业转换。周振华(2003)认为信息化的深化引起了产业融合,数字融合、管制放松等共同推动电信、广播电视、出版等产业边界模糊化和经营方式服务化。周振华(2004)进一步指出产业融合的发生根本上是为了适应产业增长。胡汉辉和邢华(2003)认为信息技术天然的技术属性加快了信息产业融合,信息产业融合表现为互联网对传统产业渗透、内容产业形成、全业务网络 FSN 发展等现象。罗文标和程功(2005)基于产业融合的成因及方式,提出产业融合有利于供应

---

① 何立胜,李世新. 产业融合与农业发展 [J]. 晋阳学刊, 2005 (1): 37 - 40.
② 王昕坤. 产业融合: 农业产业化的新内涵 [J]. 农业现代化研究, 2007 (3): 303 - 306.
③ 梁伟军. 农业与相关产业融合发展研究 [D]. 武汉: 华中农业大学, 2010.

链整合价值链资源，打造高效率的供应链组织，形成网络化供应体系。张杰（2017）认为产业融合程度决定着中国经济新旧动能转换速度、投资—消费平衡增长路径形成以及现代化经济体系建设。张来武（2018）指出在互联网时代，文化是产生与萌发创意的核心要素，能够不断软化物质产业，促进产业融合形成与演化。

（二）关于农村一二三产业融合的研究

关于农村一二三产业融合的研究，国内起步较晚，早期的研究仍然集中在农业产业化上。崔振东（2010）通过研究分析日本专家今村奈良臣提出的"六次产业"理论，提出我国农村的可持续发展应当选择以外生性为先导、逐步推进内外型混合的发展模式。梁伟军（2011）指出，农业的一二三产业融合指的是经过技术创新得到的方法及成果，是在农业跨产业经营的发展前提下进行的。自2015年首次提出"农村一二三产业融合"以来，学者对其进行了大量研讨，并取得了丰厚的成绩。姜长云（2015）认为产业融合的分支是农村一二三产业融合的本质，通过整合资源、要素、技术等多方因素在农村构建新型业态，推动农业与其他产业的关联与融合。他指出，农业产业链要在纵、横两个方向综合延伸，并且运用新技术，衍生出新产业模式才是农村一二三产业融合。张义博（2015）指出，推进农村一二三产业融合的过程中应当注意开发农业、农民和农村本身的潜在价值，应当尽量延长农村产业链条，更多地分享农产品带来的增值收益。苏毅清等（2016）认为，为了给农民创造更多的经济效益，农村三产融合的重点应该放在更有效且更好地利用三产融合的优势上。芦千文（2016）指出我国农村发展可以借鉴日本"六次产业"融合的相关经验，因为日本实行农村产业融合的背景与我国农村目前一二三产业融合发展的背景相似。姜长云（2016）指出，农村一二三产业融合需要关注参与经营主体间关系是否稳定，要不断地完善、创新、因地制宜地探索适合农村一二三产业融合的利益联结机制。郝华勇（2018）认为农村一二三产业融合发展需要注重特色产业的发展。王乐君等（2017）认为，农村三产融合就是以农业为中心，通过技术渗透、产业联动、要素积累等方法促进融合过程，这个过程可以使价值链延长、功能链拓展、产业链完整。近年来，农村一二三产业融合的提法被广泛接受。从融合原因视角来看,有学者认为,农村一二三产业融合是指由于生产技术创新或市场需求变化导致的农村一二三产业边界模糊;① 从融合表现视角来看,有学者则认为农村一二三产业融合是指农村第一产业与第二、第三产业的细分产业之间出现交叉融合,形成新的产业链和业态的发展过程。②③ 本书认为,农村一二三产业融合是以"三农"为基础,坚持绿色化、便捷化、安全化、个性化和多元化理念,将原来仅包含农业生产环节的产业链向前向后延伸,进而形成融新技术、新业态、新模式于一体的多元乡村经济模式。这种乡村经济能在很大程度上化解乡村中"小农户"和"大市场"之间的矛盾,有利于乡村生态资源的空间立体开发,从而助推乡村生态资源价值的实现。

(三) 关于农村一二三产业融合发展程度评价的研究

随着国内学者对农村一二三产业融合的深入探讨,其研究已经逐步由定性到定量的转变。王琪延和徐玲(2013)通过编制北京18个部门的投入产出表,对2002~2010年北京农旅融合发展水平进行剖析,研究认为农旅融合状况并不理想,两者均缺乏主动融合动力。冯伟等(2016)同样构建了一个农村产业融合发展的评价指标体系,但并未具体针对某一区域进行实证测度。陈俊红等(2016)采用灰色关联度分析方法分析农业和其他相关产业的关联度。谭明交(2017)从节约交易成本角度,运用随机前沿分析法,探讨了2004~2014年我国农村产业融合发展质量,研究发现我国区域间融合水平差异较大,山东融合水平最高,甘肃、青海融合水平最低。梁树广等(2017)也采用了灰色关联度分析这种方法,通过分析农业与工业、服务业中的细分行业的关联度,进而分析农业和其他产业的融合度。李芸等(2017)使用层次分析法和综合指数法建立评价指标体系,对北京农业产业融合水平进行测度评估。曹祎遐和耿昊裔(2018)采用上

---

① 宗锦耀. 以农产品加工业为引领 推进农村一二三产业融合发展 [J]. 农村工作通讯, 2015 (13): 19 - 22.

② 姜长云. 推进农村产业融合的主要组织形式及其带动农民增收的效果 [J]. 经济研究参考, 2017 (16): 3 - 11.

③ 熊爱华, 张涵. 农村一二三产业融合: 发展模式、条件分析及政策建议 [J]. 理论学刊, 2019 (1): 72 - 79.

海、北京、天津等9个省市投入产出表，应用灰靶决策模型，分析了上海都市农业与第二产业和第三产业融合结构的差异化特征。李治等（2019）以北京市为例，运用熵值法构建了农村一二三产业融合的评价指标体系。任国翠（2020）、杨怀东等（2020）则采用熵值法和耦合协调度法对某地区的农村一二三产业融合评价指标体系进行测算。

三、文献评述

从国内外相关文献研究可以发现，产业融合最初表现为技术融合，因此更集中于通信业、信息业、制造业等技术密集型产业，对于农业领域关注度并不高。直至日本迫于农村农业发展形势，提出六次产业化战略，以东亚地区学者为主开始对农村产业融合领域进行研究。与日韩两国相比，我国也是在城乡发展差距大、农民收入水平低、农村老龄化情况严重等条件下推动一二三产业融合，而不同点在于我国充分发挥制度优势，将农村产业融合与乡村振兴战略有效结合，达到事半功倍的成效。在农村产业融合领域研究初期，我国学者受日本六次产业化理论影响颇深，随着各省（市、区）纷纷提出因地制宜的农村一二三产业融合指导政策，国内对于符合自身禀赋的本土化理论研究也日渐丰富，研究方向也不断细化，更具有实操性和政策针对性。但综合国内文献可知，对于农村一二三产业融合的研究要么从全国层面综合考量，要么着重如浙江、上海、江苏、北京等发达地区，而实现产业兴旺，带动地区实现共同富裕是我国农村一二三产业融合发展的特色目标之一，因此，对非发达地区的中西部农村三产融合的研究也不应被忽视。

第四节　研究内容和方法

一、研究内容

本书以云南农村三产融合发展水平为研究对象，以2011~2021年云南农村三产融合的相关数据为支撑，基于熵值法构建农村三产融合发展水平评价指标体系，利用灰色关联度分析法构建农村三产融合发展影响因素。通过实证分析对云南农村三产融合发展现状和影响因素进行剖析，通过熵值法和灰色关联度分析法分别得出结果。① 最后总结得出促进云南农村三产融合的对策建议，具体包括以下五个部分。

第一部分，理论基础与本质特征。通过对学术界研究文献进行归类、整理和总结，认真研究与农村一二三产业融合紧密相关的农业多功能、产业结构、交易成本、产业链、产业集群、产业融合等理论，深入剖析农村三产融合发展的基本环境与内生动力，从多个角度对农村一二三产业融合进行概念界定。

第二部分，云南农村三产融合现状分析。对云南农村三产融合发展形势以及云南产业融合与经济发展取得的成效作分析和说明。

第三部分，实证分析。为准确评价农村三产融合现状，本书首先阐述了相关的评价指标和测度方法，然后对评价步骤进行介绍；在此基础上，再运用相关指标的评价方法测试了本书研究对象的相关指标，以客观评价云南农村产业融合发展水平及其影响因素。

第四部分，案例分析。将全球主要国家、全国相关省份以及云南部分农村三产融合的典型模式进行深入分析，总结其成功经验，为后续提出云南农村三产融合发展对策提供借鉴。

第五部分，通过综合前文对发展现状、融合水平、影响因素及典型案例的分析，总结研究结论，提出对策建议。

二、研究方法

（一）文献资料查询法

一是收集大量的文献资料，利用中国知网等图书馆资源查阅大量与农村一二三产业融合有关的各类文献资料，并进行收集、筛选和整理，了解当前对于农村一二三产业融合发展的研究状况。二是收集大量的统计数据，包括国家统计局网站、《中国统计年鉴》《中国农村统计年鉴》《云南

---

① 周易. 四川省农村三产融合发展水平研究 [D]. 成都：四川师范大学，2022.

统计年鉴》《云南省国民经济和社会发展统计公报》等数据资料,为实证分析提供一定的数据支撑。三是收集大量的典型案例,包括国外农村一二三产业融合和国内乡村振兴典型案例,为案例分析提供一定的资料积累。

(二) 比较研究法

首先,考虑到不同时期我国农村一二三产业融合发展水平有所变化,农业与第二产业和第三产业的融合发展水平存在明显差异,在融合发展水平测度分析中,对不同时期、不同产业的融合水平进行了比较分析;其次,通过搜集国内外关于农村一二三产业融合发展的案例资料,对国内外的经验进行总结,再根据云南自身情况找出此次研究的思路和方向。

(三) 定性和定量分析法

研究农村一二三产业融合问题,既要有量的表现,又要有质的监督。定性分析是通过梳理影响机制,明晰各要素之间的关系,对真实对象的总结概述,可以为定量分析提供指导方向。定量分析是将经济现象的特征和变化过程进行量化,对取得的数据进行数学处理,从而得出相关结论。本书通过分析云南农村三产融合的发展现状,搜集和整理产业融合指标,对产业融合水平进行测度,分析各个影响要素对产业融合水平的影响,是定性分析和定量分析的结合,为归纳总结云南农村三产融合发展路径提供支撑。

(四) 案例分析法

基于实地调研状况,本书通过对昆明、保山、文山、红河、普洱、临沧等州(市)典型案例进行了综合分析,形成了农业内部融合、产业链延伸融合、产业集聚型融合、农业多功能延伸融合、特色小镇引领和田园综合体六种融合模式的若干个典型案例。通过分析这些典型案例,为云南农村三产融合发展路径提供现实支撑,使研究更加客观真实、生动具体。

(五) 实证分析法

通过构建云南农村三产融合发展程度评价体系,利用 2011~2021 年的相关产业数据,采用熵值法测算并评价云南农村三产融合发展水平,利用灰色关联度分析其产业融合发展水平的影响因素,提出加快推进云南农村三产融合发展的政策建议。

三、技术路线

本书的技术路线如图1-1所示。

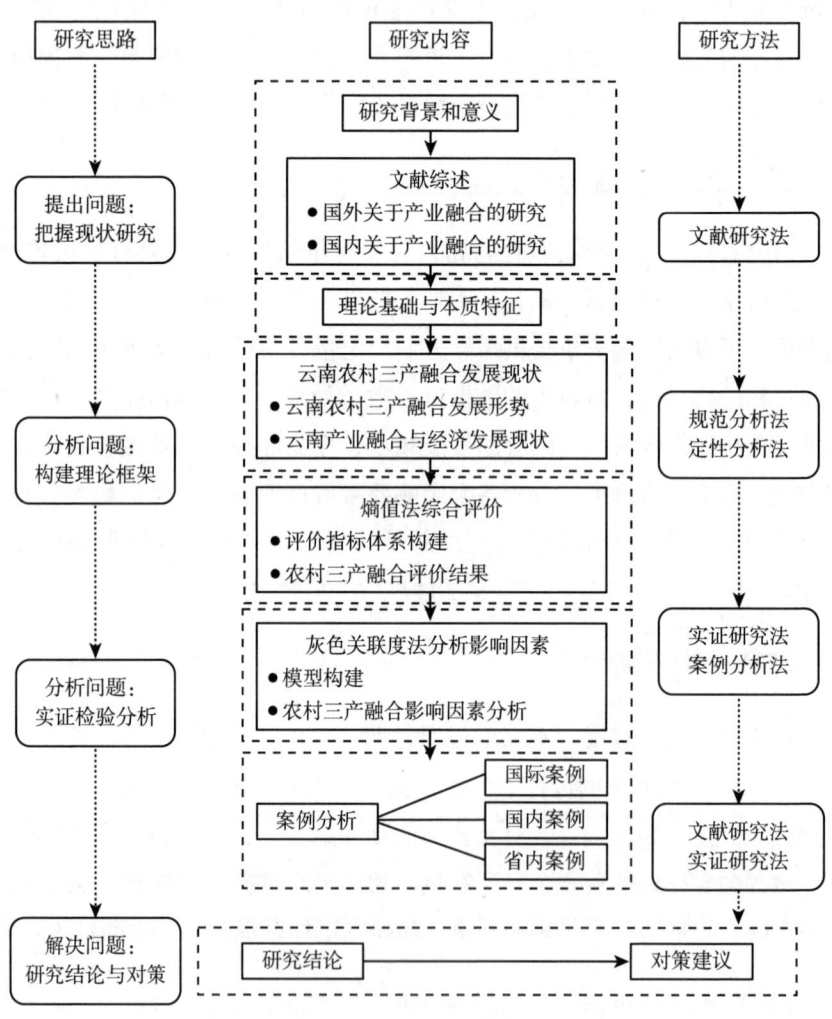

图1-1 本书的技术路线

第五节 创新点与不足之处

一、创新点

本书的创新点包括两个方面。

一方面，指标选取的创新性。本书通过对国内外农村一二三产业融合发展的文献梳理发现，以往的相关研究多集中在宏观层面，而针对区域特征进行的研究相对较少，更鲜有以云南农村作为切入点进行的研究，无法从多个角度分析云南农村第一、第二、第三产业及其融合发展的现状和存在的问题，对云南农村发展的现实指导意义不强。因此，选取能够全面真实反映云南农村三产融合发展的相关评价指标，并建立评价指标体系，是本书的价值所在。

另一方面，研究方法的创新性。本书通过熵值法计算云南农村三产融合各个指标的权重以及融合水平的高低，对云南农村三产融合发展程度进行评估；运用灰色关联度法分析其产业融合水平的影响因素，并分析云南农村三产融合发展所存在的不足；同时，采用相关案例对其应用进行说明，提出优化的合理建议。

二、不足之处

农村一二三产业融合发展涉及的内容较多，本书在以下几个方面还存在不足之处。第一，由于客观原因，云南2011年之前关于农村一二三产业融合发展的统计数据无法获取。因此，本书对云南农村三产融合发展水平进行评价时所选取的数据是2011~2021年的时间序列数据，可能会导致样本数据的代表性不强。第二，限于指标的可获取性，本书只研究了云南农村三产融合发展的面板数据，没有对截面数据进行分析，同时部分能够反映农村一二三产业融合发展的指标数据并未详尽统计。因此，本书所构建的评价指标体系可能不够全面，对分析的结果也可能造成一定的影响。第三，由于时间限制，本书对云南农村三产融合发展提出的政策措施还有待实践检验，未来还需要进一步深入农村田间地头进行调查研究，提出更加科学、全面的政策措施。

第二章
农村三产融合发展的理论基础与本质特征

第一节 农村三产融合发展的理论基础

一、农业多功能理论

(一) 农业多功能理论的演进

20世纪80年代日本开展了"稻米文化"的传承与保护，重新定位了农业及其价值，在1992年的里约热内卢地球高峰会议上得到了关注和认可。从20世纪90年代开始，《21世纪议程》《世界粮食安全罗马宣言》《世界粮食首脑会议行动计划》及欧盟《2000年议程》等一系列文件出台，均提及农业多功能理论并进行了阐述，这表明农业多功能理论得到了世界范围内的广泛认同。随后，联合国粮农组织等多个国际组织提及并探索了农业多功能理论，世界各国的各类组织和学者也基于本国农业发展情况，从不同的角度就此开展了深入研究，农业具备多种功能的理念和价值备受关注。各界普遍认为，农业除了向社会提供人们生存所必需的农产品、工业生产原料以外，还具有农业农村环境治理、农业景观呈现、农业农村文化传承、农村劳动力就业保障、粮食等国家战略物资供给安全保障等方面的功能。在此背景下，农业多功能性被更多的国家和地区予以认可和应用，农业多功能理论也因此发展到了一个全新的阶段[1]。

---

[1] 王俊飞. 欧盟农业多功能性的发展与演变[J]. 世界农业, 2014 (12): 138-142+183.

(二)农业多功能的基本内涵

1. 农业的经济功能

农业作为人类文明发源的支柱型产业,为人类提供食物和其他生存所必需的原材料,被冠以"第一产业"的定义。其他产业部门的劳动力都是由农业产业中的劳动力转移而来的,而且农业从原始社会到现代社会均在不断向其他行业提供原材料。在古代农业是国家经济发展的柱石,在现代农业同样是国家经济发展的"压舱石"和"稳定器"。可以说,农业是人类社会从古至今发展的根本和保障。现代农业背景下,农业的经济功能依然是一项极其重要的功能,是促进现代农业发展的核心,也是乡村振兴的基石。在现代农业发展理念下,农业的经济功能有利于促进城乡经济的一体化发展。其通过现代化的理念,科学合理地配置和利用人力资源、土地资源以及资金等要素,用现代化的方式来发展农业,实现农业产业的高质量发展。正是在这一背景下,农业打破了原有的经济功能,从单一的经济功能又体现出了生态功能、文化功能,以及社会功能,成为一个具备多元化功能的产业,但农业的经济功能依然是农业多功能的基础所在①②。

2. 农业的生态功能

农业的生态功能主要体现在保护生态环境的平衡方面,农事生产活动所依赖的土地、水源、山林等资源其实就是农村的生态环境。可以说,农事生产活动直接关联农村的生态环境保护,而拓展农业生态功能有利于农村人居环境的提升、确保农业资源的可持续性利用,促进乡村生态振兴。但是这就需要构建生态化的合理农业生产方式,因为合理的农业生产本身就具备与生态环境相统一和协调的特性,在农业可持续发展理念下体现出的农业生态功能与生态环境保护的理念是成正相关的,因为现代农业发展理念体现的是生态农业和绿色农业的发展方式,从以往注重农产品的数量增长到注重农产品的质量提升。从农业生态环境保护与经济社会发展之间的关系来看,农业发展理念的改变不仅有利于农业发展质量的提升,还有

---

① 李品上. 多功能视角下吉林省现代农业发展水平评价 [D]. 长春:吉林大学,2019.
② 崔鲜花. 韩国农村产业融合发展研究 [D]. 长春:吉林大学,2019.

利于实现农业生产与生态环境的和谐统一。所以说,合理的农业生产对于生态环境的保护是具有重要作用的①②。

3. 农业的文化功能

农业的文化功能源于农业本身所具备的文化特性,具体表现为农业在提供农耕文化传承与发展、提供科普教育和休闲娱乐等方面的作用。具体而言,通过农业功能可以有效挖掘乡村文化价值,保护与传承乡村文化资源,这对于建设文明乡风具有重要促进作用。从现代农业的角度来说,农业已经不仅具备体现农业生产的作用,而且以现代农业的理念来延长农业产业链发展乡村旅游业,并实现农文旅融合发展,对于繁荣农业农村经济,为农民提供就近就业的岗位,增加农民收入也都具有重要作用。尤其是面对现代社会快节奏、高强度的生活方式,人们具有强烈的回归自然、回归田园生活的意愿,这为农业文化功能的拓展创造了良好的外部环境。另外,农业文化元素是促进农业品牌高质量发展的关键点。这就需要将特色农业文化与当地特色产业的品牌打造相结合,形成富含乡土特色的品牌。这样的品牌在更好地吸引消费者的同时,还能对乡村特色文化资源形成更好的宣传③④。

4. 农业的社会功能

农业的社会功能主要指的是通过农业来为劳动者提供就业和社会保障。首先,农产品的生产、加工、销售,以及因产业链延长而衍生出的服务业等,各个环节都能够为农民提供就业岗位和收入。从现代农业发展的角度来看,农村三产融合发展能够带来更多的就近就业岗位,以此来保障农村劳动力的就业。此外,由于以往宏观政策更倾向于优先发展城市,农村的社会保障体系不如城市的健全和完善,后期虽然明确了农业农村优先发展,但是农村社会保障体系的健全和完善依然需要一定的时间。正因为如此,农业在一定时间内依然将发挥重要的社会保障作用,而现代农业发展进程中出现的新型职业农民以农业为职业,经营农业、发展农业,农业依然是向其提供就业和社会保障的根本⑤⑥。

---

①③⑤ 李品上. 多功能视角下吉林省现代农业发展水平评价 [D]. 长春:吉林大学,2019.
②④⑥ 崔鲜花. 韩国农村产业融合发展研究 [D]. 长春:吉林大学,2019.

(三) 农业多功能理论与农村三产融合

农业除了能够提供农产品和工业品原料外,还具有生态保护、文化传承、就业增收保障、康养休闲、科普教育等多种功能。而现代农业发展背景下,农村三产融合既是必然的趋势,也是农业由传统发展方式向现代发展方式演进的进程。现代农业体系的内涵和外延较之传统农业更加宽泛和丰富,拓展农业的多种功能可以为现代农业发展模式下农村三产融合后产生的新业态提供载体。新形势下农村的一二三产业应该是相互融合的,是用新型工业化、现代服务业的理念与方式来发展农业,带动传统农业的转型升级和高质量发展。此外,农村三产融合能够优化资源配置,提升原有产业层级,有助于丰富农业的多功能性。农业多功能性不仅符合现代社会发展的形势,还能满足人们的多种需求,其必然能带动农村三产的融合发展。由此可见,二者之间是紧密联系、相辅相成、相互促进的。①②③

二、产业结构理论

(一) 产业结构理论的演进

有着"古典政治经济学之父"之称的威廉·配第通过对不同产业供需关系以及从业者收入的研究发现:加工业比农业的收入高,而商业的收入又高于加工业。因为不同产业间收入的差异将促使劳动人口向可获得较高收入的产业转移,所以农业劳动人口向加工业和商业转移将成为一种必然的趋势。威廉·配第的研究发现了生产要素由低生产率产业向高生产率产业转移的趋势,也体现了产业结构对于经济发展研究的重要意义;重农学派代表法国的弗朗斯瓦·魁奈在其著作《经济表》和《经济表分析》中,将各阶级所具有的资本、收入来源、收入的交换,以及生产和个人消费整合

---

① 匡远配,夏玉莲,尹宁,等. 乡村振兴视角下产业融合理论与实践研究 [M]. 北京:经济管理出版社,2020:20-21.
② 肖卫东,杜志雄. 农村一二三产业融合:内涵要解、发展现状与未来思路 [J]. 西北农林科技大学学报(社会科学版),2019,19 (6):120-129.
③ 后小仙. 产业结构的演化论分析 [J]. 生产力研究,2008 (8):109-111.

后进行了分析,将农业部门与工业部门间相互的流通作为再生产过程的基本要素,奠定了分析研究国民经济结构和产业结构的基础;在经过两次工业革命后的工业部门取得了长足发展的同时,服务部门也取得了一定的发展,20世纪30年代前后发生了世界经济危机,工业部门呈现衰退之势。新西兰经济学家费夏以统计数据为基础,并结合配第的思想,率先划分三次产业,初步形成了产业结构理论。[1]

1932年,日本经济学家赤松要提出"雁行形态论",认为一个国家产业的发展需要紧密地与国际市场结合在一起,形成国际化的产业结构。日本产业发展经历的"进口、本地生产、出口、出口增长"四个阶段形成循环,呈现"V"型,如大雁飞行时的阵列;20世纪30年代初,德国经济学家霍夫曼对20个国家工业化以来的消费品及资本品工业的比重的有关资料进行了研究,对工业结构的变动规律进行了分析,形成了"霍夫曼比率"。他研究后发现在工业化的过程中霍夫曼比例呈现持续下降的趋势,据此提出了霍夫曼定理;1940年,英国经济学家科林·克拉克在吸纳了配第及费夏等的研究观点后,出版了《经济进步的条件》一书,提出了劳动力从农业向制造业转移,再从制造业转移到商业及服务业,也就是通常所说的"克拉克法则";1950年,美国经济学家库兹涅茨以科林·克拉克的研究为基础,通过一系列研究得出了三个重要观点:第一是随着经济的发展,第一产业农业所带来的国民收入在整个国民收入中的占比及农业劳动力在所有劳动力中的占比均呈下降趋势。第二是第二产业工业所带来的国民收入在整个国民收入中的占比总体呈现上升的趋势。第二是第三产业服务业的劳动力在绝大部分国家均呈上升趋势,但其所带来的国民收入占比却未与劳动力相对占比呈同步上升的趋势;美国经济学家钱纳里结合了科林·克拉克、库兹涅茨等学者的研究成果,扩展了研究领域,选取了100多个国家和地区1950~1960年的数十个变量以及几万个观测值进行了分析研究,通过系统全面地对产业结构带给经济发展的影响因素进行了研究,并对经济增长过程中出现的经济结构变化"标准模式"进行了描述。认为经济发展从一个阶段向更高一个阶段的升级转变是由产业

---

[1] 后小仙. 产业结构的演化论分析 [J]. 生产力研究, 2008 (8): 109-111.

结构的调整来推动的。①

（二）产业结构调整与优化理论

美国经济学家刘易斯提出二元结构理论，从该理论所设计的模型可以看出，在工业化进程中，工业部门的产值和利润会呈上升的趋势，而且其所需的劳动力也会增加。与此同时，农业部门的产值和利润会呈下降的趋势，其所需的劳动力则会减少。该理论认为劳动力的转移会影响产业结构的变化，农业部门富余劳动力转移到城市就能够逐渐消除二元经济结构。该理论中劳动力的转移表现正是产业结构变动的过程，揭示了一些国家经济发展的规律，基本体现了经济发展的过程，为世界上众多国家和地区所采纳和运用；②波兰经济学家罗森斯坦·罗丹研究了工业化对于经济增长的重要作用后，认为欠发达国家要彻底解决贫困问题就必须在国民经济各主要部门进行大规模的投资，形成工业化体系。美国经济学家罗格纳·纳克斯在其所著的《不发达国家的资本形成问题》中提出发展中国家存在供给不足及需求不足两种恶性循环，需要有一种强大的推进力，促使经济走出贫困怪圈，实现稳定增长，也就是推行平衡增长战略；美国经济学家阿尔伯特·赫尔希曼在其所著的《经济发展战略》中提出应把不平衡增长视为经济发展的最优选择。他认为，在发展中国家应把有限的投资资源用于具有带动性强的部门实现优化发展，以带动其他部门的发展，也就是"引致决策最大化"原则③④；法国经济学家弗朗索瓦·佩鲁根据第二次世界大战后法国国民经济发展所面临的情况开展了一系列研究，提出了"增长极"的概念，并认为"增长极"在"经济空间"中具有支配和推进的作用，其增长极创新能够促使其他经济单位获得增长，而经济单位的增长极则是与主导产业紧密关联的。在佩鲁之后的布代维尔等一些经济学家又对增长极理论进行了拓展，他们的拓展研究更加关注地域空间，使增长极理

---

①② Myrdal G. Asian Drama：An Inquiry into the Poverty of Nations ［M］. New York：Pantheon Books，1968.

③ 夏锦文，章仁俊. 产业平衡增长和不平衡增长理论述评［J］. 石家庄经济学院学报，2005（4）：90 - 95.

④ 苗静. 内蒙古 33 个牧业旗市产业结构演进研究［D］. 呼和浩特：内蒙古农业大学，2018.

论的研究和运用得到了发展与完善。美国经济学家罗斯托通过将经济成长划分为6个阶段进行了研究,认为经济在各阶段的演进是因为主导产业更替导致的。而主导产业具有科技进步、高速增长率的持续,以及强大的扩散效应三个特点。该国或该地区的主导产业就是依靠这三个特点促进经济和产业的发展。这一论断阐述了产业结构优化升级的理论。①

(三) 产业结构理论的新内涵

第一,产业结构调整可实现产业系统非静态稳定以及经济效益和生态效益的最优化。产业系统非静态稳定是实现可持续发展的基本前提,这就要求产业结构符合产业面临的发展环境,能够匹配时下的经济发展水平,也能及时应对需求的变化,对制度或资源价格的变动也能够起到抵挡作用,从而保障产业的生存和发展。产业结构的调整作为经济结构调整的重要组成部分,也是经济增长方式实现转变的重要导向。所以产业结构的调整必须符合产业发展需求并适应当前的经济发展。②

第二,产业结构调整要坚持深化产业间的关联性的原则,协调好产业发展和产业素质提高。产业结构是否合理的关键在于产业协调能力及关联性,产业间关联性深化程度直接影响产业协调能力的提高,而产业间如何实现协调发展的关键在于知识的共享及技术的合作,当前的产业间关联已呈紧密的有机联系。所以,提高产业素质应与产业结构转型相适应。③

第三,产业结构的调整变化一直是动态的,在不同的时间阶段,对其进行评价的标准也不同。在当前的经济形势下,对于产业结构的评价应同时体现经济因素和生态因素。④

(四) 产业结构理论与农村三产融合

通过对产业结构进行调整优化,促使产业间实现相互协调,可推进产业结构的升级,实现合理化、高级化的产业结构,进而获得更好的经济效益。产业结构调整、优化和升级必然带来产业融合发展。产业融合发展是

---

①②③④ 夏锦文,章仁俊. 产业平衡增长和不平衡增长理论述评 [J]. 石家庄经济学院学报, 2005 (4): 90-95.

产业结构演变进程中的必然选择,这一过程中,产业发展的基础、组织形态、结构性、关联性,以及区域分布情况都将随之发生改变,各产业的边界将被逐步淡化,产业间将会形成新的竞争与合作关系,并带来更大的综合效应。所催生的新技术、新产品、新服务不仅能让更多的产业部门融合并改变其生产方式和实现产品结构升级,还能更加满足新的社会需求。同时,各产业间形成新的关联后也扩大了竞争的范围,变为高经济效率的市场完全竞争。①

现代农业在发展进程中,已融入现代工业、信息化业和现代服务业等其他产业的元素,形成具备多种功能和多种层次的新型农业产业体系。在一产与二产、三产有机融合的基础上,可形成工厂化农业、生态化农业、信息化农业及观光休闲型农业等新业态。这些新型农业发展方式可带来高素质的产业、质量优质的产品,形成强大的市场竞争力,并带来农民收入的增加以及农村环境的改变。因此,农村三产融合发展可带动农业及其相关产业的发展,能带来更为宽阔的农业产业发展空间,从而优化农业产业结构、促进农业实现转型和升级,进而实现农业的现代化发展,达到农业及农村经济的高质量发展、农业国际竞争力提升的目的。②

三、交易成本理论

(一) 交易成本理论的演进

1937年,美国经济学家罗纳德·科斯在其发表的《企业的性质》一文中创新性地提出了"交易费用"的概念,并将其用于分析经济学,阐明了"生产制度结构"的重要性,并将其纳入经济理论。他指出市场交易行为中除了价格机制发挥的作用,还有企业家所起到的协调作用,二者一同完成了市场交易行为。由价格机能带来交易行为的同时也会带来一定的成本,因为这些成本而体现了价格机能并非完美。所以,企业家能够通过其

---

①② 靳晓婷. 乡村振兴视角下产业融合理论与实践研究 [M]. 北京:中国经济技术出版社,2020:4-5.

主导的企业组织在一定程度上弥补这一存在的不足。这说明了价格机制可以协调市场交易的完成，而缺陷由企业来进行弥补。市场与企业是共同存在的资源配置机制，其中的交易成本是二者相互替代的决定性因素①；1975年，美国经济学家奥利弗·威廉森在已有理论研究的基础上，提出了"交易经济学"理论，并对交易和交易成本进行了定义。他认为，交易是指具有独立资源的双方基于自身利益需求，在双方同时可接受的条件下，通过协商一致并完成交换。交易成本是交易过程中所产生的协商及监督交易等方面的成本②；1986年，马修斯认为在整个交易过程中产生的合同执行、协商及监督交易等方面的费用不计为生产费用。③

（二）交易成本的内涵

1. 交易成本

交易成本也称为交易费用，指交易行为发生时所带来的成本开支。在交易行为发生时所产生的信息资源获取、协商洽谈及对交易实施的监督等方面的成本开支。交易成本理论认为交易成本发生变化是由企业组织模式发生变化而导致的。④

2. 交易成本经济学行为假定

有限理性是指虽然主观上对理性进行追求，但客观上并未完全彻底执行，这是一种对于信息资源的有限认知状况。假设完全理性的情况下，事前交易双方能够形成完备的合同，进而交易能够得到契约充分保障。但假设完全理性的情况下，合同中有可能提及对于突发偶然事件的应对措施，导致交易管理成本增加。机会主义是指采取不诚实的方法获得利益。由于信息的错误或不对称就容易产生机会主义，交易双方为获取最大化的自身利益而违背契约的行为。假设如果没有机会主义的出现，那么双方能通过承诺、互信及相互适应来实现协调的目的。⑤

---

① Williamson O E. Markets and Hierarchies: Analysis and Antitrust Implications [M]. New York: The Free Press, 1975: 134-153.

② Matthews R C O. The Economics of Institutions and the Source of Growth [J]. Economic Journal, 1986 (96): 903-910.

③④⑤ 安延. 基于交易成本理论的林产品物流网络优化研究 [D]. 长沙：中南林业科技大学，2014.

3. 交易成本的决定因素

交易成本的决定因素包含资产专用性、交易不确定性以及交易频率。资产专用性又包括地点、人力资源、有形资产、奉献性资产，以及品牌等无形资产。交易不确定性是导致有限理性的诱因，而交易不确定性又分为内生和外生两种。其中，内生是因为信息资源的不对称所带来的，外生是由于外部环境的变化和消费者喜好等无法预知的因素所导致的。同时，人的机会主义行为也会带来不确定性。交易频率并不会对交易成本的绝对值产生影响，只是对交易方式的相对成本产生影响。交易频率能够同交易成本相关，可决定交易成本的多寡。①

（三）影响交易成本的因素分析

交易成本是必然存在于交易过程中的，但交易成本的多少在不同情况下也存在差异。对交易成本影响的因素包括人、情景、标的物以及频率②。

依据理性程度交易人可分为完全理性交易人、有限理性交易人以及行为理性交易人。完全理性交易人无须成本即可预测有可能的突发事件并形成应对之策。有限理性交易人为了获得最大化的利益，相互间会存在猜疑或不信任，这就导致其因为有限理性及投机心理必然采取一定的策略，这也必然带来成本的支出。行为理性交易人则是按照规定的行为行事；交易情境受到交易环境、信息、双方互信程度等方面的影响，这也必然导致交易成本的增加；交易标的物包括交易的商品和服务，其受到专用性水平高低的极大影响，交易双方为配合标的物而增加的额外投入，以及可识别的标的物品质都会增加签约和监督的成本；如果交易频率越高，那么所带来的交易成本也就越大。针对这一情况，交易双方可以设置一个专门治理结构，以此降低平均单次交易成本。③

（四）交易成本管理

可以从以下两个方面来降低交易成本，改变交易人特质及交易环境。

---

①②③ 安延. 基于交易成本理论的林产品物流网络优化研究 [D]. 长沙：中南林业科技大学，2014.

首先,交易人的特质因素方面。交易双方应具备共同的价值观,通过有效的信息沟通,进而做到理性交易。形成长期合作的情况且有共同期望、互信程度高,这有助于投机心理的降低,从而降低交易成本。其次,交易环境方面。通过交易环境的改善从而减少不确定性和复杂性,促使理性交易行为的形成,实现成本的降低。实现信息共享形成增加双方的互信度,实现监督管理成本的减少。优化交易人特质和交易环境两个方面能够实现成本的降低,进而提升核心竞争力。①

(五) 交易成本理论与农村三产融合

在市场经济环境中,一方从另一方手中收购产品,双方构成契约关系,这也促成了市场分工的形成,并使得生产水平和效率得到了提升,但交易的发生也带来了交易费用的增长。而企业则成为价格机制的替代物,对降低交易费用起到了重要作用。随着市场形势的发展所带来的交易多样化及频繁化,单一型企业之间的交易也存在交易费用增加的问题。为了有效应对这一问题,企业间就会采取联合的形式,跨过产业部门的界限形成复合型企业,这也就是产业融合的形成。面对多样化的市场需求,企业在前期只是针对其中的一个方面并发挥自身优势来满足需求,但随着企业的发展壮大,为了降低交易费用及寻求要素聚集,企业通过产品的拓展和功能的深化来满足市场多样化的需求,实现了产品供给从由多个企业各自完成到由一个企业完成,这也是交易费用内部化的过程。现阶段农业生产已从一家一户的小农经济发展成为商品经济,这就使得农户需要更多地参与市场,同时也带来了更多的交易成本。从交易成本理论来看,如果出现由单一农户所分摊的组织制度成本低于交易成本,那么农户就会有以参与组织形式进入市场的意愿。所以,为了适应当前消费结构变化的趋势,在农业生产过程中就必须采取有效的组织模式以降低交易成本。在农村三产融合发展背景下,产业要素实现了有效整合,还提升了资源配置的效率,农业与其他产业也更具关联性,农业产业的价值链也将得到延长、拓展和优

---

①安延. 基于交易成本理论的林产品物流网络优化研究 [D]. 长沙:中南林业科技大学,2014.

化，实现有效降低原有的单一产业链每一环节之间所产生的交易成本，发挥规模经济更大的效益。①

四、产业链理论

（一）产业链理论的演进

1985年美国经济学家迈克尔·波特提出了价值链这一概念，并分别形成传统价值链理论、虚拟价值链理论、价值网理论和价值星系理论。他在其所著的《竞争优势》中提出了价值链的概念，企业竞争优势主要体现在其开展基本增值活动和辅助增值活动来创造价值，并提供给客户，这也被称为传统价值链理论。② 后续众多学者在前人的基础上从不同角度开展了一系列的研究，综合众多学者的研究可知虚拟价值理论则认为企业的竞争发生在市场场所和市场空间两个范围内，市场场所是由物质资源构成的实体空间，而市场空间则是由信息构成的虚拟空间。而价值链中的各环节均分为市场场所和市场空间两个增值活动部分。价值网则更好地促进了产业链上各环节主体的相互联系，增强了企业间的协调性，促进了各种数据、信息、知识等要素资源共享，促使各主体共同完成业务并共同投资开展有利于更好创造价值的基础设施建设。价值星系是由多个主体构成的一个引力集合体，而且其是一个动态的概念，以自身价值链为主链，通过信息化形成社会各行业价值链的交汇，涵盖多个产业的柔性契约网络，是介于企业与市场之间的一种组织形式。其主要在于产品能更好地满足消费者需求，在提高消费者满意度的同时让企业获得更多的利润③。

（二）产业链理论的内涵

产业链是多个主体根据组织关系和空间分布形成的，以实现价值增长为目标的一种关系形态。具体表现为：一是产业链是一个宏观性的概念，

---

① 李治，王东阳. 交易成本视角下农村一二三产业融合发展问题研究 [J]. 中州学刊，2017 (9)：54-59.
② 龚勤林. 区域产业链研究 [D]. 成都：四川大学，2004.
③ 卿莺. 产业链视角下农村特色产业发展研究 [D]. 苏州：苏州科技大学，2016.

是产业各环节所联结形成的，从不同的研究角度可赋予其不同的含义。例如，研究对象是企业时则企业链即是产业链的具体表现。如研究对象是价值增值时，产业链则体现为价值链。产业链应用于不同情况所体现出的特征则不相同。产业链是供应链和价值链等形成及演化的前提条件。二是产业链具备产品及产品价值、产业结构等属性。产业链上各环节所生产出的产品或服务体现了多样化的分布结构，并创造出价值。故产业链是由产业间的密切联系与协同形成的。这一过程中，不仅包含产业前端、中端和后端的纵向联系，还包含各生产环节相互间的分工协作与补充的横向联系。三是产业链具有空间结构的属性。生产各环节都会对整个产业链的传递与增值都会受到该环节企业的影响，这一现象对于技术进行扩散和产业形成聚集都具有促进作用。但也面临如某一个环节遇到风险，那么整个产业链也都将受到影响的情况。而且风险能够通过产业链快速传播，这也增加了风险传导的连锁效应和放大效应，进而出现"断链"的可能性。①

产业链理论应用于农业被称为农业产业链，是由农业产业的多个环节和部门相互作用、相互影响所形成的一个系统。产业链前端投入的农资对农产品生产的质量和销售产生影响，并对产业链中端的生产和加工产生影响，还影响到产业链末端产品品牌的设定及营销设计。同时，消费者基于对产业链末端品牌的需要对产业链的前端和中端提出诉求。所以可知，农业产业链是建立在社会化分工前提之下的，是一个由多个环节和层次构成的复杂系统。产业链向前后端延伸和拓展，带来资本、劳动力资源、生产技术和经营管理理念等众多要素的优化组合，以此来形成农业产业的种业端、生产端、加工端、销售端和服务端于一体的完整生产体系。②

（三）产业链理论与农村三产融合

2015 年中央一号文件《中共中央 国务院关于加大改革创新力度加快

---

① 董丽. 数字经济驱动制造业产业链韧性提升研究 [D]. 长春：吉林大学，2023.
② 兰璇. 数字经济驱动农业产业链升级的机制分析 [J]. 中国集体经济，2024（3）：22-25.

农业现代化建设的若干意见》中提出：推进农村一二三产业融合发展。2022年中央一号文件《中共中央 国务院关于做好2022年全面推进乡村振兴重点工作的意见》提出：持续推进农村一二三产业融合发展。从国家层面来看，农村一二三产业融合发展旨在延伸农业产业链、提高价值链，驱动农业产业链的现代化发展。而且在信息技术、城乡融合发展、农业组织化发展等多重背景下，产业链在促进农村三产业融合发展的过程中起到了直接的推进作用。首先，农村三产融合意味着具备更加先进理念的第二产业和第三产业持续向第一产业渗透，并逐步形成农业产业的制种、生产、加工、流通和销售的衔接与融合，增强农业产业链的现代化程度。其次，新型经营主体带来产业链现代化。以进入农村的外部资本为主体，通过整合农业村中的其他资源要素，形成以家庭农场、合作社、农业企业等新型生产经营主体为核心的融合主体，同时也是产业链的主体。发挥新型经营主体的"桥梁作用"，联结农民与市场，让小农户更好地融入大市场，并逐渐形成对农业生产前端、中端以及末端的全覆盖，实现对农业产业链的改造升级。最后，在农村三产融合过程中，农业生产性服务业对农业产业链具有重要驱动作用，是推动农村三产融合发展，以及促进农业产业链稳定发展，提高农业产业链现代化水平的关键。因为，生产性服务业能够带来农村一产和二产、三产的有效融合，形成溢出效应。随着生产性服务业的高度聚集，农村三产融合各主体将会形成更加紧密的联结，更好地形成分工与协作。同时，在农村三产融合过程中必然带来人才流动，补齐农村人才短板。

五、产业集群理论

（一）产业集群理论的演进

产业集群起源于亚当·斯密对专业分工的研究，他认为产业集群是由众多中小型企业所构成的群体，而且这些企业根据各自的职能形成分工与协作，并共同生产一种商品。同时，亚当·斯密在其著作《国富论》中对市场化下的竞争、行业发展、分工等方面的相互关系进行了一系列研究，其中就包含产业集群的思想①。阿尔弗雷德·马歇尔对工业行业应集中在特定区域的情况进行了研究,认为外部规模经济的形成可以带来企业生产成本的降低。②此后的学者在此基础上进一步研究后认为,"外部经济"是通过劳动力资源共享、专业的生产者和生产技术的扩散而形成的③。阿尔弗雷德·韦伯经过研究后提出了产业区位理论,认为企业形成聚集可以共享公共资源,从而有效降低成本。④迈克尔·波特提出产业集群的观点,并认为产业集群可降低企业人力资源成本和交易成本,企业之间能够形成技术方面的相互学习、信息的共享,并通过竞争提高企业的创新发展能力,便于政府提供基础设施建设,从而降低企业的生产成本。产业集群也是国家竞争优势的关键⑤。

(二) 产业集群理论的内涵

一是产业集群具备提升企业市场竞争力的作用。产业集群促进企业在一定范围内开展集中生产,企业相互之间因距离相近而降低运输成本,增强了企业之间联系,提高了互动性。这样就带来了企业生产时间和费用成本的大幅降低。同时,产业集群带来的分工有利于企业提升生产效率,增强企业的市场竞争力。此外,产业集群还带来了产业结构的优化升级。因为产业集群不但实现对劳动力的优化分工,还带来了新技术、新理念以及市场信息在产业集群内的快速传播和扩散,促进企业组织结构的优化和升级,这就提高了企业的市场竞争力。⑥

二是产业集群能够增强区域范围内经济发展的动力。首先,产业集群

---

① 亚当·斯密. 国民财富的性质和原因的研究 [M]. 郭大力, 王亚南, 译. 北京: 商务印书馆, 1972: 6 - 7.

② 阿弗里德·马歇尔. 经济学原理 [M]. 廉运杰, 译. 北京: 华夏出版社, 2005: 13 - 243.

③ 黄文举. 论产业集群 [J]. 贵阳师范高等专科学校学报 (社会科学版), 2005 (1): 45 - 48.

④ Weber A. The Theory of the Location of Industries (1909) [M]. Chicago: The University of Chicago Press, 1965.

⑤ [美] 迈克尔·波特. 国家竞争优势 [M]. 李明轩, 邱如美, 译. 北京: 华夏出版社, 2002: 68.

⑥ 崔鲜花. 韩国农村产业融合发展研究 [D]. 长春: 吉林大学, 2019.

通过专业化的分工来提升内部企业的生产效率，而企业生产效率的提高则辐射带动了区域范围内生产效率的提升。内部企业之间的相互合作和竞争则促进了企业的发展与进步。产业集群在该区域范围内起到聚集的效应，这就能够吸引从事相关生产的企业汇聚到区域内。其次，产业集群还为区域范围内的创新系统的形成起到了促进作用。产业集群内部企业相互之间具有较强的相互关联性，这有利于新技术、新理念以及市场信息的快速扩散。增强企业之间、企业与其他相关机构之间的相互学习，从而推动产业集群范围内、产业集群所在区域范围内的创新网络形成与发展。最后，对于区位品牌的打造具有重要意义。品牌在市场中具备较高的知名度和较强的市场竞争力，能够更好地满足消费者对于产品的需求。区位品牌是产业集群内多个企业品牌的集合，具备较强的品牌效应。区位品牌效应能够降低企业的营销成本，并更好地拓展市场空间，在区域范围内树立起更好的形象，吸引更多外部资本的进入。①

三是产业集群能够增强企业的创新发展能力。产业集群内的企业按照专业化进行分工，各企业之间虽然具有紧密的联系，但也同时存在相互竞争的关系，为增强其自身的市场竞争力，各企业必须引入新技术和新经营管理理念对其生产的各个环节进行不断地改进与发展。同时，产业集群所带来的聚集效应让众多相互关联的企业在一定范围内形成聚集，在该范围内的"溢出"效应带来的市场信息、新技术及新经营管理理念的传播为企业的创新发展提供了良好的环境。②

（三）产业集群理论与农村三产融合

依靠产业集群能够优化配置各种资源要素，降低生产成本并带来区位上的优势，为产业融合发展带来更强大、更有效的支撑力。推进农业产业集群的建立能够为农业产业融合奠定良好的基础，在农业产业集群内可以实现农业产业的融合。农业产业融合的初级阶段更多出现于农业产业集群中，其主要依托科研力量以及集群内企业间的合作实现融合发展。数个农业产业集群之间发生的产业融合则属于农业产业融合的高级阶段。

---

①② 崔鲜花. 韩国农村产业融合发展研究 [D]. 长春：吉林大学，2019.

众多农业产业集群内的产业横纵向交错可形成产业集群之间的融合，所以，数个农业产业集群之间的融合才是更深层次的产业融合，对农业产业结构的变革和发展更具影响力。① 鉴于产业融合的普及能够带动产业的发展基础、相关产业、产业结构及组织形态等方面的升级，因此，随着农业产业集群的增加，在农业产业融合的作用下农业经济能够得到高质量的增长。

在社会经济高速发展的形势下，科技水平及生产力水平也在不断提升，农业产业化水平也随之不断提高，第一产业与第二、第三产业的融合进程呈现加快的趋势，农业与工业、高新产业、文旅产业及服务业不断加速融合。根据国内外有关研究，依靠制度上的创新，能够实现农业产业集群的良好效益。通过市场这条纽带将农业生产中的各环节连接起来，并以市场需求为导向，促进农产品产、加、销的一体化发展，形成产业集群。随着农业产业化发展程度的提升，在农村地区初步形成了一批农业产业集群，农业与工业、文旅产业等其他产业形成了融合之势，产业边界在不断淡化，这为农村产业融合提供了良好的发展机遇。②

六、产业融合理论

（一）产业融合的内涵

第一，从技术融合看，产业融合是将先进技术广泛运用于产业中，从而形成了创新活动；第二，从产业边界变化看，产业融合是为了契合产业增长而发生的产业边界变化；第三，从融合过程看，产业融合是从技术融合到市场融合，每个阶段都不可或缺；第四，从产业组织来看，产业融合是通过技术创新和放宽限制来破除产业间的障碍壁垒，加强各产业间的竞争并发生融合。综上所述，就是在技术创新和限制放宽的情况下，在产业边界发生技术上的融合，在经过不同产业间多方面资源要素整合后，改变

---

① 秦嗣毅. 产业集群、产业融合与国家竞争力 [J]. 求是学刊，2008（5）：59－63.
② 孙中叶. 农业产业化的路径转换：产业融合与产业集聚 [J]. 经济经纬，2005（4）：37－39.

了原有产品的消费需求特征,以及企业间的竞争及合作关系,让产业界限出现变革。从融合范围看,可分为微观、中观、宏观三个层次。微观上认为产业融合是基于数字融合下的产业边界模糊现象。中观上认为因为信息技术的运用而形成了新的产业,产业结构也随之发生了变化。所以,中观上通常认为产业融合更多的是发生于信息化的行业中。宏观上认为产业融合应广泛运用于所有行业部门,而不只是信息行业部门,是破除产业间的障碍壁垒和突破原有界限后的合并融合。[①]

(二)农村产业融合的内涵

农村产业融合起源于日本学者今村奈良臣提出的"第六产业"理念。随后,国内外学者展开了深入研究,综合现有研究成果可知:农村产业融合是在一产的基础上,促进外部资本、新技术、新经营和管理理念、人力资源等要素向农村这一特定区域内聚集,以实现延伸产业链、拓展农业多种功能、形成产业聚集和产业循环,实现一产与二产和三产的产业交叉和相互融合的发展局面,进而改变农村地区的发展方式和盈利模式。根据现有研究情况,农村产业融合又分为狭义和广义两个不同的角度。狭义的农村产业融合是指农业经营主体在一定区域范围内从事农业生产、加工和销售;而广义的农村产业融合则将实施主体拓展到在农村从事各种经营的主体,涉及的范围更为广阔,要素也更加多元,内容更为丰富。从根本上来说,农村三产融合是基于农业这一核心的,并通过拓展农业本身所具备的多种功能实现融合,让农业的价值更多留在农村、留给农民。在我国经济社会高速发展的背景下,农业农村的发展进入了一个全新的阶段,工业与农业的关系、城市与乡村的关系均发生了较大变化。特别是各种新技术、新理念的出现,对传统的农业农村发展方式产生了极大的冲击,传统发展方式已难以适应现代经济社会发展的要求。农业生产的各个环节联系更加紧密,生产、加工、销售环环相扣,适度规模化、专业化、商品化、社会服务化等新理念不断渗透农业农村,这就要求农业产业链不能只局限于生

[①] 苏毅清,游玉婷,王志刚. 农村一二三产业融合发展:理论探讨、现状分析与对策建议[J]. 中国软科学,2016(8):17-28.

产端，需要更加重视与之相关联的其他产业，形成生产、加工、销售、服务等环节的相互融合、相互促进。这也是我国实现农业农村现代化发展的必然趋势。①

（三）农村产业融合的动因

农业发展必然带来农村产业融合，在市场经济发展的过程中，市场在资源配置中的决定性作用更加强烈，单一的小农生产方式因为产、加、销的脱节导致效益低下，严重影响了农民增收，已不符合市场发展的需要。推进产、加、销一体化的农业产业化经营方式能够有效实现生产经营方式的转变，形成农业产业体系，让农业更好地适应市场形势。

第一，技术创新带来的产业融合。现代信息和生物技术的发展拓宽了农业产业体系的范围，打破了原有的产业界限，加快了农业与其他产业的深度融合。同时，随着技术创新更进一步地细化了农业生产过程中的分工，也形成了新的经营组织模式，与其他产业进行分工与合作，促进了农村三产的融合。此外，信息化技术也广泛运用于农业的生产、加工及销售的全产业链过程中，这体现了农业与高新产业的深度融合。第二，市场外力带来的产业融合。在当今经济社会发展的背景下，消费者的消费理念发生了巨大变化，对农产品的需求类型更加多元化，需求层次也在不断提高。以往靠注重数量的初级农产品已经无法满足市场的需求，只有靠注重质量的复合型农产品才能更好地满足市场需求，这就促进了农村一产与二产的融合发展。此外，随着人们生活水平的不断提高，休闲、康养等对人们的吸引力也在不断增强，这就要求农村推进第一、第三产业的有机融合。第三，新型经营主体主导的融合。家庭农场、合作社及农业企业的蓬勃兴起也主导了农村三产融合发展，形成稳定的利益联结机制并获取融合发展所带来的收益。新型农业经营主体成为连接农户与市场的纽带，通过新型经营主体来抵御自然和市场的风险，并提高产品的附加值以获取最大化的产品利润。另外，多个新型经营主体通过合作进行规模生产，实现生

---

① 柴青宇. 黑龙江省农村产业融合发展水平评价及其路径选择研究［D］. 哈尔滨：东北林业大学，2021.

产成本的降低，以获取规模效益和范围经济。第四，外部制度创新作用带来的产业融合。通过制度创新来促使生产要素重组和内部化的产业分工，以促进农业与其他产业的融合，实现农业产业的高质量发展。这就要依靠政府部门创新性地制定相应的财税及法律方面的政策来对农村三产融合进行制度上的保障。①

第二节 乡村振兴战略与农村三产融合发展的内在关联

一、乡村振兴战略的现实意义和总体要求

（一）乡村振兴战略的现实意义

1. 全面建设社会主义现代化国家的必然要求

社会主义现代化是全面的现代化，全面建设社会主义现代化国家的重点任务之一即是实现农业农村现代化。如果没有农业、农村、农民的现代化也就没有全面的现代化。"农业强、农村美、农民富"事关"中国强、中国美、中国富"，实现农业、农村、农民的现代化发展与工业城市发展有着紧密的关联，没有农业、农村、农民的现代化就没有全国的现代化。中华人民共和国成立以来，工业优先发展的方针下，大部分时候农业是作为从属来支持工业的发展。以往的"四个现代化"同步发展中，农业的现代化是在工业化和城镇化之下的现代化，是为工业化和城镇化发展现代化服务的，这就造成了在"四个现代化"格局中农业、农村、农民的现代化相较于城市现代化的不足。到了21世纪，党中央、国务院将"三农"工作列为全党、全国工作的重点。党的十九大报告提出乡村振兴战略，这是以习近平同志为核心的党中央在新时期对农业农村工作作出的重大战略部署。②党的二十大报告提出："全面建设社会主义现代化国家，最艰巨最繁重的

---

① 许红. 农村一二三产业融合：理论分析、实践探索及对策建议 [J]. 开发研究，2020 (4)：110-117.

② 靳晓婷. 乡村振兴视角下产业融合理论与实践研究 [M]. 北京：中国经济技术出版社，2020：4-5.

任务仍然在农村。坚持农业农村优先发展，坚持城乡融合发展，畅通城乡要素流动。加快建设农业强国，扎实推动乡村产业、人才、文化、生态、组织振兴。"《中共中央 国务院关于做好2023年全面推进乡村振兴重点工作的意见》指出："必须坚持不懈把解决好'三农'问题作为全党工作重中之重，举全党全社会之力全面推进乡村振兴，加快农业农村现代化。强国必先强农，农强方能国强。"乡村振兴战略明确了农业、农村优先发展，这表明农业、农村已不再从属于工业等其他行业，也不再是完全服务于其他发展。在未来的发展趋势下，城镇化、工业化和信息化等将倾向农业、农村、农民，逐步补齐农业、农村、农民现代化发展进程中的短板。尤其是在城乡发展存在着不平衡，农村的发展存在着不充分的形势下，实施乡村振兴战略能够加快推进农业、农村、农民的现代化，这正是全面建设社会主义现代化国家的必然要求。同时，实现乡村振兴的一系列措施都必须紧紧围绕农业、农村、农民现代化这一目标导向来进行，以乡村振兴战略"二十个字"总要求作为支撑原则，没有乡村振兴战略的实施，农业、农村、农民的现代化则无法实现，二者是相辅相成、相互促进的。通过实施乡村振兴战略来实现农业、农村、农民的现代化，通过实现农业、农村、农民的现代化来实现乡村振兴的战略目标，进而实现建设中国特色社会主义现代化强国的战略目标。[①]

2. 破解城乡失衡的有效路径

首先，在推进城镇化的过程中，农业农村提供和输送了大量的农副产品、土地及劳动力资源，提供了必要的支撑要素。这一过程虽然促进了全国的工业化和城镇化进程，却导致了城乡发展的失衡。同时，我国作为传统的农业大国，农村人口基数大，地区间发展的资源禀赋差异较大，城乡市场体系、产业、文明、治理方式等相互分离，这就导致了我国城乡二元结构的存在，进而对城乡要素的流动产生了限制，在基本服务、公共品供给等领域也造成了非均等化。一般情况下，到了工业化发展的中期阶段就具备了城乡融合发展的基础，能够逐步消除城乡的二元结构的格局。在现

---

① 陈龙. 新时代中国特色乡村振兴战略探究 [J]. 西北农林科技大学学报（社会科学版），2018，18（3）：55-62.

阶段我国工业化发展水平不断提高的背景下，乡村振兴战略的提出，能够促进城乡融合发展，推进城乡的一体化发展，引导各种资源要素向农业、农村聚集，逐步补齐农业农村发展中的短板，并激发农业农村发展的内生动力。其次，一个国家工业化进程进入了提升阶段后，第二、第三产业就成为国民经济中的主导，拉动经济增长的主要动力则是非农产业和部门。城市与乡村本是一个有机的整体，二者都实现良性发展才能够相互促进和支撑，衰退的乡村会给城市的发展带来隐患和不稳定因素。在乡村振兴战略背景下推进城乡融合发展的这一方式，明确了我国在新时期的城乡关系，为破解城乡失衡提供了新的思路并指明了方向。通过乡村振兴战略的实施，发挥城镇化和乡村振兴的双驱动作用，将城镇先进的生活和生产方式带入农村，与此同时，农村人口向城镇和农业以外的产业进行转移，达到城镇与乡村更加紧密的经济联系和社会分工协作的目的，实现城镇与乡村的共同繁荣与发展①。

3. 实现共同富裕的必然选择

社会主义本质规定和奋斗目标就是实现共同富裕，这也是我国社会主义的根本原则。实现共同富裕也是坚持以人民为中心的发展思想的体现，实施乡村振兴战略正是为了实现共同富裕。没有农民的富裕就没有共同富裕，只有实现乡村的振兴才能实现农民的富裕。乡村振兴对缩小城乡之间的差距具有重要作用，是实现共同富裕的必然选择。现阶段的农村劳动生产率水平较之城市偏低，整体发展较之城市落后，经济的增长对低收入群体的惠及面不广。乡村振兴战略的实施能够为农民，尤其是为农村低收入群体带来更多的就业机会和收入的提高，逐渐缩小城乡之间的差距，实现农村的共同富裕。但是这必须建立在实现农业、农村、农民的现代化这一基础上，通过乡村振兴战略来实现农业、农村、农民的现代化是实现社会主义现代化的重要组成部分，也是实现共同富裕的必然条件。乡村振兴战略的"二十个字"总要求深刻诠释了以人民为中心的发展思想，产业兴旺不仅是乡村振兴的关键，更是实现共同富裕的重要基础，发展具有地方特色的现代农业产业，延伸农业产业链，提高价值链，实现农业产业的"接

---

① 李源峰. 乡村振兴战略下中国城乡融合发展研究［D］. 武汉：武汉大学，2019.

二连三",从而提高农民收入;生态宜居体现着新发展理念,打造绿水青山、美丽宜居的乡村环境能提高农民的生活品质;乡风文明是社会主义核心价值观的体现,也是乡村振兴的精神保障和文化支撑,文明的乡风能够提升农民的价值观;治理有效是实现共同富裕的重要保障,乡村生活的和谐稳定是农民安居乐业的前提条件;生活富裕是共同富裕的基础,也是乡村振兴的根本目标。[1][2]

(二) 乡村振兴战略的总体要求

党的十九大报告中明确提出了实施乡村振兴战略的总体要求:产业兴旺、生态宜居、乡风文明、治理有效、生活富裕。第一,产业兴旺是基础。乡村产业的兴旺能带来农业农村经济高质量的发展,进而为乡村生态环境的改善、乡村社会的和谐稳定提供强有力的经济支撑和坚实的物质保障。但是,产业兴旺并不只局限于农业的兴旺,应该是农村三产融合发展的兴旺。具体体现在:农业产业结构的调整、优化,以及农业产业发展的绿色化、标准化、市场化、融合化、品牌化、多功能化,实现农业产业链的不断延伸、价值链的不断提升和农民利益链的不断完善。第二,生态宜居是关键。生态宜居要求在农业产业发展过程中,不仅要对农村生态环境进行有效的保护和治理,还要实现农村生态环境保护与开发利用的有机协调,因为任何形式的发展都不能以牺牲生态环境作为代价来换取。同时,还要不断改善农村的生活设施,为农民提供良好的生活环境,让农村不仅成为"金山银山",更是人民所向往的"绿水青山"。第三,乡风文明是重点。农村孕育出了丰富的乡村文化,乡村文化有利于农民思想道德素质的提升,因此,农业农村经济的繁荣与发展离不开乡村文化这一精神动力的有效支撑。传承与发展乡村文化,并协调好乡村文化与现代文化之间的关系,实现乡村文化与现代文化的有机融合,并以此为基础,不断改善农民的精神风貌,为新型职业农民队伍的打造奠定坚实的基础。第四,治理有

---

[1] 张书慧,刘晓倩.乡村振兴助力共同富裕:逻辑关系、道路羁绊与路径选择 [J].当代经济管理,2023,45 (5):10-17.
[2] 熊琬莹.乡村振兴推动农村共同富裕的内在逻辑及现实路径 [J].学校党建与思想教育,2022 (24):91-93.

效是保障。乡村的治理有效是国家治理体系现代化的重要组成部分，乡村治理有别于之前的管理，治理需要多元的参与及协同，集法治、德治、自治三者于一体，取得可持续和低成本的治理效果。在明确自治范围的前提下，充分赋权予村级组织，并保障和强调村民的自主和参与，进而达到治理有效的目的。第五，生活富裕是目的。通过一系列的措施，推动乡村产业现代化的高质量发展，实现农民收入的持续增收，进而缩小城乡收入差距。同时，乡村的生活环境得到极大的改善，乡村居民的文化精神日益丰富，乡村社会和谐安宁。让乡村实现高质量的发展，让乡村居民与城市居民共享发展成果，实现共同富裕。①

二、乡村振兴的首要目标是产业兴旺

乡村振兴战略中，产业兴旺直接决定了乡村经济的发展水平，也就是乡村振兴的基础条件。没有兴旺的产业就没有乡村的振兴。同时，生态宜居、乡风文明及治理有效是实现产业兴旺的必要条件，乡村优美的生态环境才能吸引更多的创业者、就业者，良好的乡风文明和行之有效的乡村治理方式能够为产业的发展提供良好的社会环境氛围，而生活富裕则是产业兴旺所要达到的目的。五个方面是相辅相成的一个有机整体。

（一）乡村产业兴旺事关国计民生

农业是国民经济和社会发展的基础，也是人民衣食的来源，解决好吃饭问题始终是治国理政的头等大事，粮食安全保障能力的不断提升对于加快建设农业强国具有基础性和关键性作用。所以，中国人必须牢牢将饭碗端在自己手中。在经济社会发展的新阶段，人民生活质量也在不断提高，对更加丰富的高质量农产品的需求也不断随之增加。产业兴旺的一项重点是粮食产业的高质量发展，粮食安全事关国家安全和社会稳定。除了粮食产业外，各地根据自身不同的资源禀赋条件，因地制宜发展特色产业，不仅在"量"上实现增长，更在"质"上进行大幅度地提升，实现其他产业

---

① 黄祖辉. 准确把握中国乡村振兴战略 [J]. 中国农村经济, 2018 (4): 2-12.

与粮食产业一道高质量同步发展。乡村产业的兴旺能够为人民提供更加丰富且品质更高的农产品，不断丰富人民的物质生活和保障社会经济的高质量发展。所以，乡村产业兴旺事关国计民生，必须以绿色发展为原则，完善财政金融支持政策，合理配置资源要素，发挥科技支撑保障作用，优化产业结构，推进农村三产融合发展，进而实现农业的高质量发展，乡村产业的兴旺，更好地服务于国民经济的发展和人民群众的需求。[1][2]

（二）乡村产业兴旺事关农民就业和增收

乡村经济发展的核心问题是扩大农民的就业和增加农民的收入。农民的就业面是否扩大、收入是否显著提高是乡村产业兴旺的重要体现，而乡村产业兴旺则事关农民就业和增收。近年来，由于新冠疫情和经济下行压力的影响，以及东部地区传统产业饱和，还有人工智能的运用和发展等因素，导致用工减少，从而制约了农民工资性收入的增长；农产品生产成本的上涨以及持续走低的销售价格，在刚性成本的情况下，这种单一的农业经营收入造成了农民家庭经营收入难以增长；而转移性收入则是受到WTO规则的制约，农业生产补贴已无法再增长；以土地流转、股金分红为主要来源的农民财产性收入，由于受不同地区地价差异，以及大部分地区农村集体经济发展薄弱的影响，增长也十分有限。此外，由于农村"故土难离"的传统观念，以及照顾家庭等想法，农民更愿意留在本地就近就业[3]。而乡村产业的兴旺正好能克服并破解农民就业难和增收难的问题。首先，乡村产业的兴旺能增加农民就业创业的机会，特别是现代农业产业发展带来的新业态，能够成为带动乡村产业发展的新引擎，从而扩大农民的就业面，提高农民的收入。其次，乡村产业兴旺能更好地巩固和拓展已经取得的脱贫攻坚成果。尤其是对于原来发展基础薄弱的深度贫困地区，内生发展动力有待提升。只有通过一系列行之有效的措施推进当地实现产业的兴旺，才能更好地巩固和拓宽农民的就业面和发展机会，激发其内生发展动力并逐渐消除"等、靠、要"的思想，防止规模性返贫的出现。最后，农

---

[1] 吴海峰. 乡村产业兴旺的基本特征与实现路径研究 [J]. 中州学刊, 2018 (12)：35-40.
[2] 李国胜. 论乡村振兴中产业兴旺的战略支撑 [J]. 中州学刊, 2020 (3)：47-52.
[3] 曾福生. 发展新产业新业态破解农民增收困境 [J]. 湖湘论坛, 2017, 30 (5)：80-83+2.

业农村现代化下乡村产业的兴旺能够最大限度解决小农户与现代农业有效对接的问题。通过发挥乡村资源禀赋打造适宜的农业全产业链，将产业链的主体留在县乡，最大限度地实现农民就业的就地和就近。所以，乡村产业的兴旺是扩大农民就业和增加收入的重要前提。农业农村现代化发展带来的乡村产业兴旺和高质量发展，不仅要给农民带来显著的增收，还要实现增收的长效性和可持续性。①

（三）乡村产业兴旺是乡村全面振兴的保障和基础

在全面建设社会主义现代化国家新征程中，发展依然是第一要务，发展重点在于产业的发展和经济的发展。实施乡村振兴战略的"二十个字"总要求中，"产业兴旺"位列第一。用"产业兴旺"代替了原有的"产业发展"，突出了实现乡村产业的多元化发展、综合化发展，形成全面推进农业农村现代化的发展导向，更突出了用全新的理念发展农业农村产业的趋势。对于乡村而言，没有产业的兴旺就没有乡村的持续发展，更没有乡村的全面振兴。乡村振兴战略涵盖产业、人才、文化、生态及组织五大方面的全面振兴，通过五大振兴激活农业农村的经济、生态、文化、社会等方面的功能及价值，带来乡村产业的兴旺。但是，首先要激活的是经济方面的功能及价值，并不断拓展农业的生态、文化、社会等功能，促进农业与生态、旅游、文化、科普、康养等产业的深度融合，发展生态农业、循环农业、乡村旅游业、休闲体验农业、创意农业、智慧农业、电商农业、康养农业等新业态，以此实现乡村产业的兴旺，为农民带来更多就地就近的就业机会及收入的增加，并且最大限度地解决留守老人、妇女及儿童的问题，让广大农民获得更多的幸福感、满足感。所以，乡村产业的兴旺带来的产业振兴对于其他四个方面的振兴有着重要的影响和决定性的作用。此外，乡村产业兴旺在满足消费者需求的同时，还能为工业的发展提供更为丰富的原材料。同时，产业兴旺带来的农民增收也扩大了农村的消费需求，可拉动城镇经济的发展。可见，产业兴旺有利于促进工业化和城镇化

---

① 万俊毅. 发展乡村特色产业，拓宽农民增收致富渠道［J］. 农业经济与管理，2022（6）：19－22.

第二章 农村三产融合发展的理论基础与本质特征

的发展。但产业的振兴并不等同于教育、人才、文化、生态及组织的振兴,更不能替代其他四个方面的振兴。总而言之,乡村产业兴旺能够带来农业提质增效、农村的高质量发展和农民的收入增长,对于推动我国经济高质量发展,全面建设社会主义现代化国家具有重要作用。①②

三、农村产业融合是实现乡村产业兴旺的基本路径

(一) 中国及云南农业发展现状

1. 中国农业发展现状

作为农业大国,农业是我国国民经济的重要组成部分。中华人民共和国成立以来,特别是改革开放以来,我国的农业农村经历了重大的制度变迁,农业农村也取得了翻天覆地的变化和发展。党的十八大以来,以习近平同志为核心的党中央高度重视农业农村工作,持续引领农业农村现代化发展,打赢脱贫攻坚战并提出乡村振兴战略,让我国的农业农村发展迈向了前所未有的新高度。根据国家统计局发布的《2022年国民经济和社会发展统计公报》数据:2021年,第一产业增加值88345亿元,较上年增长4.1%,增幅大于第二产业(3.8%)、第三产业(2.3%)。粮食种植面积11833万公顷,较上年增加70万公顷,粮食产量68653万吨,较上年增长368万吨;棉花、油料、糖料及茶叶产量分别达到598万吨、3653万吨、11444万吨和335万吨,除糖料以外,其他均较上年有所增长;猪肉产量5541万吨,牛肉产量718万吨,羊肉产量525万吨,禽肉产量2443万吨,禽蛋产量3456万吨,牛奶产量3932万吨,水产品产量6869万吨,各类畜禽水产品产量均较上年度有所增长;木材产量10693万立方米,较上年有所下降。另据国家统计局公布的数据可知:2021年农林牧渔业总产值147013.40亿元,较上年增长6.70%;其中,农业总产值78339.51亿元,较上年增长9.19%,林业总产值6507.70亿元,较上年增长9.16%;牧业总产值39910.83,较上年下降0.88%;渔业总产值14507.27亿元,较上

---

① 姜长云. 推进产业兴旺是实施乡村振兴战略的首要任务 [J]. 学术界, 2018 (7): 5-14.
② 吴海峰. 乡村产业兴旺的基本特征与实现路径研究 [J]. 中州学刊, 2018 (12): 35-40.

年增长13.55%。农村居民人均可支配收入18931元，较上年增长9.7%；农村居民人均可支配工资性收入7958元，较上年增长14.1%；农村居民人均可支配经营净收入6566元，较上年增长8.0%；农村居民人均可支配财产净收入469元，较上年增长12.1%；农村居民人均可支配转移净收入3937元，较上年增长7.5%。

对比《中华人民共和国1979年国民经济和社会发展统计公报》可知，改革开放以来，粮食总产量从3211.5万吨增加到68653万吨，人均粮食占有量从209千克提高到483千克。粮食总产量和人均占有量分别提高了1.06倍和1.31倍。粮食产量的大幅提高，有效保障了我国的粮食安全。同时，1979~2021年，棉花、油料、茶叶、糖料、猪牛羊肉等重要农产品产量分别增长1.71倍、4.68倍、11.09倍、3.65倍、5.39倍，为顺利推进新时代中国特色社会主义各项事业起到了稳经济和稳全局的作用。2021年肉类、禽类、蛋类、蔬菜（含食用菌）、鲜瓜果、奶和水产品等居民人均主要食品消费量大幅提升，人民群众膳食结构更加多元化，充分体现了中国现代农业的快速发展对于保持社会稳定和民生改善具有不可替代的作用。同时，农业的快速发展还带来了包括脱贫户在内的广大农民群众收入的持续增加，脱贫攻坚成果得到有效巩固拓展，可以说，在当前国内外复杂形势下，第一产业的稳定增长显示了农业作为经济社会发展"压舱石"的作用。

2. 云南农业发展现状

根据国家统计局数据，2021年，云南农林牧渔业总产值6351.82亿元，增长10.4%。占全国的4.03%，较2020年略有下降，在全国31个省份中排名第10位。根据《云南省2021年国民经济和社会发展统计公报》，2021年云南农业产值3441.47亿元，较上年增长7.8%；林业产值497.33亿元，较上年增长5.5%；牧业产值2113.31亿元，较上年增长15.0%；渔业产值112.38亿元，较上年增长2.7%；农林牧渔专业及辅助性活动产值187.33亿元，较上年增长10.6%。2021年粮食总产量1930.30万吨，较上年增长1.8%；油料产量63.89万吨，较上年增长1.3%；烤烟产量82.18万吨，较上年增长0.7%；蔬菜产量2748.86万吨，较上年增长9.6%；水果产量1041.82万吨，较上年增长18.3%；茶叶产量50.21万吨，较上年增长8.4%；鲜切花产量158.33亿枝，较上年增长8.0%。全年猪牛羊禽肉总产量486.75万吨，较上年增长17.0%；牛奶产量68.39万吨，较上年增长1.6%；禽蛋产量41.72万吨，较上年下降0.1%。根据国家统计局数据，2021年云南农村居民人均可支配收入14197元，较上年增长10.6%，增速比上年同期加快2.7个百分点，是2016年（9020元）的约1.57倍，可见，云南在高原特色农业的发展上取得了显著的成就。近年来，云南在坚守粮食安全、耕地保护和不发生规模性返贫的底线的同时，坚持聚焦"1+10+3"重点产业，发挥云南农业发展所具备的"低纬高原、内陆热区、绿色错季、多态多样"四大优势，围绕"丰富多样、生态环保、安全优质、四季飘香"的高原特色农业建设内容，持续调整和优化产业结构、积极延链补链强链，推动云南高原特色农业产业的绿色化、设施化、集群化、组织化、专业化、市场化发展。"云花、云茶、云菜、云药、云咖、云菌、云果"等特色经济作物量效齐增，茶叶、鲜切花、野生食用菌、中药材、核桃、咖啡、坚果的种植面积和产量，以及肉牛的存栏数量均居全国首位。"云品""滇系"农产品在国内外的影响力和认知度不断扩大，逐渐成为全国重要的蔬菜、水果及肉类供应大省。例如，云南丰富的蔬菜种类具备周年生产均衡供应等特征，销往国内150多个城市，40多个国家和地区。① 云南的水果品种极其丰富，涵盖温带、亚热带和热带水果，以及蓝莓、草莓、树莓等小浆果类。截至2024年，云南已建成花卉、高原蔬菜、云岭肉牛、咖啡、奶业、三七、天然橡胶7个国家级优势特色产业集群。此外，云南在巩固拓展脱贫攻坚成果同乡村振兴有效衔接期间，各地继续将产业发展作为工作的重点，以高原特色现代农业发展为依托，立足当地资源禀赋条件，选准适宜当地发展的特色主导产业，宜农则农、宜林则林、宜牧则牧、宜游则游，推进农林融合、农牧融合、农渔融合、林牧融合、农林牧融合、农林牧渔融合，种养殖业与加工业、服务业的融合发展，培育多样化的新型业态，不断完善双绑利益联结机制，持续助农增收。高原特色农业已成为云南经济发展的重要内容，促进云南由特色农业大省向特色农业强省转变。

（二）农村产业发展存在的问题

1. 农村产业发展水平偏低

农村产业发展的主导产业是农业，虽然近年来全国及云南的农业都取

---

① 李瑞莹. 云南蔬菜已销往全国150个大中城市和40多个国家和地区[EB/OL]. (2024-07-14). https://news.sohu.com/a/793242876_120815119.

得了长足的发展,农民收入水平不断提高,但整个农村产业的发展水平相比发达国家依然偏低。现阶段,农业已从解决人民群众的温饱问题转变为向人民群众提供优质的农产品。所以当前的农业必须实现现代化发展、高质量发展。但目前一些地方依然存在"产量至上"的思想观念,粗放型农业发展方式所带来的化肥农药及抗生素的滥用等生态环境破坏和食品安全问题依然不少;农产品品牌建设依然滞后,农产品品牌意识不足,缺乏对当地特色文化的挖掘和运用;基础设施短板依然明显,高标准农田、预警监测、储存运输等配套基础设施存在明显的短板;电商物流发展滞后导致产销渠道不畅;由于农村大量人口因外出务工向城镇转移,留守老人和儿童无法作为主要的劳动力,导致"空心村"问题突出;信息化发展在绝大部分地区几乎是空白;金融支持体系不健全和不完善,导致农业面临融资难的问题;科技支撑保障体系不健全,导致农业的科技贡献率低于发达国家。[①]

2. 农村产业三产融合不够

目前,农村产业三产融合还属于较低的层级,作为第一产业的农业向第二、第三产业延伸及融合不够,跨产业的要素配置有限,农业的产业链偏短、价值链偏窄、产品附加值偏低。这导致了农业难以与工业、金融行业、旅游行业以及电商行业等融合形成新业态的发展模式,严重影响了乡村产业的高质量发展和乡村产业的兴旺。尤其是包括云南在内的绝大部分中西部地区农村的经营主体依然是以家庭为单位的一家一户的"小农"生产,组织化程度较低,新型经营主体发展程度滞后,带动作用十分有限。在现有的推进农村产业三产融合的进程中,各种资金和资源倾斜于发展第一产业,虽然带来了第一产业一定的发展,但在过度利用资源追求产量和规模的同时,带来的是低附加值且同质化严重的农产品。此外,由于农产品从采收到储存、运输、精深加工、销售等各环节脱节,农产品无法实现从农田到餐桌的完整链条,导致小生产与大市场的不对称。[②]

3. 农业多功能性拓展不足

未充分发挥农业的生态功能。长期以来在农业生产中化肥和农药的滥

---

① 刘海洋. 乡村产业振兴路径:优化升级与三产融合 [J]. 经济纵横, 2018 (11): 111 – 116.
② 张绘. 实现西部乡村产业高质量发展的机遇与挑战 [J]. 人民论坛, 2022 (23): 50 – 53.

用对生态环境和农产品质量安全造成了严重的影响。加之农业绿色生产技术的相对滞后，以及推广示范范围较小，都使得农业的生态功能未能发挥有效作用；农业的文化功能挖掘有限。现阶段的农业更多的是以提供农产品为主，大多数人对农业文化的认识十分有限，对各种传统的农耕文化及民俗、节庆和民间艺术等乡村文化风情未得到充分、有效的挖掘，以及保护、传承与发展，丰富的农业文化资源由于其载体属非物质性，故难以被直接识别和在农事活动中进行直接运用；农业的社会功能作用不明显。由于受历史等多种因素的影响，农业基础设施落后，新技术及新品种的运用有限，造成了农业生产效率难以提高，加之农业较其他产业更容易受到旱涝等灾害的影响，进而导致了农业在扩大就业和增收上的作用有限，与乡村治理之间的互动作用和关联作用并未有效发挥。[①]

四、农村产业融合发展是实现乡村产业兴旺的有效途径

（一）农村产业融合发展促进乡村产业高质量发展

第一，农村产业的高质量发展并不仅局限于农业产业的高质量发展，而是多元化、融合化产业的发展，进而实现整个乡村产业的高质量发展。产业融合需要的是多个产业之间实现协同发展，以农业为基础并逐步实现农业与生态、旅游、文化、科普、康养等产业的有机融合，形成生态农业、循环农业、乡村旅游业、休闲体验农业、创意农业、智慧农业、康养农业、电商农业等新业态，形成乡村振兴的有效动能。第二，产业融合将逐渐变过去"粗放型"的农业发展方式为"集约型"的农业发展方式，突出对资源的集约化、合理化、有效化及综合化利用，减少或避免对资源的浪费，实现农村经济发展从以往靠注重"数量"的初级阶段向注重"质量"的高级阶段发展，并且能够拓宽就业渠道和带来增收。第三，通过将农业与不同产业的融合创新形成多元化产业，改变农村现有产业结构单一，农民就业渠道窄，增收困难的局面。第四，单一的产业发展难以为继

---

① 谢艳乐，祁春节. 农业高质量发展与乡村振兴联动的机理及对策 [J]. 中州学刊，2020 (2)：33－37.

且弊端较多，只有依靠跨界融合实现创新发展才能突破瓶颈。产业的融合发展能够催生出更多新科技成果。第五，以往农村在发展过程中更多地依赖第一产业的发展，其他产业较少甚至是空白，产业结构比例严重失调。产业融合能够将原有产业相互连接起来并起到带动作用，促使产业协同发展，逐步实现产业结构趋于合理化，逐渐走向高级化。①

（二）农村产业融合发展促进产品供给侧结构性改革

现阶段，我国农产品供给一方面存在结构性的过剩，另一方面又存在结构性的不足。随着人民群众生活水平的不断提升，人民群众对农产品的品质需求也随之不断提升。要获取更大的消费市场并增强农业农村经济发展新动能，必须生产出更多高品质的、符合人民群众需求的农产品。在这一新形势下，只有实现农村产业的融合才能生产出更多满足人民群众需求的高品质农产品。只有实现农村产业融合，才能消除城市与农村之间人、财、物等资源配置中存在的结构性矛盾，以解决农产品供给质量偏低和供给结构不平衡等问题。因为，产业融合具有提高资源要素使用率的特性。城市以及其他行业的各种资源要素进入农村并与市场需求相结合，发展出更多的农村产业新业态，实现农村产业结构的优化、体制的创新，以及农村产业、生产和经营体系的紧密协同，进而提高农村对于人、财、物等资源的使用效率。②③

（三）农村产业融合发展促进农民增收

农村产业融合不仅可以给农民带来生产端的收益，还能带来加工端和销售端的收益，以及通过产业链条延伸和农业多种功能拓展所带来的附加值收益。通过在农村推进产业融合的过程中，各融合主体发挥其所具备的比较优势，实现既分工又合作的优势互补，并构建有效的多样化利益联结机制。可通过以下几种方式促进农民增收：一是农户参与产业融合发展，

---

① 孟凡钊，董彦佼. 乡村振兴背景下农村产业融合的现实意义和实现机制［J］. 农业经济，2022（6）：12-14.

② 史敦友，段龙龙. 供给侧改革视域下农村产业融合发展模式比较研究——以四川省为例［J］. 农业经济，2019（1）：40-42.

③ 宋晓华，尹德斌，李慧. 产业振兴视域下农村产业融合的创新模式［J］. 农业经济，2022（10）：43-45.

以务工的方式获取工资性收入。二是产业融合主体通过流转获取农民承包地经营权并向农民支付相应的租金。三是农户同新型经营主体签订合同订单，农户按照订单内容进行生产，在生产过程中，新型经营主体向农户提供技术、资金及生产资料等要素。在生产完成后新型经营主体根据签订合同订单进行收购，从而稳固农民的基本收益。四是农民通过将土地、资金及技术等生产要素入股新型经营主体，获取股金分红收益。[1]

（四）农村产业融合发展促进农业多种功能拓展

农业本身就具有多种功能，拓展农业的多种功能是农业实现现代化的必然路径。产业融合发展能够最大限度促进农业多种功能持续拓展，改变长期以来只注重发挥农业的经济功能，而忽略其所具备的生态功能、文化功能及社会功能的发展局面，让农业真正发挥其多种功能，进而更多、更好地满足人民群众消费需求，逐渐消除农产品结构性的过剩和结构性不足的矛盾。一方面，在保障优质绿色农产品和原材料供给的同时，最大限度地拓展农业的多种功能，充分发挥农村生态环境宜人、乡土文化资源丰富等优势，满足人民群众对于休闲康养、农耕文化体验、农业科普知识获取等需求。另一方面，通过产业融合让农业多功能拓展所带来的经济效益、社会效益尽可能留在农村，拓宽农民就业和增收的渠道，突出农业所具备的多功能效益，让农业发展成为前景广阔的朝阳产业。[2]

第三节 农村三产融合发展的本质特征

一、农村三产融合发展的基本内涵

农村三产融合发展的发生区域在农村，且融合产生的价值增值留在农

---

[1] 李乾，芦千文，王玉斌.农村一二三产业融合发展与农民增收的互动机制研究［J］.经济体制改革，2018（4）：96-101.

[2] 李治，王东阳.交易成本视角下农村一二三产业融合发展问题研究［J］.中州学刊，2017（9）：54-59.

村,利于农村经济的增长。但农村三产融合发展绝非与城市二、三产业分割而孤立存在,随着城乡一体化进程的加快,农村产业与城市产业之间的界限在逐渐被打破,相互间的联系也日趋紧密。任何产业的持续发展都离不开农村与城市这两个空间,农村三产融合发展的区域在农村,但离不开城市这一消费市场和各种要素资源。同样,城市也需要农村提供农产品供给及涉农服务。农村三产融合发展是"农业+其他产业"的融合,这里的农业是包含农、林、牧、渔业,农村三产融合发展,也包括农林融合、林牧融合、农牧融合、农渔融合等多方面的融合。对于产业链而言,农村三产融合发展并非简单的产业叠加,而是形成一条完整的新型产业链,并实现各个环节内延和外扩,且衔接更加紧密、专业化程度更高,构建起农村三产融合体系。而各产业链之间,以及同一产业链各环节之间的界限将逐渐淡化,关键在于在农村运用产业链的产业活动形式发展高生产率、高附加值的涉农产业,让农村一、二、三产业之间形成渗透、互动和依赖的多元化新业态,从根本上解放农村的生产力、发展农村的生产力。农村三产融合发展的本质是农业产业链的延伸、融合、重构、创新、升级,这一过程开始于农业产业链及与其相关的产业链在市场导向作用下,实现重新组合形成融合型产业链。农村三产融合发展从价值链、组织链以及空间链角度进一步分析,其内涵包括以下三个方面。①

从价值链角度看。农村产业主体在效益的驱使下,充分发挥自身资源禀赋,以市场为导向,推动第一产业的价值与二、三产业的价值进行融合,实现农村经济增长。农村三产融合需要传统农业向现代农业转型,通过一、二、三产业有机融合,实现农业产业价值增值从粗放型的低效益增长方式,转变成为高资源配置效率的集约型的高效益增长方式,实现农业产业价值链的转型升级,得到"1+2+3>6"的效应,形成新型农业产业价值链,也就是"六次产业"。将绿色化、循环化、数据化、信息化、智慧化、创意化等新理念与传统农业有机融合,形成新业态。农业产业从原有的单一提供农产品及原材料等初级产品,转变成为提供高端绿色生态农

---

① 郝武峰. 产业链视角下我国农村一二三产业融合发展研究 [D]. 北京:中共中央党校,2021.

产品、精细化食品加工、新型优质原材料，以及新型多元化、现代化的服务和交易，以满足人民群众对于物质方面和精神方面日益增长的需求。同时，也提升了农业的附加值，带来农民就业和增收渠道的拓宽。在农村三产融合发展过程中，多个产业的价值链间的界限将被打破，农业与工业、文旅产业、生态产业、信息化产业、科普产业等其他产业交叉融合，形成新的价值链。①

从组织链角度看。农村三产融合发展关键在于农民通过融合这一途径与其他产业的主体实现联结，并结成利益共同体。以往作为第一产业主体的农民，通过土地等要素并付出劳动力开展农事生产获取收益。二、三产业的主体企业则是通过科技和信息等现代要素投入，占领市场并获取更大的价值。农村三产融合发展能够提升农民组织化程度，改变以往小农经济的生产方式，形成新型组织化方式，让一、二、三产业形成各产业之间的优势互补，利益联结机制完善，农民能享受到更多产业增值利益的产业组织链。在市场竞争环境下，组织链也会随之调整、转型并升级，形成新的产业组织链。尤其是在互联网的普及与发展的影响下，促成组织内及组织之间的管理和经营成本下降，以及效率的提升。经营主体通过利益关联与其他组织形成联盟组织链，这一产业组织链有效推动农村三产融合发展。随着产业的深度融合及产业的发展，组织方式也会随之进行调整。②

从空间链角度看。农村三产融合发展是基于产业空间链的调整，统筹城乡发展，融合并优化城乡产业空间。农村三产融合发展是调整城乡要素流动，以及一二三产业实现空间优化的过程。从农业多功能的视角看，农村不仅有农业生产，还有农业生态、乡土文化、科普教育等多种功能。农村三产融合发展将农业的多种功能激发出来，并产生经济效益，也让农村更美丽更宜居，让乡土文化传承与发展，更好地服务于农业农村的发展及农民的就业和增收。农村三产融合发展是城乡要素的调整，以及产业的重组，企业要向城郊接合部、农业产业园区汇集，形成产业与城市、产业与

---

① 李治，王东阳. 交易成本视角下农村一二三产业融合发展问题研究［J］. 中州学刊，2017（9）：54-59.

② 郝武峰. 产业链视角下我国农村一二三产业融合发展研究［D］. 北京：中共中央党校，2021.

农村的互动，构筑起农村三产融合发展的空间链。①

二、农村三产融合发展的基本特征

（一）农业多种功能融合

农业本身就是一个多功能体，除了其本身具备的经济功能外，还具有生态、文化及社会等功能，在农村三产融合发展的这一过程中，必然促进农业多功能的拓展，这也是农村三产融合发展的一项特征。通过农业的经济功能和生态功能的深度融合，实现种植业和养殖业，农业与加工业等产业的内部融合，形成生态循环农业，协调好经济发展与环境保护之间的关系，取得经济与生态效益的双赢；通过农业的经济、生态、文化及社会四大功能有机融合，充分利用农村的田园风光和乡土文化，形成农业旅游、创意农业、康养农业等业态，不仅有利于建设美丽宜居的乡村、传承与发展农耕文化，还有利于增加农民的就业机会和收入的增加；通过农业的经济、生态及文化等功能的融合，充分利用当地的地理气候等自然资源，以及乡土文化等人文资源，发挥科技支撑保障作用，完善品牌建设，从而形成一个特色产业，构建起生产端、加工端、销售端完整并有效衔接的一条全产业链，这也有利于产业集群的形成。②

（二）多元经营主体融合

现阶段，我国专业合作社、家庭农场、龙头企业等多种新型经营主体快速发展，在农村三产融合发展的这一过程中，通过科技创新、农产品结构优化、保障政策支持，以及经营主体受到盈利驱动等多重因素的影响，多元经营主体之间必定出现融合的特征。具体表现为"公司+合作社+农户"的融合，农民组成合作社，合作社作为农民与公司之间的中介组织，与公司进行产业对话及合作。公司则发挥其在设施设备、市场信息及经营

---

① 郝武峰. 产业链视角下我国农村一二三产业融合发展研究 [D]. 北京：中共中央党校，2021.

② 曹哲. 我国农村一二三产业融合发展的基本样态与创新路径研究 [J]. 西南金融，2022 (7): 30-41.

管理方式等优势，通过合作社对农民进行专业的技术指导和服务，组织农户开展绿色化、标准化、市场化、规模化、品牌化的生产经营。另一种表现形式为"股份合作组织+新型经营主体+农户"的融合，农户将自己的承包地、资金等入股股份合作组织，拥有决策权，承担一定风险并可取得分红。龙头企业投入设施设备、资金及技术等，拥有管理决策权并承担风险。农户在生产环节发挥其土地和劳动力等要素资源优势，龙头企业在加工及销售环节发挥其技术和资金等要素资源优势，家庭农场则发挥其规模化和标准化生产经营的优势，农业社会化服务组织提供相应的服务，各方共同组成利益共同体，在承担风险的同时获取利益的最大化。[①]

（三）多种要素资源融合

在新形势下，我国通过制度创新不断优化和促进城乡之间人力资源、土地资源、信息资源、资金及关键技术等要素资源的配置与融合。在农村三产融合发展过程中带来了土地流转、人力资源聚集、产业链延伸及拓宽，这也加快了多种要素资源融合。首先，土地制度改革带动多种要素融合。随着"三权分置"改革的推进，农民通过土地流转取得财产性收入，新型经营主体通过流转来的土地进行适度规模经营，并将现代化的元素运用于产业中，推进农村产业实现三产融合并获得发展。其次，人力资源带动多种要素融合。通过新型职业农民培训的培育，以及新型经营主体的带动，逐步提升了农民的生产技能和经营理念。此外，返乡创业的人才也带回了资金、技术及管理等方面的要素资源，让更多的要素资源实现在农村的聚集，提升了农村产业的生产经营水平并促进了产业结构的升级。最后，农村产业链的横纵向融合发展带动多种要素融合。纵向上，农村产业链的纵向延伸实现了农业产业的生产端、加工端、销售端等环节的紧密衔接，各种生产要素在产业链上流动、交叉并优化配置。横向上，农业与其他产业相融合，逐渐打破产业界限，实现多重要素的跨界流动和配置，形成农业与旅游业融合、农业与文化产业融合、农业与生态产业融合、农业

---

① 曹哲. 我国农村一二三产业融合发展的基本样态与创新路径研究［J］. 西南金融，2022（7）：30-41.

与信息产业融合等多种新兴业态。在农业产业链横向延伸和纵向拓宽到一定阶段，将实现农村产业链的横纵向融合发展，并带来多种要素资源的融合。①

三、农村三产融合发展的主要形态

（一）经济效益形态

从宏观上看，农村三产融合能够带来生产技术、生产管理等多方面的创新与发展，现代要素与农村产业相互融合，优化农村产业的结构和产业间的协调性，并形成众多新业态。农村产业以市场为导向，依托现代化的生产技术和经营管理理念，形成组织化、集约化、标准化的发展方式，生产出高附加价值的多元化农产品，能够带来更高的经济效益。从微观上看，农村三产融合发展促使各融合主体更好地参与融合进程，以"利益联结机制"为纽带形成紧密关系，优化组织结构，并形成多样化的合作经营模式，在经营过程中，各主体能够分享农村三产融合发展所带来的经济效益。可见，从宏观和微观两个层面都体现了农村三产融合发展所呈现出的经济效益形态。②

（二）社会效益形态

农村三产融合发展对于保障农业安全、扩大农民就业渠道、完善农村产业发展基础等方面都有着极其重要的作用，这也是农村三产融合发展所呈现出的社会效益形态。首先，农村三产融合发展能拓展农业的多功能性，促进农村传统产业的现代化转型发展，使农业发展成为"朝阳产业"，进一步凸显农业的多功能性和重要性，呈现保障并夯实农业生产基础的社会效益形态；其次，农村三产融合发展形成了众多新兴业态，这就为农民带来了更多的就业岗位，吸引更多的外出务工农民返乡并在家门口就业，呈现出农业社会保障功能得以进一步加强的社会效益形态；再次，农村三

---

①② 曹哲. 我国农村一二三产业融合发展的基本样态与创新路径研究［J］. 西南金融，2022（7）：30 – 41.

产融合发展必然催生一批农业产业园区以及产业强镇,进而带来农村基础设施建设的完善,呈现出农村三产融合后农村产业发展基础得到完善的社会效益形态;最后,农村三产融合后能够激发脱贫人口和低收入人口的内生动力,呈现出巩固拓展脱贫攻坚成果同乡村振兴有效衔接的社会效益形态。[①]

(三) 生态效益形态

农村三产融合对于农村生产、生活、生态等方面将带来一系列的改变,呈现出新的形态。首先,农村三产融合可带来农业生产的绿色发展转型,改变以往高资源消耗带来的粗放型生产方式,形成绿色化、集约化、循环化的生产方式,实现产业的转型升级;其次,在农业生产过程中,农村三产融合带来耕地轮作休耕、节水灌溉设施的使用,以及秸秆、人畜粪污等的科学化利用,对农业生产的绿色发展和农村环境的改善具有重要促进作用;最后,在农产品加工过程中,农村三产融合带来低耗能、高效、绿色、清洁的现代化加工体系构建,以及配套的冷链设施的建设,提升了农产品精深加工水平和加工剩余物的再利用。[②]

[①②] 曹哲. 我国农村一二三产业融合发展的基本样态与创新路径研究 [J]. 西南金融, 2022 (7): 30-41.

第三章
农村三产融合发展的基本环境与内生动力

第一节　农村三产融合发展的环境分析

一、政策环境分析

（一）国家层面的政策环境

党的二十大报告提出了全面推进乡村振兴，再次强调了农业农村优先发展。这是党中央对于全面建设社会主义现代化国家作出的重大战略部署。2023年中央一号文件《中共中央 国务院关于做好2023年全面推进乡村振兴重点工作的意见》提出支持国家农村产业融合发展示范园建设和推进县域城乡融合发展。习近平总书记在2022年12月召开的中央农村工作会议上指出：向一二三产业融合发展要效益，强龙头、补链条、兴业态、树品牌，推动乡村产业全链条升级，增强市场竞争力和可持续发展能力。2023年1月，习近平总书记在主持二十届中央政治局第二次集体学习时强调了全面推进乡村振兴，推进以县城为重要载体的城镇化建设，推动城乡融合发展。可见，全面建设社会主义现代化国家是要城镇与乡村共同繁荣发展的，只有实现城乡融合发展才是实现乡村振兴的正确途径。

新中国成立以来，城乡关系历经了多个不同的阶段，从最开始的农业支持工业发展，再到家庭联产承包责任制、统分结合双层经营体制的实行，以及改革开放带来的农产品市场化发展，对农业生产力实现了高度的解放和生产力的极大发展。广大农村地区得到了飞跃式发展，广大农民的物质生活得到了较大的改善。但受到发展不充分，以及城乡二元结构体制等因素的影响，在社会经济不断发展的背景下，城乡差距也逐渐显现出来，并成为我国经济发展中一个不可忽视的问题。农业生产力发展整体上较之发达国家落后、农民增收幅度较慢、农村公共事业水平偏低。农业农村的发展落后于工业化和城镇化，对全面建成小康社会带来了严重的制约。

党的十六大报告提出统筹城乡经济社会发展，这是对破除城乡二元结构体制开始的标志性"里程碑"。党中央将解决"三农"问题放在极其重要的地位，围绕"统筹城乡经济社会发展"这一战略，在着力解决"三农"问题和统筹城乡发展上提出了一系列有针对性的新思想，出台了一系列行之有效的政策措施，尤其是在2002年1月召开的中央农村工作会议提出了"多予、少取、放活"的原则，以此来促进农民增收。2004年12月召开的中央经济工作会议上提出"以工促农、以城带乡"，此后逐渐形成了实施统筹城乡发展的重要战略部署。2008年10月召开的党的十七届三中全会通过的《中共中央关于推进农村改革发展若干重大问题的决定》，提出新形势下推进农村改革发展，要加快推进城乡一体化发展格局的形成。2012年，党的十八大报告再次强调了推动城乡发展一体化。提出加快完善城乡发展一体化体制机制，构建以工业促进农业、以城镇带动乡村、工业与农业的发展实现互惠、城乡一体发展的新型工农和城乡关系。2013年11月召开的党的十八届三中全会通过的《中共中央关于全面深化改革若干重大问题的决定》，对健全城乡发展一体化体制机制进行了系统化的部署和安排。党的十九大报告提出了实施乡村振兴战略，并就城乡融合发展进行了系统化的部署和要求。

随着我国国民经济不断高速增长，我国经济具备了强农惠农的经济实力，在此基础上，出台了一系列强农惠农政策。党的十六大召开以来，我国农业农村呈现出快速发展，农民收入不断增长，农村社会保障体系不断健全和完善，城乡一体化发展进程不断加快。这就逐渐消除了以往存在的城乡分割，以及农业与工业不协同发展的问题，为农村产业融合发展提供了体制基础。同时，形成的城市对乡村、工业对农业的辐射带动，以及有效的要素流通和资源共享，为农村产业融合发展提供了物质基础。

2004~2023年，连续20年的中央一号文件都聚焦"三农"问题，都针对当时所迫切需要解决的"三农"领域的问题提出了行之有效的指导措施，体现了"三农"工作在我国社会主义现代化建设中的重要地位。

2004~2013年，着重解决增加农民收入、改善农村基础设施建设、提升农业生产力、进行新农村建设、推进农业科技创新保障、健全完善农业经营体系、统筹城乡发展、促进农业现代发展等，针对"三农"领域的问题逐一解决。

2014~2016年，则是将农业现代化发展列为重点，这深刻体现农业现代化对于国家现代化的重要意义。2014年中央一号文件《关于全面深化农村改革加快农业现代化的若干意见》提出全面深化农村改革，对于农业的保护和农业的可持续发展机制、土地及金融制度，以及乡村治理和城乡一体化等方面提出了相应措施，以此来加快农业现代化发展。2015年中央一号文件《关于加大改革创新力度加快农林现代化建设的若干意见》对全面深化农村改革进行再部署，主要是推进农村法治建设，推进农业现代化与新型工业化、信息化及城镇化实现同步发展，不断提升粮食生产能力。优化农业结构并转变农业发展方式，不断促进农民增收，加快新农村建设，为社会经济发展发挥更有力的支撑作用。2016年中央一号文件《关于落实发展新理念加快农业现代化实现全面小康目标的若干意见》强调了用新发展理念来促进农业现代化发展，要牢固树立和深入贯彻落实创新、协调、绿色、开放、共享的新发展理念，以此来积极推动农业的现代化发展。加快推进三产融合发展，让农业成为朝阳产业。2017年中央一号文件《中共中央 国务院关于深入推进农业供给侧结构性改革加快培育农业农村发展新功能的若干意见》针对我国该阶段农业面临的供给侧结构性矛盾，提出要在充分保障我国粮食安全的基础上，以市场需求为导向，以促进农民增收和有效保障供给为主要目标，积极提升农业供给质量。通过加快体制改革和机制创新，不断优化乡村"三大体系"，提升对土地、资源及劳动力等资源的利用率，促进农业农村的发展向绿色生态型的高质量可持续性发展转变。2018年中央一号文件《中共中央 国务院关于实施乡村振兴战略的意见》对党的十九大报告中提出的实施乡村振兴战略的目标任务和基本原则进行了明确，从提高农业产业发展质量、推进农业农村绿色化发展、促进乡村文化繁荣、构建有效的乡村治理新体系、加大农村民生保障的力度、打好精准脱贫攻坚战、增强乡村振兴制度性的有效供给、加大对乡村振兴所需人才的支撑力度、强化乡村振兴投入保障、坚持和完善党对"三农"工作的领导等方面对实施乡村振兴战略进行了全面部署。2019年中央一号文件《中共中央 国务院关于坚持农业农村优先发展做好"三农"工作的若干意见》提出要紧紧围绕统筹推进"五位一体"总体布局和协调推进"四个全面"战略布局，稳步、高质量推进"三农"工作，坚持农业农村优先发展，以实施乡村振兴战略为总抓手，继续深化农业供给侧结构性改革，坚决打赢脱贫攻坚战，全面推进乡村振兴战略。2020年中央一号文件《中共中央 国务院关于抓好"三农"领域重点工作确保如期实现全面小康的意见》强调了2020年是全面建成小康社会目标实现之年，是全面打赢脱贫攻坚战收官之年。对"三农"工作作出了坚决打赢脱贫攻坚战、加快补齐农村基础设施和公共服务短板、有效保障重要农产品的供给及促进农民持续增收、强化农村基层治理、强化农村补短板保障措施五个方面的具体部署。2021年中央一号文件《关于全面推进乡村振兴加快农业农村现代化的意见》着眼"十四五"开局，明确了开局之年"三农"工作的思路和相应的举措，明确了巩固拓展脱贫攻坚成果同乡村振兴有效衔接，并设立过渡期，并提出了具体举措，并再次强调了粮食和重要农产品的供给保障。同时，就种子和耕地、现代农业科技和物资装备支撑、构建现代乡村产业体系、推进农业绿色发展、推进现代农业经营体系建设、强化党对"三农"工作的全面领导等方面提出明确要求。2022年中央一号文件《中共中央 国务院关于做好2022年全面推进乡村振兴重点工作的意见》强调了守住粮食和重要农产品的供给保障和不发生规模性返贫这"两条底线"，并提出了聚焦产业促进乡村发展、扎实稳妥推进乡村建设、突出实效改进乡村治理三项重点工作。在聚焦产业促进乡村发展方面，对促进农村三产融合进行了专门部署和安排。2023年中央一号文件《中共中央 国务院关于做好2023年全面推进乡村振兴重点工作的意见》在强调农业科技创新、确保粮食安全、乡村建设行动的同时，就乡村产业发展专门突出了推进产业全链条升级，强调了农产品加工流通业、现代乡村服务业的建设，以及培育乡村新产业新业态、培育发展县域富民产业等举措，推动农业经营的融合化发展。

可见，从2004年以来，历年中央一号文件都以农业农村发展中亟待解决的重点问题为导向，有针对性地提出相应的解决措施，但均致力推动农业实现现代化发展，以及促进城乡一体化发展。而且其关键在于通过行之有效的措施实现农业产业的高质量发展，进而持续增加农民的收入。

（二）云南省级层面的政策环境

党的十八大召开以来，云南在党中央、国务院关于农业农村工作的部署和安排及习近平总书记两次考察云南时作出的重要指示精神的基础上，结合云南农业发展实际，制定了一系列促进云南城乡一体化发展和农村三产融合发展的政策。2013年《关于加大改革创新力度进一步增强农业农村发展活力的意见》主旨在于：强化各类惠农强农政策的支持力度、积极培育生产经营组织、大力发展农业社会化服务、深化农村集体产权制度改革、有效保障和改善农村民生、加快推进城乡一体化进程。2015年《关于加快转变农业发展方式推进高原特色农业现代化的意见》主旨在于：通过积极培育特色农业基地、提高云南农业产业化水准、推进云南农业的可持续等一系列措施来加快云南农业现代化进程。2016年《关于加快高原特色农业现代化实现全面小康目标的意见》主旨在于：持续推进云南农业供给侧结构性改革、加快农业现代化发展、实行美丽宜居乡村建设、不断改善民生等措施，稳固农业的发展和促进农民的持续增收，更好地让广大农民共享改革发展成果。2017年《关于推进现代农业产业园建设的指导意见》主旨在于：通过发展规模化种植养殖、农产品加工、农产品流通、农产品品牌建设及农业科技支撑等方式加快形成农业全产业链发展，打造产业集群，逐步优化农业产业发展布局，促进云南农业产业发展实现转型升级，将云南农业的资源优势转化为发展优势，引导各种农业产业发展要素向园区形成聚集，使其成为云南农业农村经济的新增长极。2018年《关于推进农业高新技术产业示范区建设发展的实施意见》主旨在于：以云南农业供给侧结构性改革为主线，推进各类生产要素资源形成有效聚集，并构建新型发展模式，以科学技术成果的转化应用来推动云南农业的现代化创新发展，进而提升农业发展效益、促进农民持续增收，以及农村的绿色发展。

第三章　农村三产融合发展的基本环境与内生动力

2019年《关于加快乡村产业发展促进农民就业的实施意见》主旨在于：促进农业产业的开放型、创新型、高端化、信息化和绿色化发展。充分并有效利用农业农村资源，发挥农民的主体作用，推进农村三产融合并实现农业产业链的延伸，为农民提供更多的就业岗位和增收。2020年《关于加快推进数字乡村建设的实施意见》主旨在于：再次强调了坚持农业农村优先发展的方针，不断创新和推进云南城乡信息化融合发展，构建符合乡村发展需求的数字乡村发展模式，推进乡村经济、生态、文化、社会及政治等全方位的信息化建设。2021年《关于全面推进乡村振兴加快农业农村现代化的实施意见》主旨在于：再次强调了党对"三农"工作的全面领导，以及坚持农业农村优先发展，加快云南农业农村现代化发展，依靠创新驱动，逐步消除云南农业农村发展存在的不平衡及不充分的问题，促进农业发展同工业发展、城市发展同农村发展的互补，形成农业与工业、城市与农村的协调发展和共同繁荣，促进云南农业实现高质高效发展，农村宜居宜业，农民持续增收。2022年《关于印发云南省农业现代化三年行动方案（2022—2024年）》强调了深入贯彻习近平总书记关于"三农"工作的重要论述和考察云南重要讲话精神，主旨在于：守住粮食安全底线、防止规模性返贫及耕地保护三条底线，树立大食物观，聚焦粮食、茶叶、花卉、蔬菜（含食用菌）、水果、坚果（核桃和澳洲坚果）、咖啡、中药材、牛羊（含奶业）、生猪、乡村旅游、烟草、甘蔗、天然橡胶14个重点产业，形成"1+10+3"体系，其中"1"即粮食，"10"即茶叶、花卉、蔬菜（含食用菌）、水果、坚果（核桃和澳洲坚果）、咖啡、中药材、牛羊（含奶业）、生猪、乡村旅游，"3"即烟草、甘蔗、天然橡胶，推动形成产业链，并实现产业的转型升级。2022年《云南省"十四五"农业农村现代化发展规划的通知》主旨在于：强调深入贯彻习近平总书记关于"三农"工作的重要论述和考察云南重要讲话精神，保障粮食安全和重要农产品的供给、继续打造"绿色食品牌"、持续推进创新驱动、扩大农业的对外开放、推进农业产业的全产业链融合发展及农民持续增收、全面推进乡村建设、深化农村改革、加强乡村治理等。2022年《关于做好2022年全面推进乡村振兴重点工作的实施意见》主旨在于：强调守住粮食安全底线、防止规模性返贫两条底线，推进现代农业高质量发展，以及乡村建设和乡村治理等。2023 年《关于做好 2023 年全面推进乡村振兴重点工作的实施意见》主旨在于：粮食安全和重要农产品的供给保障、脱贫攻坚成果的巩固和拓展、农业基础设施建设、农村居民尤其是脱贫人口的持续增收、建设农业强省、强化农业和科技支撑，以及乡村建设和治理等。

党的十八大召开以来，党中央对农业农村发展的扶持力度持续增强，特别是乡村振兴战略的提出更是将农业农村工作推向了一个历史新高度。云南按照国家和省级层面的一系列"三农"领域的政策措施，有序开展相关工作，取得了巨大成效，实现了云南农业农村经济的飞跃式发展，更为云南推进城乡融合发展和实施乡村振兴战略奠定了坚实的基础。

二、经济环境分析

（一）城乡融合发展

随着我国经济社会的高速发展，我国整体的城镇化率也随之不断提升，2022 年我国城镇化率已达到 65.22%[①]；云南城镇化率为 51.72%[②]，虽然低于全国平均水平，但也达到了一半以上。虽然城镇化率不断提升，但工业化所带来的城乡"二元结构"依然存在并困扰着"三农"问题的解决。党的十八大提出通过城乡一体化发展来解决"三农"问题，并就此作出了明确的部署。党的十九大报告更是明确提出了城乡融合发展战略，并建立健全相关的体制机制，以及强有力的政策保障。强调了要优先发展农业农村，加快推进农业农村现代化发展。党的二十大报告再次强调了坚持农业农村优先发展，坚持城乡融合发展，畅通城乡要素流动，加快建设农业强国，扎实推动乡村振兴。城乡融合发展在于通过有效的政策支撑畅通城乡之间的要素流动和配置，这一背景为加快农村三产融合发展提供了良好的契机。因为，"三农"问题的有效解决，离不开城市的有效支持。农业产业需要城市作为消费市场，发挥城市的消费支撑作用。农产品的消费

---

① 新闻办网站. 国务院新闻办就 2022 年国民经济运行情况举行发布会［EB/OL］.（2023 - 01 - 17）. https://www.gov.cn/xinwen/2023 - 01/17/content_5737627.htm.

② 云南省统计局. 云南省 2022 年国民经济和社会发展统计公报［EB/OL］.（2023 - 03 - 28）. https://www.yn.gov.cn/sjfb/tjgb/202303/t20230328_256987.html.

要面向城市居民的需求,休闲农业的客源主要也是来自城市居民。所以,城乡融合发展的形成对于农业产业的发展能够提供广阔充分的消费市场,这为促进农业产业的高质量发展提供了良好的外部环境和发展的契机。

(二)城乡居民消费转型升级

按照消费产品的不同特性,农业消费品包括物质消费产品(初级农产品、加工农产品)和精神消费产品(服务性产品)。分别可满足消费者对农产品的物质需求和对农业精神文化的需求。从农业消费发展演变过程可以看出,大众对于农业消费品的需求可划分为三个阶段:第一阶段是被动型消费,这一阶段是计划经济时代的体现,那个阶段由于农业生产力较低,农产品供给能力有限,人们生活所必需的粮食、食用油、肉类及禽蛋等产品只能依计划来进行供给,农村是依据人口来供给,而城市则是凭票供应。所有农产品由国家统一定价,而农产品也大多是初级产品且种类单一。该阶段农业消费的基本特点是人们所消费的产品就是政府供应的产品,几乎没有市场经济的自由选择,产品难以完全满足人们的消费需求。农业低下的产出率和人们收入普遍偏低也形成了社会整体上的低消费水平和低生活水平。这一存在的客观实际造成了人们的农业消费对于农业生产的拉动作用十分低下。第二阶段是主动性消费,这一阶段随着农村家庭联产承包责任制的实施,以及农业科技水平的提升。农业生产力获得了解放与发展,农业生产率也随之得到提升,农业生产逐渐从低级、粗放的生产方式向更高层级转变,农产品供给保障水平不断提升,农产品供给的种类不断丰富,供求关系也逐渐趋于平衡。同时,城乡居民收入也在不断增长,生活水平得到了极大的提升,消费能力也随之不断增强。随着市场经济体制的不断健全完善,人们的消费需求不断获得更大的自主权,这也带来了农产品市场的繁荣和发展,农业消费对于农业生产的拉动作用开始逐渐明显,在更多高质量农产品被生产出的同时,乡村旅游、农业观光、休闲农业等农业服务类产品也逐渐出现,乡村产业的结构也随之不断发生改变和优化。第三阶段是完全主动性消费。21世纪以后,随着我国综合国力的不断提升,党中央对于"三农"领域的投入不断加大,各种惠农强农政策不断施行,农业的发展不断加速,农产品从供给平衡不断向相对过剩转变,优化和调整农业产业结构,推进供给侧结构性改革,提升农产品的供给质量，实现农业的提质增效成为这一阶段农业发展的主要任务。这就需要农业消费结构不断优化和升级，为消费者提供绿色生态、健康营养、安全优质的高质量的农产品，以满足消费者不断增长的物质文化需求。同时，随着消费者对物质文化需求的不断提升，其对于精神文化的需求也随之不断提升，乡村旅游、农业观光、休闲农业等农业服务等也越来越受到消费者的青睐，但其发展品质同样受到消费者所重视。此外，随着城乡居民收入的不断提升，城乡居民的消费能力也大大提升，这就为农村产业的融合发展提供了庞大的消费群体。根据云南省人民政府门户网站公布的数据：2022年，云南居民人均可支配收入26937元。其中，城镇居民人均可支配收入中位数42168元，农村居民人均可支配收入15147元。云南居民恩格尔系数为30.5%，城镇居民为30.8%，农村居民为34.5%。按照标准，恩格尔系数在30%~40%为富裕。可见，云南居民具有较大的消费潜力，消费也实现了转型升级。通过农业供给侧结构性改革，农业供给将不断优化，现代农业发展下的新业态、新模式正在不断涌现。推进农村三产融合发展，对于促进农业提质增效，构建现代农业产业体系具有重要作用。

三、社会环境分析

（一）农业劳动力资源具备盘活潜力

劳动力资源是农村三产融合发展的重要因素，劳动力资源是推进农村三产融合发展的必要条件。改革开放后随着工业化和城镇化进程的推进，农业农村的发展逐渐开始转型，农业劳动力逐渐开始向非农部门转移，但农业部门依然存在一定数量的富余劳动力，而且劳动力整体素质不高，农业产业发展质量偏低，这也是我国农业生产效率较之发达国家落后的一大重要原因，也是制约我国从农业大国向农业强国迈进的一大障碍。同时，与之对应的却是大量农村劳动力外出务工后导致的农村"空心化"问题，以及在农村"空心化"问题下出现的各种农村社会问题。① 现阶段，云南

---

① 钟钰，巴雪真. 农业强国视角下"农民"向"职业农民"的角色转变与路径 [J]. 经济纵横，2023（9）：38-47.

城乡人口及就业人口结构较之以往发生了较大变化。根据《云南统计年鉴》数据：2012~2021 年，乡村人口出现较大幅度的下降，从 2012 年的 2849.00 万人减少至 2021 年的 2296.00 万人，减少 553 万人，年均减少 2.13%；乡村就业人口从 2012 年的 2038.34 万人减少至 2021 年的 1465.00 万人，减少 573.34 万人，年均减少 3.11%。究其原因，一方面，是农村的"空心化"问题和农业劳动力资源的缺乏；另一方面，则是农业部门依然存在一定数量的富余劳动力。看似矛盾的两个命题实则是农业产业发展中存在的关键性问题。农业产业发展质量低下，农村发展缓慢，农民收入增加低效，导致农村大多数劳动力向收益更高的其他行业部门转移，向城镇转移。换言之，农业部门依然存在一定数量的富余劳动力，但不愿从事农业。破解这一难题的关键在于推进农村三产融合发展，实现农业产业的高质量发展，为更多的外出务工农民提供在家门口就近就业的机会，吸引他们返乡创业就业。一者可以优化农业产业结构，有效提升农业产业的发展质量，再者可以增加农民收入，解决农村"空心化"的问题，进而有效盘活农业劳动力资源。反过来，充裕的农业劳动力资源对农村三产融合发展又起着不可或缺的作用。

（二）农业生产性服务发展带来的契机

随着农村土地经营权有序流转和农业适度规模经营的推进，农村对于农业生产性服务业的需求也在不断增加，而这也是农村三产融合发展的重要助推器，二者之间存在着紧密的联系，实现二者的协调、融合发展对于加快农业现代化发展具有重要意义。首先，农业生产性服务是促进农村三产融合发展的重要因素。农村三产融合发展旨在实现农业的专业化生产、集约化生产，以及各生产部门在生产过程中链接形成产业链，而已形成的生产服务具有降低生产成本、提高边际收益的作用。农业生产性服务发展得越好，农业市场信息就被获取得更加充分，农户也能够采购到物美价廉的农资，种植、养殖技术及加工技术也就越成熟，农业生产经营规模就能得到提升，而三产融合也就更加紧密；反之，农村三产融合发展体现了现代农业的发展形式，其体现了农业生产性服务的内容，并决定了其发展方向。农村三产融合发展程度越高，农产品商品化发展程度也就越高，农产品的精深加工率也随之提升，而与之相配套的农产品加工业、农业市场信息服务业、农产品销售服务业等也具有较高的发展水平，这一系列相配套的产业具有降低农业生产经营成本的作用。可以说，农业生产性服务同三产融合发展具有高度的耦合作用，也是推进农业现代化发展的重要举措。①

四、技术环境分析

（一）信息技术的推广应用带来的技术支撑

随着信息技术的不断发展，农业物联网、农业数据云平台、卫星遥感平台等先进技术不断被推广应用，通过信息化技术来促进农业生产已成为普遍现象。通过充分利用农业遥感监测、统计上报、多渠道数据采集等方式，建立粮食等重要农产品以及花卉、蔬菜等云南特色农产品的数据库，实现对这些农产品的有效监测和总量调控。建立农业产业大数据库，并进行数据资源共享，增强政府职能部门对于农产品生产的宏观调控能力。基于物联网进行大数据的挖掘分析，能够为推广应用智慧农业提供有效的支撑保障。融入精准农业和智慧农业发展方式的现代农业科技示范园正在悄然兴起，对物联网和智能装备等先进技术在农业生产、加工、销售和服务等各环节中实现广泛应用起到了较大的推动作用。对于其他农户而言，信息技术的推广应用能够带来农商对接、产值直供、个性化定制等新型营销方式。例如，种植养殖大户、家庭农场等新型经营主体可以依托信息技术的推广应用实现与京东、淘宝等电商平台的无缝对接，建立农产品体验馆，拓宽电商营销渠道，促进广大农村地区利用好各种资源发展农村电商服务点，逐步探索建立电商村等。对于养殖业和设施农业而言，农业经营主体可以依托信息技术的推广应用对农产品的生产、加工及销售等全产业链条实现智能感知、预警、决策、控制。

（二）现代生物技术为智慧农业实施提供保障

智慧农业的推广应用需要与现代生物技术具有密切的关联性，智慧农

---

① 杨雪，史修艺，李玉琴，等. 农业生产性服务与农村三产融合的协调度测算［J］. 北方园艺，2019（16）：161-169.

业需要与现代生物技术进行有效的融合才能发挥更有效的作用。现代生物技术在促进社会经济发展方面的作用日益凸显，应用领域也愈加广泛，尤其在解决人类社会发展所面临的环境、资源及健康等方面展现出广阔的前景，也正在逐渐成为又一个新的主导产业。目前，我国经济发展已步入一个全新的阶段，对于农业产业的发展而言，不能再依靠以往的粗放型发展方式，必须通过新的思路和视野来，采取新技术、新模式、新方法，推进农业产业的现代化发展。随着我国现代生物技术研发体系的基本建立，结合云南生物资源多样性的优势，在《"十四五"生物经济发展规划》的指引下，在充分保障粮食安全的同时，开发多元化的营养健康食物。一方面，能够依托现代生物技术和智慧农业相结合的技术优势，对农业生产中的病虫害情况进行有效监测预警，便于生产者作出有效及合理的判断，在避免农药滥用的同时，发展生物农药产业，进而采取绿色生物防控技术，在实现农产品产量增加的同时提升农产品的质量安全，实现农业发展与生态环境保护的有机统一；另一方面，依托现代生物技术和智慧农业结合的技术优势，可就农业生产进行精准测土配方施肥、高效节水灌溉，以及生态化养殖，并有效处理废弃物，促进生物肥料产业的发展，让农业生产过程符合生态化的要求，在高质量发展农业生产的同时对生态环境起到良好的保护作用。此外，通过 GPS 全球卫星定位技术能够对农业生产过程中的生态环境情况进行有效监测并获取有关信息，形成对于农业生产合理、有效投入的研判，并及时做好生态环境的保护与修复。[1][2]

第二节　农村三产融合发展的内生动力

一、农产品产业体系

在我国市场经济体制不断健全的背景下，市场的作用越来越明显，对

---

[1] 曹冰雪，李瑾，冯献，等. 我国智慧农业的发展现状、路径与对策建议 [J]. 农业现代化研究，2021，42（5）：785-794.

[2] 宋洪远. 智慧农业发展的状况、面临的问题及对策建议 [J]. 人民论坛·学术前沿，2020（24）：62-69.

于农业而言最根本的要求就是生产出能够满足市场需求的高质量农产品，这就对云南农业的发展提出了全新的挑战。而一直困扰云南农业高质量发展的"小农户"未能有效对接大市场的问题，以及其带来的农产品生产结构和产品质量不能有效应对市场竞争、农业生产效益低下、农民持续增收困难等问题。形成集农产品生产、农产品加工、农产品销售为一体的农业产业化经营模式，能够提升农产品生产过程的标准化、专业化和集约化，提升农产品价值，更好地适应市场变化。同时，逐步影响和帮助农民，实现小农户与大市场之间的无缝衔接。而农业产业化经营这一过程中各个环节又是相互作用、相互影响的。农村三产融合解决了农业需要通过内部分工来提升生产效率的问题，让农业以一个整体的身份参与社会分工，进而实现生产效率的提升。对于农村的生产要素、经营方式、产业组织来说，融合带来了新技术、新理念、新模式和新业态，农业产业化下构建起的农产品产业体系对于激发农村三产融合的内生动力具有重要作用。

（一）生产要素方面

首先，虽然云南独特的地理条件造就了多样性的气候和生物资源，但同样造就了复杂多样的地形地貌，山地、丘陵及高原地形面积约占全省面积的94%，剩余6%的面积为坝区和湖泊。整体上全省平地较少，山地较多。根据《云南省第三次全国国土调查主要数据公报》：滇东北的昭通，滇东的曲靖，滇东南的文山、红河，以及滇西南的普洱为全省耕地面积较大的5个州（市），占全省耕地面积的54%。2021年，云南耕地面积为539.55万公顷，其中已建成高标准农田195.58万公顷，占36.26%。农田有效灌溉率约为30.1%，此外，复杂的地形地貌也极大地限制了农业机械化的推广应用。所以，在地形地貌等客观条件的限制下，依靠耕地资源数量优势来进行广种薄收的粗放式经营方式显然不适宜云南农业的发展。耕地资源的稀缺再加上长期以来小农生产占据主导地位，长期化肥及农药的不合理施用带来的耕地土壤板结及酸化，导致耕地质量降低和生态环境遭到破坏，虽然现阶段土地流转下的规模化经营已经在逐步发展，但长期以来形成的耕地细碎化和农业劳动力整体文化素质偏低，规模化经营的发展受到限制。面对这一问题，云南农业的发展只有走集约化的路径。

其次，在以往的传统农业发展过程中，农民长期以来积累的自有资金及其本身所具备的农产品生产的经验和技术，对现代化农业的发展影响力极其有限。传统农业发展过程中农业的自然再生产与经济再生产相互交织，而农业生长周期较长且存在不稳定性。农民通过自身积累的生产经验，通过投入自身劳动力，并使用较为初级的工具开展生产，农业技术发展较慢，这样的方式往往会出现土地报酬递减的规律。即便投入大量劳动力形成劳动密集型生产也依然会出现劳动生产率下降的情况。由于农产品市场需求弹性小且供给弹性大、农产品储运难度大等特性，以及恩格尔定律的作用，农产品市场交易条件较差，农民增收困难，自有资金积累较慢。相较于其他产业，农业的比较利益偏低。这也就造成了资金要素和劳动力要素向非农产业的转移流动。传统农业具有封闭、自我循环、弱势等特点，外部生产要素很少投入进来，反而农业的内部要素往往向外转移。而在农业现代化发展趋势下，大量的外部生产要素资源被吸引投向农村三产融合发展，同时，融合过程又能够激发农业产业发展的内生动力，可以说现代农业带来的外部生产要素资源与农村三产融合可以形成相互促进、相互影响的作用。但这需要突破现有的传统农业的封闭圈，依靠现代农业的新发展方式来激发农村三产融合发展的内生动力。

最后，农村三产融合发展能够提升农业全要素生产率，实现耕地产出率和劳动生产率的提升。农业现代化发展对传统农业可以起到改造作用，也是农业高度集约化和商品化发展的过程。农村三产融合发展通过将农业产业与工业和服务业相互融合、相互交叉和相互渗透，并完成对农业产业的重组，实现生产要素跨行业的流动和优化配置，促进农业资源禀赋的优化调整和有效发挥，为农业的发展注入更多的现代生产要素及先进的管理经营理念。一方面，农村三产融合旨在推进各产业之间实现融合，将工业和服务业等行业与农业的产前端、产中端和产后端有机融合，让农业生产全过程的各个环节更加紧密地联结在一起，推进农业的专业化和商品化生产。另一方面，农村三产融合发展带来的农业生态化、绿色化发展等对于生态环境的保护可以起到重要作用，有利于农业的可持续性发展。农村三产融合通过社会分工及社会协作对新型经营主体进行技术上和生产经营管理上的现代化改造，这一过程需要针对农业从业人员开展生产技术和经营管理理念的培训,从而提升其文化素质,并更有效地激活其发展的内生动力。此外,农村三产融合发展带来的农业机械化、信息化技术及现代生物技术等对于劳动生产率的提升及土地产出率的增加也具有重要作用,这也是调动农民的积极性和激发其发展的内生动力的重要作用。①

(二)产业组织角度

首先,农村三产融合发展是以农业为基础的多个产业之间进行的内部分工,而分工能够带来专业化水平的提升和带动技术的进步,提高生产效率,增强劳动生产力。而产业之间发生融合是基于社会分工出现的。在社会分工日益精细化的背景下,先进科学技术的不断推广应用,经济体系的服务日趋增强,信息和技术对经济发展所起到的作用日益增强,关联性日益密切,产业结构的优化带来了产业间的融合不断发生。发生在农村的三产融合是农业生产力发展到一定程度,而新技术又向农业产业渗透,形成的农村三产之间的联动交融,并突破了之前的产业界限。其实现了农业的生产、加工及销售全链条的有效整合及转型升级。农村三产融合发展促进了产业的生产要素的优化重组,打破了原有的内部分工局限,形成了一批新业态。新业态不仅包含原有的内部分工,还包含新生成的分工。各产业间围绕新的分工在农村区域范围内逐渐实现内部化。其次,从产业间分工到产业内分工可降低交易费用。农村的三产融合实现组织替代市场。在产业间的分工转变为产业内的分工的基础上,新业态内的组织替代了以往产业间的市场,企业也随之扩大了边界。农村三产融合后,市场分工能够实现向更高层级和更宽领域的内部分工转化,新的组织内部分工可以实现对市场交易的替代,有效节约了交易费用。融合后产销距离缩短,供需边界模糊化,且能够通过信息化技术及组织内部的深度融合来优化农产品从产地到消费之间的环节,这就有效解决了一直困扰农业生产的小农户对接大市场较难的问题,实现农产品生产与消费无缝衔接,以及供求信息的对称。②

(三)经营方式角度

首先,农业生产过程中通过发挥范围经济的作用来促进就业岗位的增

---

①② 王伟. 农村三产融合发展的内生动力研究 [J]. 中国商论,2018 (33):168–169.

加和农业效益的提升,这是一种有效使用社会资源提升经济效率的重要措施。其发挥主要依靠农业生产过程中农忙时节和农闲时节交替的周期性、农业生产成本的可变动和互补作用、人力资源的同质性、市场信息的共享,以及农业品牌作用等。应用范围经济的原理拓展农业的生产经营范围,农业生产经营方式更加多样和丰富,这就为农民带来了更多就业岗位,对农业经营的风险具有降低作用,比较利益也更能够提升,进而可获得更大的农村经济效益。其次,农村三产融合发展通过现代农业生产技术和管理理念,形成多元化经营,并打破农业产业内部各子产业之间原有的技术边界,实现范围经济的效益。在同等土地规模范围内,生产出更加多元化的农产品来提供给市场,满足消费者的需求。例如,垂直农业可以在统一设施空间范围内生产不同类别的花卉和水果,以高新技术为基础的工厂农业通过信息化技术手段来改变植物的生长特性,以较低的生产成本来生产出更多的优质、安全的农产品;循环农业可以使本不相联系的种植业和养殖业通过整合实现相互共存。这些方法都提升了对单位土地的利用率和劳动生产率,形成农业的范围经济,有效激发农村三产融合发展的内生动力。最后,通过延伸农业的产业链来提升农产品的价值链。农村三产融合发展带来农业产业链的延伸,促进农业与其他产业的相互融合、相互渗透、相互提升,形成具有经济、文化、科技和环境等特性的新业态。向前端延伸形成原材料标准化生产基地,依托园区可以向后端延伸发展农产品加工业,再引入仓储、物流及信息等配套服务产业,形成农业向后端的延伸。同时,打造观光、采摘、休闲、科普农业,以及餐饮住宿等产业。让农区变景区、田园变公园、农产品变商品。产业链的延伸不仅改变了以往传统的"小农"经营方式,还形成了新的经营方式。而且对于农产品而言还具有提升其产品多元化价值的作用,有利于构建更优化合理的农产品产业体系,有效促进农民的持续增收。

二、多功能产业体系

农业外本身就是一个多功能体,除了最基本的经济功能外,还具有生态功能、文化功能和社会功能。而农业多功能是促进农村三产融合发展的关键性内容。以农业的文化功能和生态功能为切入点，充分盘活农业农村资源，推进农业与其他产业的有机融合，促进了农业增值的多元化。对于解决"谁来种地"的问题，高新技术的融入带来了农业生产效率的大提升，通过有效拓展农业的多种功能，促进农业产业向前后两端延伸、中间拓展，延长农业产业链、拓展农业价值链，实现农业不仅在内部融合，还形成跨界融合，催生出农业发展的新业态，使具备多功能属性的现代农业与一二三产业有效衔接，促进农村富余劳动力有效融入二、三产业，形成农业产业发展的新兴业态，构建起多功能产业体系，激活农村三产融合发展的内生动力。

（一）农业生态功能的拓展

首先，随着"两山"理论的提出，以及国家农村环境整治力度的不断增强，农业在维护生态环境方面的作用日益突出。因为良好的农业生态环境不仅能为消费者提供更多的优质农产品，还能改善优化农村的生产、生活环境，让农村变得更美丽、更宜居宜业。所以，有效拓展农业的生态功能可以更好地激发农村三产融合发展的内生动力，将农村的绿水青山变成金山银山。在对农村现有的良好生态环境有效保护的同时，开展对于已被破坏的农村生态环境的有效治理，这一过程中使用园林设计理念，在有效保护和治理农村生态环境的同时打造出更加优美的生态景观，并与农村的人文景观相协调统一，以便吸引更多的外部资源要素流向农村，促进农村的旅游业、加工业、储藏流通业等与农业融合。可以说农村良好的生态环境是推动农业产业与其他产业融合的重要因素。其次，有效合理地利用农业资源，促进农业的可持续性发展。实现农业资源的有效利用并促进农业的可持续性发展是农业生态功能的充分体现。这不仅体现在农业产业发展过程中循环农业、有机农业等新业态的推广应用，还体现在农业生产与生态环境相适应，乃至在充分尊重自然条件的基础上形成新业态、新模式来促进农村三产融合发展。尤其在资源禀赋条件相对较差的区域，由于受到客观条件的限制，农村经济发展质量较低，农业难以同二、三产业融合。通过有效发展适应性农业，将不利于农业生产的自然条件转换为有利于农业生产的自然条件，从而生产出优质的特色农产品，以此来形成融合发展。最后,发挥农业的碳汇功能来促进融合。农业本身的生态功能属性就具备吸纳固碳的作用,尤其是对于云南特色的茶产业,以及林果产业等,在开展生态化生产的同时,还可以缓解和降低二氧化碳对环境的影响,对于其他农作物而言,农地中的土壤"碳库"能够起到固碳的作用。推进农业生产低碳转型是实现"双碳"目标的重要环节。2021年7月,我国碳排放权交易市场开市,拓宽了农业与其他产业融合的渠道。在今后随着农业碳汇评价体系及科学核算体系的不断健全和完善,不仅更加有利于农业生态功能的有效拓展,对于激发农村三产融合发展的内生动力也起到了重要的推动作用。同时,使得农业与其他碳汇等共同完成"碳中和"愿景的实现。[1]

(二) 农业文化功能的拓展

首先,挖掘民族文化资源来促进融合。云南拥有26个民族,各民族在长期以来的生产生活实践当中形成了富有当地特色风情的文化、民俗、服饰、饮食、特色民居及交通工具、节庆及民间艺术等多方面丰富的民族文化资源。丰富的文化资源与旅游业融合,形成休闲农业、创意农业等新业态。这样就能促进专业合作社、农村集体经济组织等在农村内部完成产业的融合,为农民带来更多的就近就业的岗位,并增加收入,实现农业农村发展的机会成本有效降低。此外,挖掘民族文化资源来促进融合还能够有效盘活"沉睡"的文化资源,让文化资源走出展室、走出陈列柜,用文化资源来赋能农村经济的发展,进而更好地宣传少数民族文化特色,让外界更好地了解云南文化特色,促进云南文化的传承与发展。

其次,推进农业与文化体育产业的融合。云南各地风情各不相同的丰富自然资源和文化资源一直以来都吸引着大量游客慕名前来。客源的充裕为农村推进"农业+文化+体育"融合的"农文体"发展模式创造了良好的条件。在具备相应条件的农村地区发展这一模式对于促进当地农村三产融合发展具有重要推动作用。游客在农村参与"农文体"活动,必然带来相应的消费,而且具有分散、指向性单一等特征,而农民可以凭借自身对

---

[1] 黄晓雯. 乡村振兴视角下农业碳汇发展分析 [J]. 农业开发与装备, 2022 (11): 10-12.

于村情以及周边地理环境的熟悉,向游客提供引导性服务,以及餐饮及住宿等服务。当游客数量增加到一定程度后,当地就具备了形成一定规模化产业的条件。这种融合的发生需要依靠激活农民自身的动力,在农村内部形成融合。云南丰富的自然资源对于这一模式的发展可以起到重要的推动作用,但在发展过程中切忌对生态环境进行不合理的开发。

最后,距离城市较近的近郊村可推进城市与农村之间融合的"都市农业"。都市农业涵盖了休闲度假、游览观光、农事体验、科普教育、健康养生等内容,而且对于协调好农业与生态环境的关系也极其重要,属于多功能农业的集合体。目前通过城市与农村之间融合形成的农业最主要的表现形式就是农家乐,这一形式是将农民自身的生产生活同休闲服务业进行有效融合,但目前云南的这一形式大多数还属于休闲农业初级的发展方式,要真正构建起多功能产业体系,就必须在现有农家乐的基础上,促进其进行有效的转型升级,让其成为真正的城市与农村之间融合的"都市农业"。这就要求在社会资本和企业等外部力量的作用下,以充分保护农民利益为前提,加大融合深度、拓宽融合范围、提升融合层次,形成具有广泛涵盖面的"都市农业"。

(三)农业社会功能的拓展

农业具备的社会功能具备转化为经济功能的属性,以此来促进农村三产融合发展。首先,将健康养生、养老等产业与农业融合。农业本身具有社会保障的属性,而我国目前已进入老龄化社会,养老产业已成为一项备受关注的产业,有利于缓解国家在养老保障投入上存在的困难。随着社会经济的不断发展,人们对于生活品质的要求也在不断提升,高品质的健康养生、养老产业广为人们所迫切需要。农村地区更加贴近自然且生态环境优美,没有城市的喧嚣,有的是让人怡然自得的健康养生、养老环境,以及农民悠然的健康生活方式。这为健康养生、养老产业的发展提供了优良的外部环境,这一发展方式不仅符合人民群众对于美好生活的需求,还实现了将农业与健康养生、养老等产业的融合,能够促进农村产业发展的多元化,繁荣农村经济,为农民带来增收和就业。其次,借助土地征用和农民动迁安置形成的融合。在工业化和城镇化进程不断加快,以及农村基础设施建设的背景下，农村土地征用和农民动迁安置等情况的出现是不可避免的，对于给予农民的相应补偿和安置，保障农民今后的生计和发展是一项广为各界所关注的问题。对于这一问题的解决，可通过产业融合发展的办法来激活农民发展的内生动力。例如，可将失地农民安排到产业融合形成的企业就业，征用的农民的土地折算换取企业股权，或者折算换成铺面、社保金等，这都体现了农业社会功能的拓展。实现在推动产业融合的同时，又激活了农民发展的内生动力，让失地农民有新的生计和发展。最后，在受到自然灾害影响的农村开展灾后重建时推进产业融合。云南特殊的地理条件导致云南农业极易受到自然灾害的影响。2023年，云南农作物因干旱造成约38.77万公顷农作物受灾，其中绝收2.56万公顷，约占6.61%；造成30.02亿元的直接经济损失。风雹灾害造成包括马铃薯、豌豆、小麦等粮食作物在内的众多农作物受到损失，损失金额达7.98亿元。① 在进行灾后重建时可利用各方资源要素推进农业与其他产业的融合，形成当地农村经济新的增长极，获取经济、生态、社会等多重效益。

三、现代农业支撑产业体系

现代农业发展对于农村产业的改造和支撑具有多元化的作用，对于激活一产与二产和三产的融合发展的内生动力有着重要意义。农业产业链的延伸，以及拓展农业的多种功能是构建现代农业支撑产业体系的必然路径，也是农业实现现代化发展的本质要求。但在推进农村三产融合时必须首先保障农业的基础性地位，以此来协调好农业同其他产业的关系，要避免出现由于产业链下游的高收益导致农业农村资源的流失。形成现代农业对产业体系的支撑要以农业作为基本点，引入二产和三产与农业实现融合，并且形成有效的利益联结机制，重点保障好农民的根本利益，形成农民积极参与农村三产融合发展的局面。对于企业等新型经营主体而言，要完善相应的机制，形成规范化的参与机制，避免出现生产经营中的非农化

---

① 云南省应急管理厅. 2023年云南省自然灾害情况 [EB/OL]. (2024-01-08). http://yjglt.yn.gov.cn/html/2024/tjfx_0108/28018.html.

现象。但是融合过程一定要跳出农业的局限，不能仅仅依靠农业内部要素进行发展，要在城镇化进程的背景下，统筹协调好城乡关系，将城镇化要素与农业农村的内部要素融合起来，形成融合的多样性。此外，这一过程中还需要做到因地制宜，切忌"千篇一律"，一定要充分结合当地的实际，充分发挥当地的资源禀赋条件，形成不同的融合模式，有序推进。可采取试点先行的方式，通过前期打造试点来形成辐射带动。

（一）农业产业纵向延伸融合

农业产业的纵向延伸融合是以农业生产端为基础，形成产业链的纵向延伸融合，让农业产业的产前端、产中端及产后端形成紧密连接，对农业产业体系各端进行有效协调。参与融合的产业类型包括了一产与二产的融合、一产与三产的融合、二产与三产的融合，形成产业的向前端融合及向后端融合。向前端融合是一产主动与二产、三产的融合，向后端融合是二产与三产主动向一产主动融合，或者三产与一产、二产的融合。农业产业的纵向延伸融合的运行机理是在实现交易费用有效降低的影响下，农村三产沿着农业产业链形成相互间的有效链接，构建起紧密的产业组织体系。从现代产业组织理论来看，通过不同的资源配置方式形成了企业和市场，且存在多种企业与市场属性相互兼容的组织方式，这种组织方式具有更高的效率，交易费用是对如何选择适宜的方式的一个关键点。在行业分工不断细化的背景下，农业生产各环节也随之增加，交易费用和收益也在发生着变化，当交易费用高于收益时，就要寻求降低交易费用，各主体之间的关系就会更加紧密，并改变资源配置的方式。在多数主体选择该方式时，产业之间的分工就会形成融合。各产业间分工实现内部化就是产业融合的特性，表现为原有的产业间的分工变成了产业内部的分工。具体的表现形式为"农业+企业""农业+合作社+企业"等组织形式，这样的方式在促进农业各产业间联系更加紧密，并有效降低了交易成本和增加了产业分工带来的收益。其具体分为农业全产业链模式，以及一产直接与三产的融合模式。①

---

① 蒋永穆，陈维操. 基于产业融合视角的现代农业产业体系机制构建研究［J］. 学习与探索，2019（8）：124-131.

（1）全产业链融合模式：企业发挥了市场配置资源的作用，企业通过纵向一体化发展链接产前端、产中端和产后端，形成完整的全产业链，而全产业链的发展模式是农业产业发展的必然走向，也是现代农业支撑产业体系的重要体现，能有效控制产品的质量，形成生产流程的科学化和标准化管理。完成农业与工业相融合而成的农产品加工业，延伸了产业链，进而又与服务业相连接，形成流通部门。但该模式需要企业具备丰富的资源和较高的能力，这就需要实力较强的农业企业才能采取这一模式。

（2）一产直接与三产的融合模式。该模式会形成新业态，比较典型的是农产品短链模式，以及农业服务业。农产品短链模式一种是农业企业为了获取农产品原材料而建设的农产品原材料生产基地，形成"农业企业+基地+农户"的模式，从源头上实现对农产品原材料质量的掌控。另一种是农业与服务业融合而成的包含产前端的农资配送、产中端的农业机械化服务，以及产后端的农产品销售服务，形成"农业服务企业+合作组织或农业企业"的模式。这种模式构建的农业社会化服务体系能够促进小农户与现代农业的有效衔接，形成规模化经营。

（二）农业产业横向延伸融合

农业产业的横向融合是在拓展农业多种功能的基础上，促进农业与旅游业、文化产业、会展产业的融合，并形成新业态，赋予现代农业支撑产业体系新的资源融合方式、产品融合方式及市场融合方式等更多的全新属性。资源融合方式是指充分挖掘农村价值和农业自然景观、文化遗产等资源，"跳出农业看农业、发展农业"，促进一产与二产、三产的融合，实现农业产业的转型升级。产品融合方式是指通过拓展农产品的多种功能来满足和适应新的市场需求，换一种方式体现出农产品的价值，改变了之前的产业链结构。通过融合形成全新的富含自然属性的农业产业链。其中较为典型的是农业与旅游业的融合形成的"农旅融合"模式。市场融合方式指的是农产品流通与销售环节同其他产业的融合，以此来促进农业产业的发展。其中较为典型的是农产品销售与会展产业的融合形成的会展农业。在通过拓展农业多种功能实现横向农业产业的增值的推动下，农业产业链与其他产业链相互交融、整合、重组形成新的产业链。

在农业发展到一定阶段，农业的多种功能被不断地拓展出来，促进农业产业增值、增效。在这样的背景下，农业与其他产业进行有效的融合，组成了新的业态。横向融合是农业与其他产业相互之间充分借助彼此的优势，促进资源要素的聚集和优化配置，让二者之间形成协同发展。需要经历以下几个过程：第一阶段明确融合的基点。以市场需求为导向，结合资源禀赋条件和经济发展情况，明确以什么样的形式进行融合。第二阶段调整现有的产业链结构。为实现融合带来的农村经济新增长极，实现农业的增值、增效，调整现有的产业链结构，改变生产经营模式。第三阶段是形成产业链的重组。按照第一阶段明确的融合基点，推进现有产业链与其他产业链进行相关环节的融合，形成新的产业链。例如，典型的农业与旅游业进行的融合。该模式以农业文化和景观为基础，以此作为核心，让农产品融合旅游产品的属性，成为复合型产品。实现农产品在体现其基本属性的同时，还被赋予了旅游产品的属性，满足消费者在农事体验、农业科普、创意观光等方面的需求，向消费者提供物质和精神双重的农产品。农旅融合模式的重点在于农业生产与旅游业服务融合形成新的复合型农旅产品。为开展适应这一新模式的经营管理，要充分发挥旅游业的经营管理理念来对农业产业链进行改造和优化，实现农业产业各个环节与旅游业产业各个环节的交叉重组，形成新的农旅融合产业链。

（三）高新技术要素渗透融合

高新技术要素渗透是通过信息化技术、现代生物技术及航空航天技术等现代化的方式，将其富含的元素融入农业产业，并推动这些高新技术向农业产业的各环节进行渗透及融合，形成具有高新技术特性的新业态和新模式。其又分为局部融合和整体融合。局部融合是指高新技术渗透进入农业产业的某一个环节，使得农业生产效率得到提升的模式。例如，现代生物技术渗透农业生产端形成的现代生物农业。现代工业技术融入农业，促进农产品的标准化和工业化生产，以及形成新业态工业化农业。而整体融合则是应用高新技术手段对整个农业生产经营系统进行改造和优化，构建富含现代科学技术元素的农业生产经营系统，较为典型的是信息化技术与农业的融合形成"互联网+农业"，也就是智慧农业。通过信息化技术构建农业生产和销售市场之间以互联网技术为核心的生产和经营系统,实现信息化技术与农业的生产端、加工端及流通端各环节融合。信息化技术的应用可对农业产业各环节进行有效监测和控制,提升农业产业的智能化水平。在高新技术研发产业与农业生产经营主体的共同作用下,对农业生产经营活动进行有效改造和优化,并带来农业的提质增效。[①]

---

① 蒋永穆,陈维操. 基于产业融合视角的现代农业产业体系机制构建研究 [J]. 学习与探索, 2019 (8): 124 – 131.

第四章
云南农村三产融合发展形势

第一节 云南农村三产融合发展背景

一、优势分析

（一）资源优势

云南处于云贵高原和青藏高原南缘的交会地带，拥有得天独厚的气候、光照、水源、物种等优势，享有"植物王国""动物王国""药物宝库""香料之乡""天然花园"等美誉。① 云南西北地势高、东南地势低，海拔差异显著；地形、地貌复杂多样，山地、丘陵、盆地、河谷均有分布，全境94%的面积是山地高原；拥有18个土类、288个土种的丰富土壤类型，适合农业生产的土地不仅类型多而且面积广，有利于多种作物生长；具备巨大的农业发展潜力。云南境内河流湖泊众多，流域面积覆盖六大水系和40多个天然湖泊，优越的水资源条件为高原特色农业发展奠定了基础。云南气候类型丰富多样，从南到北有七种气候类型，依次为北热带、南亚热带、中亚热带、北亚热带、南温带、中温带和寒温带，独特的气候环境造就了众多独具地域特色的农产品，云南现有特色农产品包括烟草、茶叶、橡胶、咖啡、三七、天麻、虫草、花卉、热果、野生菌、乳饼、乳扇、牛干巴、宣威火腿等，这些农特产品都是在不同的气候环境下

---

① 王继华，伏成秀.云南建设农业强省的对策思考［J］.社会主义论坛，2023（8）：14–16.

集中分布，为当地发展农特经济提供了极为有利的条件；不同的气候和独特的自然环境也造就了云南独特的旅游资源，云南现有 60 个国家级、省级风景名胜区，近五百个旅游景区景点，表现为江、河、湖、瀑、泉、山、林、洞、雪等多种形态的自然景观，2022 年，全省共接待游客 8.4 亿人次，这也为当地的农特产业发展提供了极其有利的条件。资源条件是社会经济发展的基础条件，优越的自然资源基础，优良的生态环境为云南农村三产融合发展奠定了丰富的物质基础和良好的环境条件。①

（二）区位优势

云南地处我国西南边疆，东边与贵州和广西为邻，北边与四川和西藏相望，西边与缅甸接壤，南边与老挝和越南毗连，毗邻东盟和南亚 7 个国家，紧邻北部湾和孟加拉湾，具有独特的区位优势。云南边境线长达 4060 公里，是我国毗邻周边国家最多且边境线最长的省份之一，拥有国家级口岸 12 个，省级口岸 9 个。②云南共有澜沧江、伊洛瓦底江、怒江和红河四条国际性河流，是中国对外开放南亚、东南亚和环印度洋地区的重要通道，更是共建"一带一路"的排头兵，在更大空间上表现为"连接'三亚'、肩挑'两洋'、通达'长江'"的独特区位。③随着区域经济一体化和经济全球化的趋势发展，云南成为我国西南大通道的重要枢纽和区域辐射中心，可以通过修建中的泛亚铁路东、西、中三线向南直达河内、仰光、新加坡和曼谷，西部经过缅甸就可直达孟加拉国吉大港沟通印度洋，在共建"一带一路"机制中起到了贯穿东西、衔接南北的战略支点作用。优越的地理位置为云南特色农产品的外贸出口提供了足够的空间，便利的交通运输条件对农特产业的物流发展起到了重要的作用。

（三）文化优势

云南共有 26 个民族，是我国少数民族最多的省份。各民族之间的文化

---

①③ 梁亚婷. 云南省发展外向型经济发展路径研究 [J]. 产业创新研究，2023（15）：25 - 28.

② 普素文. 云南省农特产业发展的 SWOT 分析及对策研究 [J]. 现代商贸工业，2020，41（20）：3 - 4.

交融，形成了辉煌灿烂的文化景观。① 云南独特的地理位置和多样的自然条件，造就了丰富多彩的民族文化，尤其是深藏在云南群山中的农耕文化，至今仍能原生态般地保留下来。② 云南有低海拔平坝傣族地区的稻作农业类型，以及与之相随的稻作文化和水文化；有中海拔哈尼族山区的旱地与水田相结合的梯田农业类型，与之相随的是梯田文化；有长期集聚于山地，并由山地农耕而产生的诸如佤族、景颇族、彝族等民族的山地文化；有集聚于高海拔地区，以养殖和放牧为主的诸如藏族的畜牧业，以及与之相随的畜牧文化。③ 云南民族农耕文化的多样性，是赓续中华农耕文明、铸牢中华民族共同体意识、发展乡村文化旅游不可多得的宝贵财富，为云南开发农业的多种功能，推动农业与旅游业在休闲、观光、体验、养生等空间领域的融合发展提供了坚实的基础。在实现农业与旅游业的共生发展过程中，依托农村独特的自然环境、文化传统和生态资源，发展创意农业、休闲农业和乡村旅游已经成为农村产业融合发展的主要类型。④

（四）产业优势

云南是我国的农业大省之一，也是全球著名的种植基地之一，拥有丰富的农产品资源。2022 年，云南地区生产总值、第一产业增加值、农林牧渔业总产值、农林牧渔业增加值均呈增长趋势。其中，第一产业增加值、农林牧渔业增加值都位居全国第 10，农林牧渔业总产值位居全国第 11。2022 年，云南粮食、蔬菜、水果、鲜切花、茶叶、坚果和中药材生产规模均呈增长态势。其中，粮食种植面积增速有所减缓，产量超过 1950 万吨，其面积与产量分别位居全国第 12 和第 14，产业结构排序均保持"玉米＞稻谷＞薯类＞豆类＞小麦"；蔬菜种植面积与产量分别位居全国第 10 和第 11，常年稳定保持"白菜类＞根茎类＞叶菜类＞茄果

---

① 张睿莲. 美美与共 交往交融——生物多样与文化多元的云南 [J]. 今日民族，2021 (10)：1 - 2.
② 闵薇. 浅析云南特色文化产业的发展 [J]. 中国商贸，2015 (8)：115 - 116 + 119.
③ 王继华，伏成秀. 云南建设农业强省的对策思考 [J]. 社会主义论坛，2023 (8)：14 - 16.
④ 汤洪俊，朱宗友. 农村一二三产业融合发展的若干思考 [J]. 宏观经济管理，2017 (8)：48 - 52.

类>葱蒜类>豆类>瓜菜类>甘蓝类>水生蔬菜类"的产量结构；果园面积超过1000万亩，稳居全国第7，水果产量超过1300万吨，跃升至全国第10，面积与产量规模相对较大的品类为香蕉、柑橘、葡萄、芒果、梨、苹果、西瓜、荔枝、菠萝、蓝莓；茶叶面积超过750万亩，产量超过50万吨，增速逐步减缓，面积、产量均居全国首位；坚果、鲜切花、中药材产量均居全国首位。随着国家对农业产业的大力支持，目前云南已经初步形成了一些特色农产品产业区，如以滇中、滇东北为主的花卉、中药材、畜牧产区；以滇南、滇西南为主的咖啡、茶叶、橡胶产区；以滇西、滇西北为主的中药材、畜牧产区；以滇南、滇东南为主的中药材、热果产区。一些优势特色农产品区域布局初步形成，并走上了专业化生产的道路。目前，全省初步形成的具有一定规模的国家级或省级农产品商品生产专业化基地达10多类600多个，如昆明呈贡的斗南花卉基地。同时，还涌现了一批优势农产品龙头企业和名牌产品，如云南红葡萄酒、澜沧江啤酒、德和食品等。这极大地推动了全省优势特色农业的快速发展，对促进云南优势农产品基地化建设、规模化布局、产业化发展起到了重要的示范引领和积极导向作用。

二、劣势分析

（一）创业创新的产业融合人才缺乏

农村三产融合发展，对于大多数农村地区而言，尚属于一个新事物新领域，农村已有的人力资源所拥有的或熟练掌握的技能和知识，已适应不了农村三产融合发展的需要。首先，农村劳动力转移与劳动力缺乏同时并存。在收入比较效益的影响下，云南农村劳动力中存在的一个普遍现象是弃农务工，导致劳动力的大量外流；[①] 加上子女的上学陪读，进而造成了数量过多的"空壳村"与"空心院"。[②] 其次，农民所拥有的往往只是从

[①] 缪智宇，陈嘉. 基于多元回归的农村劳动力转移因子研究——以云南省为例 [J]. 新农业，2022（7）：76-77.

[②] 程艳. 云南省乡村人才振兴实现路径研究——基于农村家庭结构演变之维度 [D]. 昆明：昆明理工大学，2022.

事第一产业的技能。作为第一产业的农业如何与农产品加工业进行融合、农业如何与其多种功能挖掘形成的休闲旅游、健康养老、文化体育等新产业业态进行融合等,多数农民缺乏这方面的知识和技能,当然也缺乏这方面的心理准备,因而在实际工作中很多农民不了解如何进行产业融合。当前乡村振兴所需要的不仅是单纯的普通劳动力,更需要素质较高的劳动力以及管理人才。最后,即使目前已有一部分返乡下乡创业的农民和其他人员,但数量上还是远远满足不了农村三产融合发展的需要,还不能够形成对农村三产融合发展在大范围大区域上的有力支撑。同时还要看到,这些返乡农民工的返乡目的多数也不在于返乡参加产业融合,更多的是出于照顾家庭的需要。这些农民工所拥有的技能也多为建筑、商服等劳动密集型产业所应用的技能,有些技能在农村三产融合中的作用有限。从本质上来讲,乡村人才振兴是乡村振兴的内核,培育涉农人才特别是高素质农民,已成为破解乡村人才紧缺困境的关键钥匙。① 另外,目前对农民和农民工的培训,有一些是为完成培训任务而进行的,只追求形式,不注重培训内容和结果,在培训内容上存在很大的随意性,缺乏面向农村三产融合发展的有针对性的培训,农村三产融合还明显缺乏相应的人才,特别是缺乏具有引领作用的人才。②

(二) 农产品加工业牵动不足

农村三产融合发展的核心就是农业与加工业的融合,在这一融合进程中,农产品加工企业起着主导作用。农产品加工企业能够在多大程度上牵动与农业的融合乃至与整个农村产业融合的发展,固然有多种因素,其中一个重要的影响因素就是农产品加工企业本身的加工水平。这个加工水平不仅是量的反映,同时也是面和质的反映。从农产品加工业量的水平上看,云南农产品加工业发展迅速,结构得到优化,但这种增长主要体现在

---

① 王梅红,张文政. 乡村全面振兴背景下高素质农民培育问题研究 [J]. 农业科技管理,2023,42 (4): 40-43.

② 姜峥. 农村一二三产业融合发展水平评价、经济效应与对策研究 [D]. 哈尔滨:东北农业大学,2018.

对大宗农产品的初级加工上。① 由于初级加工业进入的门槛相对较低，因而发展较快，但也正因为如此，导致大量的低水平重复建设，各地农产品加工业出现严重同构化现象，甚至出现加工产能过剩，因而处在竞争中的不利地位，从而导致企业对农产品原料的需求处在一个难于预期的状态，直接影响到了企业和农民之间的利益关系，成为制约农业与加工业融合发展的重要成因。规模化生产基地配套设施不完善，优势特色产品损耗大，增值低。大多数农业企业仍以原料供给型、资源消耗型、初级加工型为主，农产品集生产、加工、销售于一体的水平较低，产前、产中、产后等产业链条衔接不紧密。从农产品加工业水平的面上看，由于农产品加工业多集中于大宗农产品加工，而大量具有地方特点的特色农产品，缺乏应有的加工转化。对于具有地方特色的农产品，确实存在相应的技术研发不够、企业加工技术设备欠缺等问题。尤其对于一些山区、偏远地区和欠发达地区，这是一个影响融合发展的制约因素。因为这类地区往往也是特色农产品的产区，农产品加工业相应的研发欠缺，就难以使农业与加工业的融合覆盖这些地区。农产品虽有综合生产优势，但并未在市场竞争和出口创汇两个方面显示出优势。从农产品加工品质的水平上看，也就是从农产品加工的深度上看，确实还存在较大的差距。截至 2022 年底，云南农产品加工业产值突破 1.2 万亿元，形成了花卉、水果、蔬菜、茶叶、坚果、中药材、肉牛、咖啡 8 个重点加工产业。总体看来，云南农产品加工水平仍然较低，多数产业由于链条短一直处于低端，产品开发层次不高，附加值低。尽管 2022 年云南农产品加工值与农业总产值之比达到 2.1∶1，与全国的 2.5∶1 相比，还有一定的差距。② 综上所述，可以看出由于农产品加工水平相对落后，在相当大程度上制约了农产品加工企业在农村三产融合中所应起到的牵动作用，农产品的精深加工作为一产与二产的融合的一部分，是云南农村产业融合中亟须补齐的"短板"。③④

---

① 宋媛. 云南构建高质量农业产业体系调研报告［J］. 新西部，2022（Z1）：18-24.
② 徐丽华. 重塑云南农产品加工业 RCEP 价值链地位［J］. 社会主义论坛，2022（7）：37-39.
③ 郑红梅，高波，李婧媛，等. 加快云南省特色农产品精深加工业高质量发展的思考［J］. 农业展望，2021，17（5）：54-57.
④ 李怀军. 云南农产品加工业发展现状浅析［J］. 锦绣·下旬刊，2020（3）：18-24.

（三）新型合作组织主体发展滞后

农村三产融合发展的关键在于有一批具有经济实力的融合主体。随着农业企业和农民合作社等新型农业经营主体在联农带农、助推农业生产、提升优质农产品价值等方面的作用日益显著，已成为推动农业转型升级的"领头雁"。但从实践上看，农村三产融合发展仍然处在一个初期阶段，不少地区的农村甚至还没有起步，或者说还没有融合的行为或迹象。其中一个非常重要的制约因素就是不少地方农村虽然有可融合的主体，但可依靠的融合主体的经济实力较弱，因而没有必要的实力和能力去开展融合、带动融合。就农产品加工企业而言，在农村的这类企业多为中小微企业，作为一个具体企业而言，由于规模小，产品多为初级加工制成品，竞争力不是很强，因而多数企业的实力是很有限的，加之对加工原料在目前容易得到满足，因而也缺乏与农业开展融合的意愿和动力。就农民合作社而言，很多还处在劳动和资本的简单联合阶段，有些合作社只能维系简单的农业再生产，有些合作社尚处于不规范状态。因此很多现有的农民合作社还难以开展农村三产融合。截至2022年底，云南省农业产业化龙头企业达6204户，在全国的占比仅为6.89%；农民专业合作社6.83万户，占全国农民专业合作社总数224.36万家的比例为3.04%；家庭农场8.05万家，占全国家庭农场总数390万家的比例为2.06%。整体来看，种植养殖大户、专业合作组织培育不够，发育不足，有真正带动能力的农民专业合作社少，总体实力不强，数量少，缺乏市场影响力，带动能力弱，产业链短，大多数农业合作社的业务只涉及农业加工业的最初级阶段，缺少集生产、加工和销售于一体的综合性农民合作组织，在向农民提供供求信息、提供技术指导、开拓市场、抵御市场风险方面发挥作用小。家庭农场大部分属于种植型，水平还很低，经营不规范，参与农村产业融合程度低。①

（四）农产品品牌支撑不足

农村三产融合发展，需要充分发挥配置资源中市场的决定性作用，但

---

① 杜宇星. 孝义市农村一二三产业融合发展研究［D］. 太原：山西农业大学，2018.

也不能忽视政府作用更好发挥的机会。政府在农村三产融合中除了要发挥好融合引导和政策支持作用以外，还应有一个很重要的方面就是做好相应的农产品区域公用品牌塑造服务。但从实际情况上看，这方面对农村三产融合的支持还不完全到位，尚无法满足农村三产融合的需要。由于农产品区域公用品牌不足，影响了品牌这一纽带在农村三产融合中的应有作用。一些地方简单地认为品牌就是农产品获得绿色食品、有机食品标志，但实际上数以万计的绿标农产品难以为消费者所了解，并不能自动形成具有全国影响力和知名度的品牌，而忽视了塑造具有较强影响力的农产品区域公用品牌，对那些寻求以特色农产品为原料的企业而言吸引力不足。而加工业企业往往注重的是企业自身品牌，由于企业众多，导致品牌杂乱，并且由于企业各自利益的掣肘，很难进行品牌整合，这也导致企业自身的品牌难以形成市场影响力和竞争力。面临这样一种情况，在推进农村三产融合发展的进程中，品牌的力量和作用很难得到发挥。由于知名品牌的缺失，一方面使得农村三产融合缺乏品牌的纽带作用，另一方面也使得已经融合的产业仍然缺少市场影响力乃至竞争力。

三、机遇分析

（一）国家政策机遇

2015 年，国务院办公厅印发《关于推进农村一二三产业融合发展的指导意见》，由六个部分组成：总体要求、农村产业融合方式向多类型发展、农村产业融合主体向多元化培育、丰富利益联结机制的形式、建立完善农村产业融合服务的渠道、建立健全农村产业融合推进机制。2016 年，农业部印发《全国农产品加工业与农村一二三产业融合发展规划（2016—2020年）》，激发农产品加工业助推农村一二三产业融合发展的引领带动作用。2018 年，农业农村部印发《关于实施农村一二三产业融合发展推进行动的通知》，通过多渠道增加农民收入促进农村一二三产业融合发展。2019 年，农业农村部印发《全国农村一二三产业融合发展先导区创建名单》，确认153 个县（市、区）为全国农村一二三产业融合发展先导区创建单位。2022 年中央一号文件对"持续推进农村一二三产业融合发展"作了全面部署，并将其作为"聚焦产业促进乡村发展"的首要任务。2023年，国务院办公厅印发《关于做好2023年全面推进乡村振兴重点工作的意见》，支持国家农村产业融合发展示范园建设。

（二）乡村振兴战略机遇

2017年，党的十九大报告首次提出实施乡村振兴战略。报告提出通过产业振兴、人才振兴、文化振兴、生态振兴、组织振兴五大振兴工程，实现乡村的全面振兴。产业兴旺作为"五大振兴"之首，也是乡村振兴的基础，从粮食安全、技术创新、农民增收、人力资本、生态环保等方面确保乡村全面振兴的新动力。农业除了是粮食以及重要农产品的来源，还能优化乡村产业布局，还可以将资本、技术、人才等要素向农业和农村有效引导集聚，从而激发农村创业创新活力，为乡村全面振兴的实现奠定经济基础。农村三产融合发展，一方面有利于将本地产业发展与当地农民有机融合，为农民就业提供更多岗位，使农民收入得到直接显著的提升；另一方面通过产业链条延伸与融合发展，在农业领域为农民提供更多的创新创业机会，进一步拓宽新产业新业态的发展空间。乡村振兴战略的实施不仅使乡村价值得到了重新的审视和拓展，还促进多种要素资源在城乡之间双向流动，能够在经济发展、文化传承、乡村治理、生态环保等方面都取得一定的成效，加快促进农业现代化、农民生活富裕、农村和谐美丽的实现步伐。

（三）云南省发展支持举措

云南为推动农业高质量发展提出了聚焦"1+10+3"重点产业，提速特色农业强省建设进程。以粮食产业为基础，聚焦蔬菜（含食用菌）、水果、花卉、茶叶、咖啡、坚果、中药材、牛羊、生猪、乡村旅游等重点产业，继续巩固蔗糖、烟草、天然橡胶等传统产业；每个产业均按照"六个一"工作机制运行，即一个专班、一个专家团队、一个三年行动方案及配套支持政策、一批重点基地、一批龙头企业、一个定期调度机制，深化创新、协调、绿色、开放、共享的新发展理念，通过积极主动去适应经济发展新常态，不断推动农业供给侧结构性改革。总体看来，云南打造农村产业融合的基本思路，以特色农业为基础，以经营主体为引领，以城乡联动为支撑，以农民就业增收为目标，积极拓展现代农业多种功能，向现代农业引入新机制、新技术、新业态和新模式，创新产业链与农民利益联结新机制，通过构建高原特色现代农业与二三产业融合发展的现代产业新体系，促进农业增效、农民增收和农村繁荣。

（四）消费升级推动产业变革

随着居民收入水平的不断提高，也制造出巨大的市场消费需求。居民生活水平提升的同时也升级了农产品消费标准，越来越多的城乡居民更多地追求绿色、健康、营养和品位；[①] 人们在对工作和休闲时间的选择上，劳动力供给曲线呈现出向后弯的趋势。[②] 随着城乡居民闲暇时间的不断增加，为乡村开展休闲、观光、旅游、养生等产业发展提供了巨大的市场潜力。2022年，全省共接待游客8.4亿人次，同比增长27.3%，相当于2019年的104.2%；实现旅游收入9449亿元，同比增长21.2%，恢复到2019年的85.6%。尤以优质农产品消费和乡村旅游的发展势头最为火爆，为云南农村产业融合发展提供了强大的市场牵引力。

四、挑战分析

（一）资源和环境的双重约束

资源方面，云南山区面积已占全省面积的94%，且水资源无论在空间上还是时间上分布都不均匀，使得全省水利化程度低，尤其对大宗农作物和特色经济作物种植影响最大。云南干旱、大风、冰雹、滑坡、泥石流等气象灾害频发，再加上各种病虫害等灾害时有发生，使得农业生产所应对的压力逐渐增大。在长期的农业生产过程中，农民多采取大水（漫灌）、大药（高农药）、大肥（多施肥）、地膜覆盖等粗放型农业生产方式，导致土壤肥力和农业产出率不断下降。环境方面，由于农业的发展周期长且见

---

① 熊小林. 以居民消费升级为导向深化农业供给侧结构性改革 [J]. 宏观经济研究, 2018 (5): 34-46.
② 李治, 王东阳. 交易成本视角下农村一二三产业融合发展问题研究 [J]. 中州学刊, 2017 (9): 54-59.

效慢,导致大量土地、资金和劳动力向城市流散,从而加快了工业对农业、城市对农村资源要素的"虹吸"效应速度,最终使工农和城乡之间的农业发展要素均衡配置面临更多挑战。随着工业化和城镇化的快速发展,部分高产稳产农业用地被逐步占用,产业基地向规模化和标准化建设的空间被不断压缩。

(二) 市场和品牌的双重挑战

国际市场方面,随着经济全球化的发展,国际农产品贸易的形势与格局均发生着深刻的变化,全球贸易规则的主导权竞争也愈发激烈。随着世界贸易保护主义的逐步抬头,在国际农业贸易竞争中我国面临着越来越严峻的竞争环境。国内市场方面,为开发特色优质农产品,各省份均加大了设施农业发展力度,与云南单纯利用独特的自然资源优势发展高原特色农业的发展方式相比,对云南造成了一定的冲击;云南将自然资源优势转化为农业产业优势和农产品市场优势,进而推动特色农业强省发展的难度明显增加。品牌建设方面,云南农产品品牌定位不明确,特色农业产业优势不凸显,除烟草产品以外,在全国有一定的知名度仅有"蝶泉""褚橙""龙润""大益"等极少数的农产品品牌,大多数省级名牌、著名商标甚至一些中国驰名商标的知名度和影响力也非常有限。云南农产品品牌发展呈现品牌多而小、知名品牌少而弱、客户黏性不够强的特征,这给云南农村产业融合发展潜力的进一步挖掘带来了很大的挑战。[①]

(三) 科技创新和服务能力不强

由于优质品种研发、关键技术突破、配套技术集成、高端产品开发等方面的不足,导致云南科技创新能力后劲不够。科技成果转化服务体系不完善,农科教结合不密切,产品开发与市场消费需求不匹配,致使云南科技成果转化缓慢。示范基地建设数量不足,实用技术示范不及时,良种良法推广滞后,造成科技成果转化率低。与之配套的技术指导、生产保障、检验检测检疫、加工销售、金融信贷、信息服务网络建设等相关服务体系

---

① 钱琳刚. 对云南省农产品品牌发展的思考 [J]. 商业经济, 2019 (4): 96 - 98.

相对薄弱，引起生产供应与市场需求的信息不对称。省内已具规模的农业科技园区不多，相关的高新技术人才缺乏，农村信息化服务能力弱，对于科学技术的普及推广程度不够。

（四）利益联结机制不健全

云南农村产业融合发展中虽然出现了"公司＋合作社＋农户"等生产销售模式，但整体的利益联结机制仍然以订单模式为主，股份制或者股份合作制方式较少。订单模式的契约关系容易受到市场价格波动影响，尤其是大部分农户没有抱团形成足够市场竞争力，在商品交易过程中没有话语权，在农产品交易价格等涉及农民利益的时候，往往牺牲较大，还要承担种植过程中因发生自然灾害而造成减产减质的风险，所以农户在整个产业链过程中都处于劣势地位。同时，对于农产品加工、销售企业来说，也容易受到农产品原料供应不稳定、品质无法保障的风险，在一定程度上降低了有资金、资源的龙头企业或合作社建立集生产、加工、销售为一体的新型农业经营主体的积极性。龙头企业散、小、弱，缺乏精深加工研发能力和市场开拓能力强的大企业，难以带动更多的农民建立更密切的利益联结机制，对农村产业融合的稳定发展极其不利。

第二节 云南农村三产融合发展基础

一、自然条件

（一）地理条件

云南位于中国西南部地区，地处北纬 21°12′~22°23′、东经 99°34′~101°33′，东与四川、贵州和广西接壤，南与缅甸、老挝和越南为邻，西同西藏毗邻，北与西藏、青海、甘肃和陕西相连。云南全省面积 116.97 万平方公里；2022 年全省人口 4693 万人，占全国人口总数的 1/30。全省辖 16 个州（市）、50 个县（市、区），共 56 个民族乡（镇）。从地形地势来看，云南整体呈现出自西北向其他方向倾斜（除东北方向外）的趋势。其中，云南最高点是怒山北段梅里雪山主峰卡瓦格博，海拔为6740米；全省最低点是河口县南段红河（元江）出境进入越南的入口处，海拔为76.4米；全省相对海拔高度为6663.6米。云南大体以红河河谷与云岭东侧的山地为界，将云南分为滇西横断山纵谷区和滇东、滇中高原两大地貌区，它们均为广义上云南高原的次级地貌区。除此之外，云南还分布着1886个面积达到1000平方米以上的坝子（河谷、山间盆地及局部平坦地面）。从河湖水系来看，云南湖泊众多，河川纵横交错。全省境内有889条河流的径流面积在100平方千米以上，分别属于六大水系，即长江、珠江、红河、澜沧江、怒江、伊洛瓦底江。云南高原湖泊众多，以九大高原湖泊为主，湖泊总面积1066平方公里，集水面积约9000平方公里，总库容约300亿立方米。从气候类型来看，云南气候类型复杂多样。云南兼具季风气候、低纬、高原气候特征，表现出年较差小、日较差大、干湿季分明、立体气候特征显著的气候特征。综上所述，云南的地形、河湖和气候为全省农产品质量及农副产品的多元化发展提供了基础，为云南农业与二三产业融合发展提供了保障。

（二）自然资源

云南的自然环境和自然条件具有复杂多变的特点，这就使得自然资源具有类型复杂多样的特征。土壤资源方面，由于气候、生物、地质、地形之间的相互作用，使云南形成了多种多样的土壤类型，全省共有16种土壤，占全国土壤类型的1/4；各类土壤的垂直分布特点十分明显，红壤是全省分布最广且最重要的土壤，面积占比达50%，因此云南又有"红土高原""红土地"的称号。植物资源方面，云南是中国植物种类最多的省份，享有"植物王国"的美誉；主要表现为云南不仅分布有热带、亚热带、温带、寒温带等植物类型，还拥有古老的、衍生的、外来的植物种类和类群；具体来看，云南有19333种高等植物，在全国占比达50.1%，有150多种树种分别列为国家一、二、三级重点保护和发展对象。云南树种不仅数量繁多，而且类型多样，多以优良、速生、珍贵树种为主，观赏植物、药用植物、香料植物等品种分布于全省各地，因此云南还有"天然花园"

"药物宝库""香料之乡"的美称。动物资源方面，云南是全国动物种类最多的省份，被誉为"动物王国"；其中，拥有约2273种脊椎动物，在全国的占比达51.4%；在全国列出的2.5万种昆虫名录中，云南有1万余种。云南有许多珍稀保护动物，而国内很多动物仅分布在云南；此外，还有很多小型珍稀动物种类。云南的生物资源类型多、品种复杂多样，可供利用的自然资源如花卉类、粮食类、中药材、油料、食用菌等物种多样，产量丰富，为全省农村三产融合发展提供了有力的基础。

（三）文化旅游

云南是旅游大省，具备丰富的旅游和民族文化资源。全省有6个国家5A级景区、38个4A级景区、7个国家重点风景名胜区、11个国家森林公园、1个国家地质公园、1处世界自然遗产；488处全国重点文物保护单位。全省已开放的旅游景区（点）1418处，其中A级旅游景区（点）564处；国家级风景名胜区9个，世界自然遗产3个，国家重点文物保护单位44处。云南旅游资源丰富，尤其是文化旅游资源，且民间传统习俗的艺术价值极高。云南丰富繁荣的旅游资源与社会知名度使农业与服务业融合发展成为可能。

二、社会环境

（一）全国视角

云南的地区生产总值水平相对稳定，大致位于全国第18，平均增长水平大于全国平均增长水平，发展潜力较大。从经济发展水平来看，云南高原特色农业提速增效水平较高，全省特色作物，如茶叶、鲜切花、中药材、坚果、咖啡等产量均居全国首位。从西南安全稳定屏障的发展来看，云南构筑立体化防控边界线，建立人防物防技防相结合的融合体制机制，管控能力大幅提升。

（二）全省视角

2008～2021年云南地区生产总值从6016.6亿元增长到27146.76亿元，

平均年度增长率为24.89%，增长幅度较大，经济发展水平向好发展。其中，第一产业增加值从1001.90亿元增长到3831.30亿元，平均年度增长率为28.99%；第二产业增加值从2476.10亿元增长到9537.20亿元，平均年度增长率为28.80%；第三产业增加值从2538.60亿元增长到13793.10亿元，平均年度增长率为20.96%；全省人均地区生产总值从13286.00元达到57717.00元，平均年度增长率为25.77%，全省经济发展水平逐步提高。①

（三）综合视角

云南的综合发展活力不断增强。营商环境不断优化，共建"一带一路"重点项目、中老铁路建成实现通车，磨憨铁路口岸顺利通过国家验收，中缅印度洋新通道海公铁联运试运成功，全省对外开放格局逐步打开。同时，省际合作也得到不断深化，城乡区域协调发展取得新的进展。云南生态文明建设向纵深推进发展，通过大力推进"湖泊革命"，逐步深入长江经济带发展建设，着力加强高黎贡山生物生态风险防范和赤水河流域的保护与治理。在综合发展的过程中，人民群众的获得感、幸福感、安全感不断增强。

三、经济发展

从经济发展总体水平来看，2021年云南实现地区生产总值27146.76亿元，同比增长10.55%，高出全国2.45个百分点；公共财政预算收入同比增长7.63个百分点，总体收入为2278.29亿元；其他产业产值也都呈现不同程度的上浮，例如，第一产业产值、第二产业产值、第三产业产值、人均生产总值上浮百分点分别为7.15、14.33、9.01、11.31和7.63。从增长趋势来看，2000~2021年，云南除了第一产业产值和第三产业产值的增速放缓以外，分别从8.71%、10.36%下降至7.15%、9.01%；全省地区生产总值、第二产业产值、人均生产总值和一般公共预算收入的增速均呈

---

① 杨晓霖. 云南省绿色发展水平测度及时空演变研究［D］. 昆明：云南师范大学，2022.

上升态势，分别从 6.86%、2.99%、6.23%、4.68% 增长至 10.55%、14.33%、10.93%、7.63%。从细分产业来看，2000~2021 年，尽管云南各大产业产值均呈现上升态势，仅有第三产业产值占全省地区生产总值的比重呈上升态势，从 37.03% 增长至 50.42%；第一产业产值和第二产业产值在全省地区生产总值的比重均呈现下降态势，分别从 21.79%、41.19% 下降至 14.26%、35.32%；这符合产业演进的规律，说明 22 年来云南产业结构的调整发挥出了较大的效力，同样也说明全省经济发展水平不断提高（见表 4-1）。

表 4-1　　2000 年和 2021 年云南经济发展水平与产业结构

项目	2000 年			2021 年		
	数量	比重（%）	同比增长（%）	数量	比重（%）	同比增长（%）
地区生产总值（亿元）	2030.08	—	6.86	27146.76	—	10.55
第一产业产值（亿元）	442.29	21.79	8.71	3870.17	14.26	7.15
第二产业产值（亿元）	836.15	41.19	2.99	9589.37	35.32	14.33
第三产业产值（亿元）	751.64	37.03	10.36	13687.22	50.42	9.01
人均生产总值（元/人）	4814.00	—	6.23	57686.00	—	10.93
一般公共预算收入（亿元）	180.75	—	4.68	2278.29	—	7.63

资料来源：相关年份《云南统计年鉴》。

从产业内部结构来看，云南产业结构由 2000 年的 21.79∶41.19∶37.03 变为 2021 年的 14.26∶35.32∶50.42，22 年间云南一、二、三产业在整个产业中所占比重分别呈现逐步下降、下降、上升的发展趋势，与全国变化趋势一致，这是经济社会发展的必然结果，符合产业升级的规律，说明云南开始大力发展农业与服务业的融合。同时，还可以看出云南一、二、三产业在所有产业中所占比重均低于同期的全国水平，说明云南产业结构与经济发展水平与全国相比均还有一定差距。具体来看，云南农业在三产中占比最小且持续下降，仅维持在 1/5 左右，但具有独特的经济地位，农业依旧是全省经济社会发展的"蓄水池"和"稳定器"；工业是云南经济发展的引擎与动力，在三产中占比最大却持续下降，但始终保持在 1/3 以上，对拉动全省经济发展和农民就业具有重要作用，为全省农民收入的持续增加提供了保证,为"以工补农、以工促农、以城促乡、城乡融合发展"提供了物质保障;以服务业为主的第三产业是整个经济的加速器和发展源,在全国第三产业超过工业成为第一大产业的常态下[①],云南的第三产业增长强劲,22年间其在整个产业中的比重由1/3上升至1/2,是逆势增长最大的产业,第三产业是未来全省经济发展的"增长极",在拉动消费、促进就业和经济转型升级中都将发挥重要作用,甚至在一定程度上可以推动区域经济发展,成为全省未来的经济发展支柱之一(见表4-2)。

表4-2　　　　2000年和2021年云南与全国的经济发展水平

区域	项目	2000年		2021年	
		数量(亿元)	比重(%)	数量(亿元)	比重(%)
全国	地区生产总值	100280.1	—	1143669.7	—
	第一产业产值	14717.4	14.68	83085.5	7.26
	第二产业产值	45663.7	45.54	450904.5	39.43
	第三产业产值	39899.1	39.79	609679.7	53.31
云南	地区生产总值	2030.08	—	27146.76	—
	第一产业产值	442.29	21.79	3870.17	14.26
	第二产业产值	836.15	41.19	9589.37	35.32
	第三产业产值	751.64	37.03	13687.22	50.42

资料来源:相关年份《中国统计年鉴》。

从农业产业总体发展水平来看,云南2021年农林牧渔业总产值为6351.82亿元,比2000年的农林牧渔业总产值680.86亿元增长了8.33倍;2021年农业产值为3441.47亿元,比2000年的农业产值416.36亿元增长了7.27倍;2021年林业产值为497.33亿元,比2000年的49.75亿元增长了9倍;2021年牧业产值为2113.31亿元,比2000年的201.49亿元增长了9.49倍;2021年渔业产值为112.38亿元,比2000年的13.26亿元增长了7.48倍(见表4-3)。可以看出,农林牧渔业总产值、农业产值、林业产值、牧业产值及渔业产值均处于增长趋势,其中增长幅度最大的是牧业产值和林业产值。而农业产值和渔业产值占农林牧渔业总产值的比重均呈

---

① 赵艺葳. 孝义市农村一二三产业融合发展研究[D]. 太原:山西农业大学,2021.

下降趋势，分别从 2000 年的 61.15%、1.95% 下降至 2021 年的 54.18%、1.77%，林业产值和牧业产值占农林牧渔业总产值的比重均呈上升趋势，分别从 2000 年的 7.31%、29.59% 上升至 2021 年的 7.83%、33.27%。同时还可以看到，云南农业产值、林业产值及牧业产值占农林牧渔业总产值的比重均高于全国平均水平，仅有渔业产值占农林牧渔业总产值的比重均低于全国平均水平。随着云南推动高原特色现代农业产业发展规划，在制度创新、政策完善和投入保障等方面采取了一系列重大举措，全省农业产业结构不断优化，生产能力不断提升，既满足了人民消费需求的变化又提高了农民的收入，高原特色现代农业实现繁荣协调发展（见表 4-3）。

表 4-3 2000 年和 2021 年云南与全国的农业产值情况

区域	项目	2000 年 数量（亿元）	2000 年 比重（%）	2021 年 数量（亿元）	2021 年 比重（%）	增幅（%）
全国	农林牧渔业总产值	24915.80	—	147013.40	—	4.90
	农业产值	13873.60	55.68	78339.50	53.29	4.65
	林业产值	936.50	3.76	6507.70	4.43	5.95
	牧业产值	7393.10	29.67	39910.80	27.15	4.40
	渔业产值	2712.60	10.89	14507.30	9.87	4.35
	农、林、牧、渔服务业产值	—	—	7748.10	5.27	—
云南	农林牧渔业总产值	680.86	—	6351.82	—	8.33
	农业产值	416.36	61.15	3441.47	54.18	7.27
	林业产值	49.75	7.31	497.33	7.83	9.00
	牧业产值	201.49	29.59	2113.31	33.27	9.49
	渔业产值	13.26	1.95	112.38	1.77	7.48
	农、林、牧、渔服务业产值	—	—	187.33	2.95	—

资料来源：相关年份《中国统计年鉴》。

四、社会发展

从居民收入水平来看，2000~2021 年，云南居民人均可支配收入、城镇居民人均可支配收入、农村居民人均可支配收入呈逐年增长态势。2021年，云南居民人均可支配收入25666元，低于全国居民人均可支配收入9462元，但增幅高于全国1.05个百分点；云南城镇居民人均可支配收入40905元，低于全国城镇居民人均可支配收入6507元，但增幅高于全国0.92个百分点；云南农村居民人均可支配收入14197元，低于全国农村居民人均可支配收入4734元，但增幅高于全国0.05个百分点。综合来看，云南农村居民人均可支配收入与全国的差距最小，这是云南第三产业发展的重要基础，为农村一二三产业融合提供了条件（见表4-4）。

表4-4　　2000年和2021年云南与全国居民收入水平

区域	项目	2000年		2021年	
		数量（元）	增幅（%）	数量（元）	增幅（%）
全国	居民人均可支配收入	3721	6.77	35128	9.13
	城镇居民人均可支配收入	6256	7.14	47412	8.16
	农村居民人均可支配收入	2282	2.38	18931	10.50
云南	居民人均可支配收入	2623	—	25666	10.18
	城镇居民人均可支配收入	6277	2.11	40905	9.08
	农村居民人均可支配收入	1508	3.50	14197	10.55

资料来源：相关年份《中国统计年鉴》。

从城镇化发展水平来看，云南城镇化水平增长快速，云南城镇化率由2000年的23.4%上升至2021年的51.05%，增长1.18倍。城镇化水平的快速增长，推动了全省农业的转型升级和跨越发展，从而形成"城市支持农村、工业带动农业、农村和农业服务城市"互动格局，进一步促进了当地对土地资源的利用。从全国视角来看，2021年全省城镇化水平达到51.05%，低于全国城镇化64.72%的水平；2021年云南城镇人口增幅低于全国0.03个百分点，农村人口降幅高于全国0.40个百分点，导致全省人口降幅达0.68%。综合来看，云南农业综合功能正在提升，以绿色生产基地、观光农业、采摘休闲农业等为特征的城郊农业的地位进一步凸显，新型的农业生产格局将成为农业发展的必然趋势，云南农业农村发展具有广阔的市场前景（见表4-5）。

表4-5　　　　　　2000年和2021年云南与全国城乡人口数量

区域	项目	2000年		2021年	
		数量（万人）	增幅（%）	数量（万人）	增幅（%）
全国	总人口	126743	0.76	141260	0.03
	城镇人口	45906	4.93	91425	1.34
	农村人口	80837	-1.46	49835	-2.27
云南	总人口	4241	1.16	4690	-0.68
	城镇人口	991	-50.25	2394	1.31
	农村人口	3250	47.66	2296	-2.67

资料来源：相关年份《中国统计年鉴》。

第三节　云南农村三产融合发展主体

一、农村三产融合主体类型

从概念上来看，产业融合建立在技术进步和制度创新的基础上，导致产业边界的模糊和产业边界的重建。研究三产融合，即是研究一、二、三产业的融合问题，其中一、二、三产业的划分及包含的内容遵从国家统计局发布的《三次产业划分规定（2012）》。

以农业为基点，一、二、三产业融合发展的产业链条可被划分为产前、产中、产后三大环节。产前环节是指农业生产之前，涉及的产业类型包括第二产业及第三产业，其中第二产业主要是农业投入品的生产，如化肥、农药、兽药、农机农具、农业设施等，第三产业主要指农业科技研发、农产品市场信息、农业保险、农业金融等服务。产中环节主要指农业生产环节，涉及的产业主要是第一产业和第三产业，第一产业指传统的农林牧渔业，第三产业则有农机租赁、农技培训、农技推广、旅游观光等服务。产后环节主要指农产品收获之后的所有环节，涉及的产业主要是第二产业和第三产业，其中第二产业主要是农产品加工业，第三产业主要是仓储、运输、批发和零售以及餐饮等行业（见图4-1）。

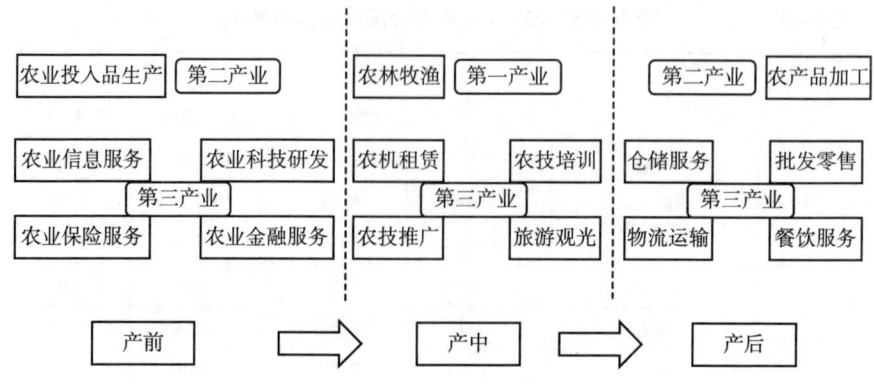

图 4-1 农村三产融合发展涉及的主要产业

农村三产融合的参与主体，分布在上述产业当中，通过价值共享和技术溢出相互关联，成为农村三产融合的利益相关者，它们之间联系随着融合的深入而变得紧密，有的甚至不会有严格的区分，同一主体起到多种作用。[①]

二、新型农业经营主体

（一）农业生产主体

农业生产主体是农村三产融合中最基本的农业生产经营单元，包括传统的普通农民、专业大户、家庭农场和农民合作社等新型经营主体。

普通农户是传统的农业经营的最小单位，随着农村三产融合的发展，普通农户在生产经营上受到规模上的制约，参与融合发展的程度较低。为了适应发展需求，以价值共享为纽带，普通农户会向农业新型经营主体转变，最直接的途径是普通农户联合形成农民专业合作社。其他可能的发展途径为扩大经营规模形成家庭农场或成为专业种养大户、为农村三产融合提供劳动力、变成农村生产生活服务业者等。

与普通农户相比，专业大户具有更大的农业生产规模，而且以直接出售农产品作为收入的主要来源。专业大户拥有大型农业机械和生产设施，能满足规模经营的需求。土地流转政策成为专业种养大户稳定经营的保

---

① 陈曦. 农村三产融合发展评价研究 [D]. 长春：吉林大学，2022.

障。专业大户在农业生产中通常具有带动作用,为周边村民提供工作机会,还在自身进行农业生产的同时,带动周边农户,形成"一村一品"的格局,也有很大可能成为农民合作社的重要发起人。专业大户要获得更高的收益,就需要和二、三产业相关行业进行对接,改善生产方式以符合更高的要求,因此,农村产业融合对专业大户具有重要意义。

家庭农场是农业规模化经营、商品化生产经营的代表模式,与专业种养大户相比,家庭农场更重视综合性经营,具有一定规模的土地、具有规范的种养流程、机械化程度较高、可以产出能够直接销售的商品、可以提供特色休闲旅游服务都是家庭农场的特征。家庭农场除了自己的劳动力外,还会雇用其他劳动力,为农民提供就业机会。截至2022年底,云南家庭农场数量达8.05万家,同比增长5%。

农民合作社是农业生产主体自发组成的互助性组织,成员之间通过农业技术、市场信息等相互关联。与普通农户相比,合作社具有更大的经营规模,在市场竞争中拥有更大的话语权和议价能力,也有助于新型农业技术的推广,提高农业生产效率。农民合作社是农村三产融合发展过程中重要的农业生产主体,合作社成员之间具有利益的一致性,对农民增收的带动作用明显。截至2022年底,云南依法登记的农业合作社达到6.83万户,同比增长3%,农民合作社已成为助力乡村振兴建设的中坚力量。

(二)新型农业社会化服务体系

20世纪80年代开始,农业社会化服务体系逐步建立并开始为农业生产服务。1991年,国务院发布《关于加强农业社会化服务体系建设的通知》,指出农业社会化服务是包括专业经济技术部门、乡村合作经济组织和社会其他方面为农、林、牧、副、渔各产业发展所提供的服务。农业社会化服务体系则是在农业社会化服务的基础上形成的多经济成分、多渠道、多形式、多层次的服务体系,提供的服务主要包括五个方面,分别是村级集体经济组织开展的统一农作;农技站、农机站、畜牧兽医站等提供的农业技术服务;供销社、物资、金融等部门提供的购销、筹资、保险服务;科研、教育单位提供的培训指导服务;农民专业技术协会、农业合作社、专业农户提供的服务。

2008年,《中共中央关于推进农村改革发展若干重大问题的决定》明确指出建立新型农业社会化服务体系,认为建设发展现代农业的必然要求是覆盖全程、综合配套、便捷高效的社会化服务体系,要求新型农业社会化服务体系的构建应以公共服务机构为依托、合作经济组织为基础、龙头企业为骨干、其他社会力量为补充,实现公益性服务和经营性服务相结合、专项服务和综合服务相协调。虽然曾经存在过的一些提供服务的主体已经随着各项改革的深入而消失,但农业社会化服务的需求没有消失。从概念上看,农业社会化服务的关键点在于"服务",也就是服务于农业生产的农村地区"第三产业"。随着现代农业的发展,其对农业社会化服务体系的需求也日益提高,农业社会化服务组织的多元融合发展成为新型农业社会化服务的重要特征。新型农业社会化服务同样涉及生产、金融、信息、销售四个方面的服务,但随着新型农业经营主体和服务主体的出现,其边界变得有所模糊。以小农户生产托管服务为例,托管形成规模优势,也使得农业生产更加规范,在过程中也蕴含了上述提到的各项服务。建立和发展新型农业社会化服务体系,不仅可以服务农业生产,还可以成为农村三产融合的中间环节,为产业间融合发展提供服务。

(三)农产品加工主体

农产品加工主体主要包括各种类型的农产品加工企业,现阶段,大多数农产品都是以"生产—加工—销售"的方式进入消费市场,其中农产品加工起到了对接生产和消费的关键作用,农产品加工企业是农村三产融合的关键所在。

农产品加工企业存在的核心价值在于提升农产品的附加值,以龙头企业为代表的农产品加工企业是农村第二产业的重要组成部分,主要完成农产品产地初加工和精深加工以及农产品加工副产物的综合利用工作。其中产地参与初加工的企业涵盖面较广,既包括专业大户和农民合作社对自产农产品的初加工,也包括中小型企业和龙头企业进行的初加工。农产品精深加工主要由农业龙头企业实现,是延长农业产业链的主要形式。加工副产物综合利用主要由中小型农业企业进行。农产品加工企业参与的农村三产融合模式如图4-2所示,在产业纵向融合的框架下,农产品加工企业处于中心位置，农产品加工企业连接农产品生产者和消费市场。

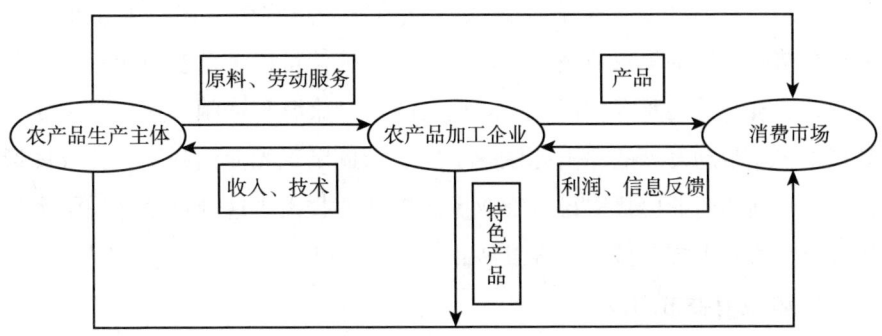

图 4-2　农产品加工企业参与的农村三产融合发展模式

农产品加工企业在农村三产融合中的作用主要体现在以下三个方面。

1. 带动农民增收

农产品加工的主要目的之一是提高农产品的附加值，不仅能够促进农民增收，提供就业岗位，还能促进农业生产的发展。农产品加工企业对农业生产的带动作用主要表现在三个方面：一是为大规模农业生产的产品提供了销售出路，能够促进农业生产主体规模的扩大和实力的提升；二是能够增强农业生产的抗市场风险能力，经加工后的农产品保存时间延长，更能适应市场的变化，在"保底价"的机制下，能够防止"菜贱伤农"现象的发生；三是农产品加工企业在产业融合过程中会参与农业生产，建立生产技术服务平台或示范基地，从而促进农业生产技术的发展。

带动农民增收的另一方面体现在提供就业岗位上，农产品加工企业大多分布于县、乡镇或村一级，与农民距离近，能够吸收周边农民就业，实现农民增收，也将农业产业链的增值收益更多地返还到农民手中。另外，农产品加工企业作为县域工业化的主要组成部分，对县域经济发展有较强的推动作用，从而促进地区发展，惠及当地农民。

2. 改变农村产业发展模式

农产品加工企业通过实现产业链增值收益和创造就业岗位，可以为农民开辟增收的新途径，从而推动乡村工厂的产生和发展。合作社和专业大户等主体在参与农村工业生产过程中，具有资金和制度优势，能在农产品的生产地实现初级原料到特色产品的转化。更进一步地，可以进行规范化乡村工厂建设，真正做到农村一二产业的融合互动发展。

另外，农产品加工企业在做大做强的发展过程中会向产业链前后延伸，向前延伸带动了农业技术的进步，向后延伸可以带动农村第三产业的兴起，实现企业的跨界发展。很多地区的乡村旅游和休闲农业就是由农产品加工企业带动发展的，由此建立了农业和休闲观光业的联系，使农民通过这种新颖的商业模式取得除农业生产以外的收入。这种融合体现了乡村的价值，可有力推动城乡融合发展。

3. 响应消费市场需求

随着经济社会的发展和人民生活水平的提升，城乡居民消费结构也发生着重大变化，对农业和农产品加工企业也提出新的发展要求。农产品加工企业与消费市场联系紧密，有快速响应市场需求并传导给农业生产主体的作用。消费者对农产品和食品的质量安全重视程度逐步提高，已达到前所未有的水平。农产品加工企业需要抓住这一趋势，分析市场分层情况，与农业生产主体合作，实现绿色食品、全程可追溯、产品定制等模式的经营。作为产业链条核心，在抓住消费增长重点的同时，为满足消费者的需求，应带动农业技术和理念的进步，同时兼顾新型物流配送的发展，为产业融合创造发展空间。

三、农业产业化联合体

农业产业化是传统农业发展的更高级形式，是农业农村提高生产效率、促进农民增收需求下的必然产物。2017年，农业部等六部门出台了《关于促进农业产业化联合体发展的指导意见》，认为"农业产业化联合体是以龙头企业、农民合作社、家庭农场为主体的新型农业经营主体，以分工协作、规模经营、利益联结为基础的一体化农业经营组织联盟"，由此可以看出，农业产业化联合体是农村三产融合主体以利益为联结形成的具有整体特性的主体[①]。

根据技术溢出理论、产业链理论和交易成本理论，随着技术的发展，

---

① 陈曦. 农村三产融合发展评价研究 [D]. 长春：吉林大学，2022.

对农业生产力发展的要求也逐步提高，农业产业链也由第一产业内部延伸到二、三产业，由此出现了跨产业的产业链内部分工，以保证产业链参与者获得更多的价值增值。在农村三产融合发展的大背景下，农业产业化联合体的特性决定其在发展中具有更大的竞争力，例如，通过农业产业化联合体内部较为紧密的利益联结，由龙头企业领导，带动农民合作社和家庭农场等积极参与，可以更为迅速地响应消费市场需求，快速开发符合消费升级需求的特色农产品。

农业产业化联合体对农村三产融合发展具有重要意义。首先，农业产业化联合体是在农村三产融合过程中自然形成的发展模式，能更好地适应农村三产融合发展的需求，各参与环节都能够发挥自身优势，形成协同发展优势。其次，与上文提到的普通农产品加工企业相比，由于存在更紧密的利益联结，价值增值可以更多向产业上游传导，所以龙头企业的带动作用更强，不仅可以提高农业生产力，而且稳定经营的农业产业化联合体也是农民持续增收的保障。

四、其他参与主体

新型农业社会化服务体系作为专门服务于农业生产的"第三产业"而存在，其侧重点在于服务农业，但在农村三产融合中，第三产业参与者作为重要的组成部分，对农村三产融合发展进程产生着影响。从起源方面追寻，技术发展是产业融合的直接原因，农村三产融合亦是如此。科技进步是推动社会发展的重要力量，第三产业参与者也依赖科技和社会的发展，主要包括金融、信息技术、运输仓储、旅游等行业领域。[①]

电子商务影响了中国经济的发展方式，而运输仓储是流通业重要的组成部分，是电子商务的基础。从农村三产融合的角度分析，运输仓储可以看作融合发展中的基础设施，一方面，运输仓储邮政为农村三产融合发展提供物流通道；另一方面，农村三产融合的最终目的在于提高农村人口的生活水平，运输仓储也为生活水平的提高提供了物质运输通道。金融行业

---

① 陈曦. 农村三产融合发展评价研究［D］. 长春：吉林大学，2022.

的参与体现在三产融合的多个环节，包括新型农业社会化服务体系中的金融服务，也包括为农村三产融合各参与主体提供的资金支持，政府政策导向也通常通过金融优惠政策体现。农村地区对信息技术服务需求日益增加，自动化农业生产系统、农产品加工企业使用的食品安全溯源系统、为农村电商提供的技术服务都成为农村三产融合中不可缺少的部分。农业科技直接作用于农业生产可以体现知识的力量，与之相比，信息技术服务在农村三产融合中体现出技术的力量，能起到连接融合要素、优化融合发展流程、保证融合效率的作用。

旅游业参与农村三产融合，主要指的是依靠农村民俗特色、农业生产资源或农产品加工资源发展旅游产业，从而形成乡村旅游、休闲农业、观光农业等特色项目。其中发展规模较大，具有代表性的例子是被评为5A级旅游景区的丽江古城景区、西双版纳州勐腊县中国科学院西双版纳热带植物园和被评为4A级旅游景区的高黎贡国际精品咖啡文化园景区、景迈山茶林文化景区。更具有普遍性的农村三产融合旅游项目也在增多，体现出对农民增收的带动作用。以短途游为主的采摘游、民俗游、观光游、健康生态游已成为城镇居民周末或较短假期出行的选项之一。旅游与农业、文化、养生、民俗等的融合，也成为农村三产融合的重要形式。从现代化农业的角度来看，加快了创意农业、功能农业的发展。

第四节 云南农村三产融合发展模式

一、农业内部融合

农业内部产业融合，即农林一体化、农牧一体化，主要表现为种植业和养殖业相结合，种植业和养殖业在有些环节有交叉相似之处，因此相互结合可以实现废物利用、种植养殖成本下降，在发展畜牧业的区域，可以分别同种植业和养殖业结合发展，形成多种模式。[①] 这种模式的优势是基

---

① 王俊. 吉林省农村一二三产业融合发展问题研究 [D]. 长春：吉林大学，2021.

第四章 云南农村三产融合发展形势

于现有的发展状态，不需要额外进行拓展，能够实现较快的产业融合，并且是"1+1>2"的效益模式，互相实现补充发展。

云南农业发展方式及结构正在加速转变，农业供给侧结构性改革稳步扎实推进，农产品供给质量不断提高。全省通过优化农产品结构，在稳定粮食产能的基础上，已经陆续对低效、低质作物种植面积进行了调减。从表4-6可以看出，普通粮食作物大幅减产，水果、中药材、花卉、蔬菜、茶叶等高收益经济作物大幅增加，农业内部生产结构已经向高附加值方向转变。目前已经发展出不同熟期优质品种全周期均衡供应的格局，具体有华坪芒果、宾川红提葡萄、昭通苹果、华宁柑橘、罗平小黄姜、江城坚果、德宏小粒咖啡、文山三七等种植品种及滇撒猪、独龙牛、云岭山羊、武定鸡、丝尾鳠等养殖品种。全省围绕"畜禽粪污再利用"和"化肥减量化"两大目标，积极推进高原特色现代农业向绿色转型，助力种养业协同发展，积极发展种养结合循环农业，合理布局规模化养殖场，探索出一条生态循环的绿色农业发展道路，且已取得一定成效，具体的种养结合循环模式包括"菜—沼—畜""果—沼—畜""秸秆养畜—过腹还田""鱼藕共生"等。发展林下经济，因地制宜发展林果、林药、林花、林菌、林下种养等多种森林复合经营模式，让农村产业融合结构更加优质化，村民从各个产业都享受到了结构转变带来的丰厚收益。

表4-6　　　　2021年云南主要农产品产量及相对上年增幅

产品	产量(万吨、亿枝)	增幅(%)	产品	产量(万吨、亿枝)	增幅(%)
稻谷	491.90	-6.29	甘蔗	1583.89	-0.83
小麦	61.92	-11.16	茶叶	50.21	8.40
玉米	992.60	5.82	水果	1142.60	18.83
豆类	109.15	-11.50	蔬菜	2748.86	9.61
薯类	215.57	16.51	猪	360.38	23.60
花生	8.20	7.75	牛	42.01	2.61
烟叶	84.75	0.53	羊	21.14	1.76
花卉	162.25	10.70	禽蛋	41.72	-0.07
中药材	73.07	15.84	牛奶	68.39	1.63
食用菌	11.54	-2.86	水产品	65.77	2.14

资料来源：相关年份《云南统计年鉴》。

二、产业链延伸融合

农业的前向关联为提供农业机械和农业种植种子的产业，如生产设备、化肥、种子等。农业的后向关联为农产品的深加工，如提炼、生产半成品和产成品，还包括产品后期的运输、保鲜等环节。将产业链条再延伸则涉及销售环节，如各种销售渠道的拓展。产业链的延伸能够较好地将农业和二三产业进行融合。①

云南各地区农业主导产业不同，滇中地区重点发展蔬菜、水果、花卉等产业，滇东北地区重点发展中药材、蔬菜、水果、花卉、生猪、牛羊等产业，滇东南地区重点发展蔬菜、水果、茶叶、中药材、生猪、牛羊等产业，滇西地区重点发展蔬菜、水果、中药材、食用菌、核桃、牛羊、生猪等产业，滇西北地区重点发展中药材、蔬菜、水果、食用菌、牛羊、生猪、核桃等产业，滇西南地区重点发展咖啡、茶叶、热带水果、中药材、食用菌、核桃等产业。其中，核心发展滇中地区，重点打造滇东南、滇东北、滇西、滇西南和滇西北五大产业板块，充分发挥金沙江对内开放合作经济带和沿边开放经济带、澜沧江开放经济带等一批优势农产品产业带的辐射带动作用，着力建设砚山现代农业科技示范园、石林台湾农民创业园、红河百万亩高原特色农业示范区、洱海流域 100 万亩高效生态农业示范区等一批现代农业示范园区，逐步建立一批以蔬菜、花卉、中药材、畜牧养殖等为主的特色产业专业村镇。各地区依托区域资源优势，有针对性地发展前后关联产业，增加产品附加值。

农业产业链延伸融合，即产供销及农工商一体化发展，云南在发展农村产业融合时，通过结合自身条件，以第一产业为出发点，向农产品加工业、观光旅游、农产品电商等农村服务业顺向融合，部分农业产业龙头企业、农民专业合作社、家庭农场成为该路径的实施主体。部分规模性的农业企业有能力开放影响农业产业链的技术，形成了整合资源、要素和农产品品牌的能力，对农业产业链的构成具备一定的掌控权，不仅提升了农业

---

① 王俊. 吉林省农村一二三产业融合发展问题研究[D]. 长春：吉林大学，2021.

产业链价值，还扩大了周边地区涉农企业的产业化经营规模。① 从图4-3可以看出，2021年，云南农业产业化龙头企业数量达5221户，比2012年增加了2659户、增长1.04倍；全省农业产业化龙头企业实现销售收入3643亿元，比2012年增加2347亿元、增长1.81倍，其中规模以上龙头企业2101户，比2012年增加1216户、增长1.37倍；全省农业产业化龙头企业从业人员76.16万人，比2012年增加34.73万人。② 相对而言，昆明国际花卉拍卖交易中心有限公司、云南芸岭鲜生农业发展有限公司、云南云淀淀粉有限公司、云南凯普农业投资有限公司、云南大天种业有限公司等属于经营比较成功的企业。

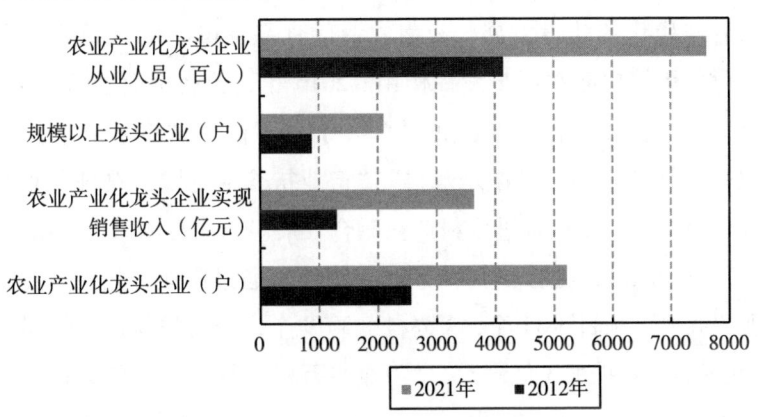

图4-3 2012年与2021年云南农业产业龙头企业情况对比

资料来源：廖兴阳. 214户农业产业化省级重点龙头企业获认定［EB/OL］. （2023-01-04）. https://www.hubpd.com/hubpd/rss/zaker/index.html?contentId=4899916394580861826.

三、功能拓展融合

功能拓展是在现有功能的基础上拓展其他领域和发展方向，开创以前并没有的发展模式。在农村一二三产业融合方面，主要表现为，将农村区域内的文化、历史、旅游等与农业相结合，打造生态旅游和生态农业等项目，将农业原本的功能进行拓展，这种模式主要体现在农村第三产业的发

---

① 魏哲. 广州市农村一二三产业融合发展研究［D］. 广州：仲恺农业工程学院，2019.
② 开屏新闻. 云南这十年丨粮食产量实现十连增，云南2021年农业增加值达3870.2亿元［EB/OL］. （2022-08-24）. https://appkp.ccwb.cn/web/info/20220824212728SUC9M0.html.

展带动第一产业的发展，同时推动第二产业的同步发展，这里，第一产业则成为辅助发展的部分，更多是将第二产业作为依托。功能的拓展打开了区域发展新模式，将区域内的产业局限消除，还能够依据区域特色进行发展，充分利用软实力发展农村地区的经济。① 云南重点开发民族文化元素，以傣族文化、白族文化、彝族文化、傈僳族文化、景颇族文化等为元素的旅游业发展已经成为特色发展模式，如彝族和白族的"火把节"、白族的"三月街"、傣族的"泼水节"、景颇族的"目脑纵歌"、傈僳族的"刀杆节"等。这些都是云南少数民族独特而巨大的精神文化财富和审美需求的载体，通过推行文化旅游业的发展，带动了当地包括农业在内的经济的整体发展。

随着现代化的建设发展，云南农业的食品保障、生态涵养、休闲体验、文化传承等功能在逐步发挥作用。2016 年，云南全面创新政策支持，积极争取全国农村产业融合发展"百县千乡万村"试点示范工程，组建"特色旅游村镇""乡村旅游示范村""产业扶贫示范村"农村产业融合发展试点示范工程，全面推进农村产业融合发展。云南自 2021 年启动"万企兴万村"行动以来，已有企业、商会 2713 个，通过产业、就业、公益等方式开展"兴村"项目 3811 个，"兴村"3079 个，经营类项目实际到位资金 202.3 亿元，公益捐赠 3 亿多元。"万企兴万村"行动，旨在全面推动乡村产业、生态、文化、人才振兴，促进云南高原特色农业产业高速发展，吸引各类人才返乡创业、培育产业生态联合体，推进农村产业融合发展。②

通过推动农业与旅游、文化、教育、地产、健康养老等产业的功能互补和深度融合，可以达到开发、拓展和提升农业的科技教育、文化传承和生态环保等附加功能，最终实现农业多种功能的拓展。③ 云南拥有丰富的旅游和民族文化资源，是中国旅游资源大省之一，农业与旅游业融合已成为云南拓展农业功能的重点发展对象。截至 2022 年底，在现有省级乡村旅游品牌村（镇）的基础上，全省各地评选创建出 50 个国家级乡村旅游重点村、6 个重点镇、5 个联合国世界旅游组织"最佳旅游村"后备名单、

---

① 王俊. 吉林省农村一二三产业融合发展问题研究 [D]. 长春：吉林大学，2021.
② 闫田. 内蒙古农村一二三产业融合发展综合评价及影响因素研究 [D]. 长春：吉林大学，2022.
③ 魏哲. 广州市农村一二三产业融合发展研究 [D]. 广州：仲恺农业工程学院，2019.

493个国家级农村A级旅游景区，推进建设330个云南民族村提升旅游示范村、200个宜居宜业美丽示范村、17个省级乡村振兴示范园区（田园综合体）试点项目，带动全省4337个乡村旅游村（乡镇）、2761个乡村旅游合作社、10余万名乡村旅游经营者发展，直接带动62万余从业人员，间接带动450多万乡村旅游从业人员。

四、科技渗透融合

在生产技术上，将农业与"物联网""大数据"广泛结合，实现生产环节高科技管理，向智慧农业发展，通过大数据分析科学管理种植业和养殖业过程中出现的问题，将生产各个环节纳入云平台，通过高水平管理者监管，提高了种植和养殖的生产效率，降低了企业运营成本。在养殖行业，宣威升达集团、玉溪百信集团、云南惠嘉集团通过采用物联网技术，提高生猪养殖的标准化、健康化和智能化，从而实现"无疫病、无公害、无残留、无污染和产品优质安全"的目标。在种植行业，云南农垦集团和昆明锦苑花卉通过采用物联网技术，对生产过程中环境温度、湿度、土壤、肥料等进行实时监测、分析和部分自动控制试验，取得了良好的示范效果。①

在信息技术上，利用电商营销，将农村地区的农产品实现线上线下的销售，通过各平台的搭建，提供专门且权威的绿色农产品供应链。全省陆续上线运营淘宝网特色云南馆、楚雄馆、丽江馆、香格里拉馆、曲靖馆、玉溪馆，正式运营作为农村电子商务"千县万村"试点的宾川县、通海县和沾益区的农村淘宝馆。② 同时，云南不仅通过与苏宁云商集团合作，推动线上线下融合，还开设了"一部手机云品荟""元阳商城""元谋电商营运中心""中国·南华野生菌信息港"等高原特色农产品销售电商平台。③

科技创新驱动农业融合，表现在"互联网+农业"背景下，大数据、

---

①② 张永金，李志刚，冯稚进. 云南省农业信息化发展成果［J］. 云南农业，2017（2）：52-53.

③ 王俊. 吉林省农村一二三产业融合发展问题研究［D］. 长春：吉林大学，2021.

云计算、电子商务等新技术模式对农业生产经营和服务的渗透。科技创新能有效带动产业发展并促成技术融合，而技术融合则是产业融合的前提①。云南依托众多科研单位，大力推广农业科技，为农业与相关产业的融合发展提供了重要的技术支撑条件。广南县、砚山县、新平县、景洪市等与物联网企业合作，启动建设了一批"互联网＋农业"示范基地，通过引进和示范推广符合云南农业农村发展实际需要的各类传感设备、物联网设备、智能装备及相关控制系统等，开展物联网应用试点示范推广工作。②

农业农村信息化方面，云南2007年打造"金农"工程，2008年打造"数字乡村"工程，2016年打造"信息进村入户工程"，2021年又出台了《云南省"十四五"数字农业农村发展规划》专门指导全省农业农村信息化建设。云南已建成全省12316热线及短消息公益服务平台，各州（市）在此基础上开展各具特色的服务，特别是昭通、楚雄、保山等州（市）与"三农通"结合应用，玉溪的"一站式"服务模式等，实现农、林、牧、畜等多方面在线答疑、知识浏览、短信互动等功能，深受用户欢迎。云南农业信息网覆盖省、州、县，包括146个站点；云南"数字乡村"网站群包括覆盖省、16个州、129个县、1348个乡四级的"数字乡村"网站。"两网"平台共提供农业政策法规、行业动态、价格行情等50多类信息服务，③全方位覆盖电子商务，涉及蔬菜、水果、花卉种植等领域，并且帮助广大农民学习互联网技术，对农业、农村与信息业的产业融合起到了极大的促进作用。

---

① 魏哲.广州市农村一二三产业融合发展研究［D］.广州：仲恺农业工程学院，2021.
②③ 张永金，李志刚，冯稚进.云南省农业信息化发展成果［J］.云南农业，2017（2）：52-53.

第五章
云南产业融合与经济发展现状

第一节 云南产业发展概况

一、云南第一产业基本情况

云南作为我国重要的农业大省,粮食作物方面,2021年位于全国粮食产销平衡区第一名;经济作物方面,不仅是我国重要的"南菜北运""西菜东调"优质基地,还是西南地区最大的蔬菜出口基地。对于种植业而言,云南在抓好粮食安全和耕地保护的基础上,高水平规划推进打好高原特色农业这张牌,2021年云南农业增加值增长到3870.2亿元,排名提升至全国第10。云南逐步推动资源大省向农业大省转化,持续向现代农业强省迈进。

(一)农作物播种面积

2021年,云南农作物播种面积705.72万公顷,占全国农作物总播种面积16869.51万公顷的4.18%。其中,粮食作物播种面积419.13万公顷,比2000年增加了5.06%,占全省农作物总种植面积的59.39%。按照产品类别来看,稻谷播种面积75.38万公顷,比2000年减少了15.48%,占全省粮食作物种植面积的17.98%,占全省农作物播种面积的10.68%;小麦播种面积29.11万公顷,比2000年减少了57.05%,占全省粮食作物种植面积的6.94%,占全省农作物播种面积的4.12%;玉米播种面积187.94万公顷,比2000年增加了62.62%,占全省粮食作物种植面积的44.81%,

占全省农作物播种面积的 26.63%；豆类播种面积 46.44 万公顷，比 2000 年减少了 14.31%，占全省粮食作物种植面积的 11.07%，占全省农作物播种面积的 6.58%；薯类播种面积 60.05 万公顷，比 2000 年增加了 48.32%，占全省粮食作物种植面积的 14.32%，占全省农作物播种面积的 8.51%。此外，油料作物播种面积达 30.58 万公顷，比 2000 年增加了 43.83%，占全省农作物播种面积的 4.33%；甘蔗播种面积达到 22.78 万公顷，比 2000 年减少了 12.39%，占全省农作物播种面积的 3.23%；烤烟播种面积为 39.76 万公顷，比 2000 年增加了 20.46%，占全省农作物播种面积的 5.63%；蔬菜播种面积达到 129.16 万公顷，比 2000 年增加了 247.55%，占全省农作物播种面积的 18.3%（见图 5-1）。总体来看，云南农作物播种面积中粮食作物播种面积占比最大，玉米是云南的主要粮食作物；云南经济作物播种面积中烤烟播种面积占比最大，蔬菜次之。从发展趋势来看，粮食作物中玉米、豆类和薯类的播种面积均呈增长态势，经济作物中仅有甘蔗的播种面积呈减少趋势。

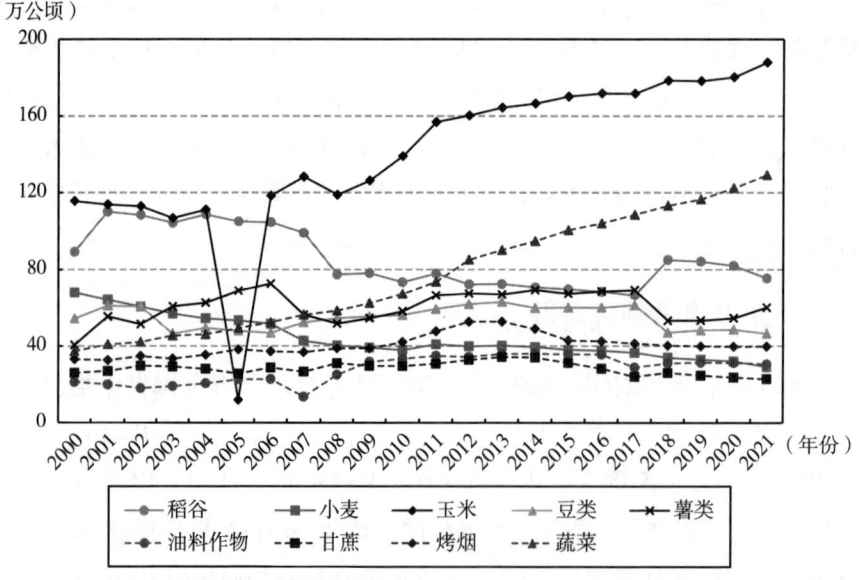

图 5-1 2000~2021 年云南各类农作物播种面积

资料来源：相关年份《云南统计年鉴》。

（二）农产品产量

在粮食产量方面，2021 年云南粮食产量达到 1930.3 万吨，占全国总粮食产量的 2.83%，与全省上一年的粮食产量占比相同。2000～2021 年，云南粮食综合生产能力不断提升，增长 462.5 万吨，年均增长率约为 1.31%。其中，全国粮食产量年均增长率约为 1.88%，云南粮食产量年均增长率略仅为全国的 69.98%，且云南粮食产量在全国所占的比重呈下降态势（见图 5-2）。

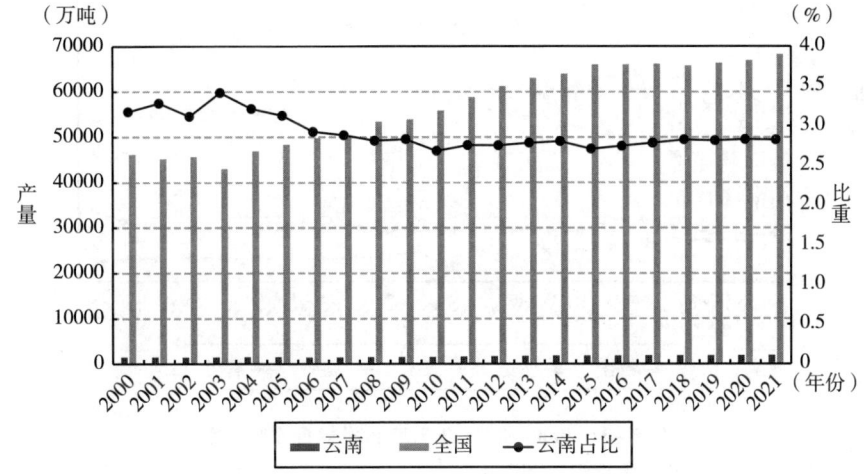

图 5-2　2000～2021 年云南与全国粮食总产量及占比

资料来源：相关年份《中国统计年鉴》。

从粮食产品类型来看，云南玉米总产量在 2021 年达到 992.6 万吨，占全国玉米总产量的 3.64%，相比上年增加了 0.04 个百分点；22 年间增加 519.3 万吨，年均增长 3.59%；单产 5.28 吨/公顷，每公顷产量同比上升 1.49%。云南豆类总产量在 2021 年达到 109.15 万吨，单产 2.35 吨/公顷，每公顷产量同比下降 7.65%；占全国豆类总产量的 5.55%，相比上年增加了 0.16 个百分点。云南薯类总产量在 2021 年达到 215.57 万吨，单产 3.59 吨/公顷，每公顷产量同比上升 5.53%；占全国薯类总产量的 7.08%，相比上年增加了 0.89 个百分点；22 年间增加 70.11 万吨，年均增长 1.89%。云南稻谷总产量在 2021 年达到 491.9 万吨，单产 6.53 吨/公顷，每公顷产量同比上升 1.8%；占全国稻谷总产量的 2.31%，相比上年增加了 0.17 个百分点；22 年间减少 44.39 万吨，年均下降 0.41%。云南小麦总产量在 2021 年达到 61.92 万吨，单产 2.13 吨/公顷，每公顷产量同比下降 2.34%；占全国小麦总产量的 0.45%，相比上年减少了 0.07 个百分点；22 年间减少 89.27 万吨，年均下降 4.16%（见图 5-3）。总体来看，云南粮食作物中豆类和薯类对全国的贡献较大。从增长特征来看，云南粮食作物中玉米和薯类呈现稳定增长态势。

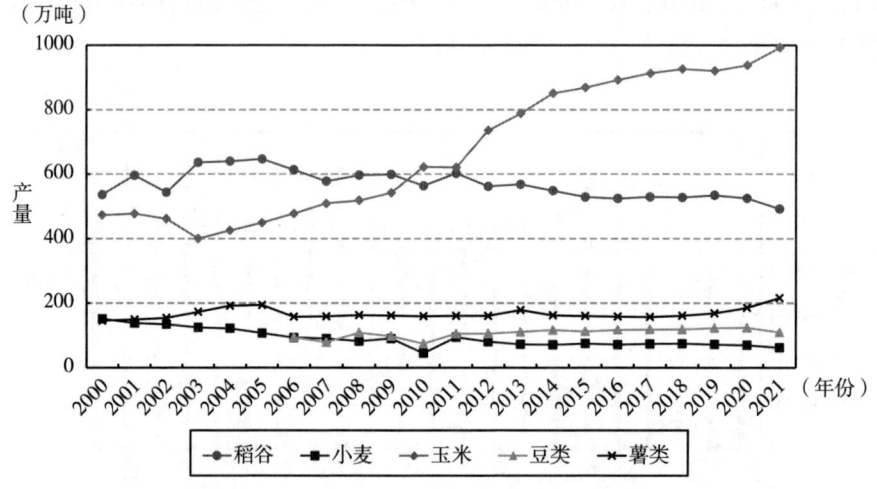

图 5-3 2000~2021 年云南各类粮食作物产量
资料来源：相关年份《云南统计年鉴》。

在经济作物方面，油菜籽的总产量在 2021 年达到 54.49 万吨，占全国油菜籽总产量的 3.7%，相比上年减少了 0.16 个百分点，22 年间增加 35.38 万吨，年均增长 5.12%；烤烟的总产量在 2021 年达到 82.18 万吨，占全国烤烟总产量的 40.67%，相比上年增加了 0.31 个百分点，22 年间增加 17.57 万吨，年均增长 1.15%；甘蔗的总产量在 2021 年达到 1583.89 万吨，占全国甘蔗总产量的 14.85%，相比上年增加了 0.08 个百分点，22 年间增加 163.6 万吨，年均增长 0.52%；蔬菜的总产量在 2021 年达到 2748.86 万吨，占全国蔬菜总产量的 3.54%，相比上年增加了 0.2 个百分点，22 年间增加 2169.44 万吨，年均增长 7.7%；水果的总产量在 2021 年达到 1142.6 万吨，占全国水果总产量的 3.81%，相比上年增加了 0.46 个百分点，22 年间增加 1065.65 万吨，年均增长 13.71%；茶叶的总产量在

2021年达到50.21万吨,占全国茶叶总产量的15.87%,相比上年增加了0.07个百分点,22年间增加42.27万吨,年均增长9.18%。在养殖业方面,猪牛羊肉的总产量在2021年达到423.53万吨,占全国猪牛羊肉总产量的6.51%,相比上年减少了0.19个百分点,22年间增加232.02万吨,年均增长3.85%;禽蛋的总产量在2021年达到41.72万吨,占全国禽蛋总产量的1.22%,相比上年增加了0.02个百分点,22年间增加31.09万吨,年均增长6.73%;水产品的总产量在2021年达到65.77万吨,占全国水产品总产量的1.99%,与上年相比无变化,22年间增加31.09万吨,年均增长6.77%(见图5-4)。总体来看,云南经济作物中烤烟、甘蔗和茶叶对全国的贡献较大。从增长特征来看,云南经济作物整体呈现稳定增长态势。

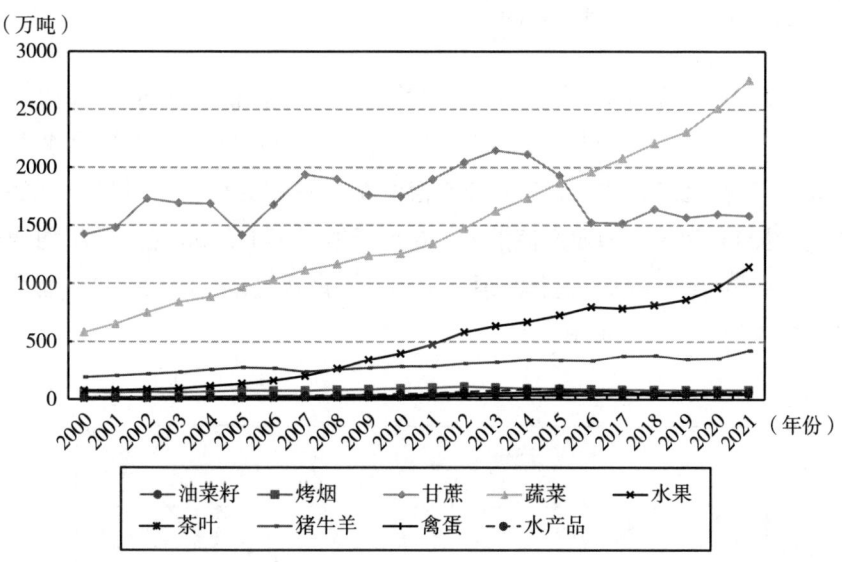

图5-4 2000~2021年云南主要农产品产量

资料来源:相关年份《云南统计年鉴》。

(三)农业产值

2000~2021年,云南农林牧渔业总产值稳步增长,由680.86亿元增长至651.82亿元,年均增长11.22%。其中,全国农林牧渔业总产值年均增长率约为8.59%,云南农林牧渔业总产值年均增长率是全国水平的1.31倍,且云南农林牧渔业总产值在全国所占的比重呈上升态势(见图5-5)。

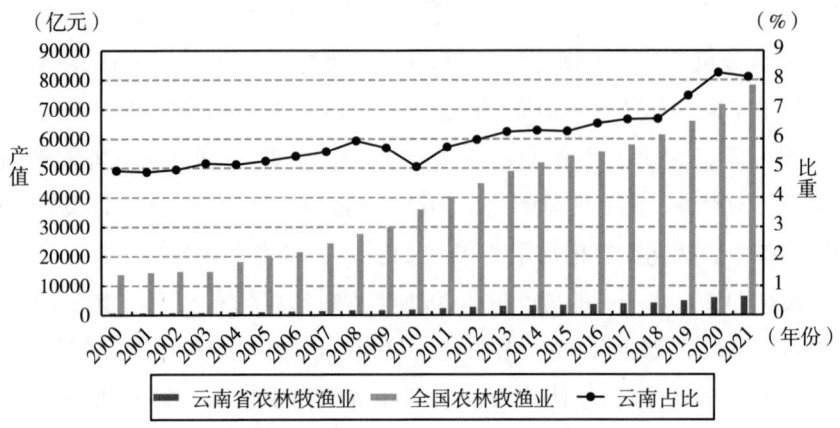

图 5-5　2000~2021 年云南与全国第一产业产值及占比
资料来源：相关年份《中国统计年鉴》。

从云南农林牧渔业各细分产值来看，农业产值由 416.36 亿元增长至 3441.47 亿元，年均增长 10.58%；林业产值由 49.75 亿元增长至 497.33 亿元，年均增长 11.59%；畜牧业产值由 201.49 亿元增长至 2113.31 亿元，年均增长 11.84%；渔业产值由 13.26 亿元增长至 112.38 亿元，年均增长 10.71%（见图 5-6）。总体来看，云南第一产业呈稳步增长态势，而林业和畜牧业的增长较为明显。

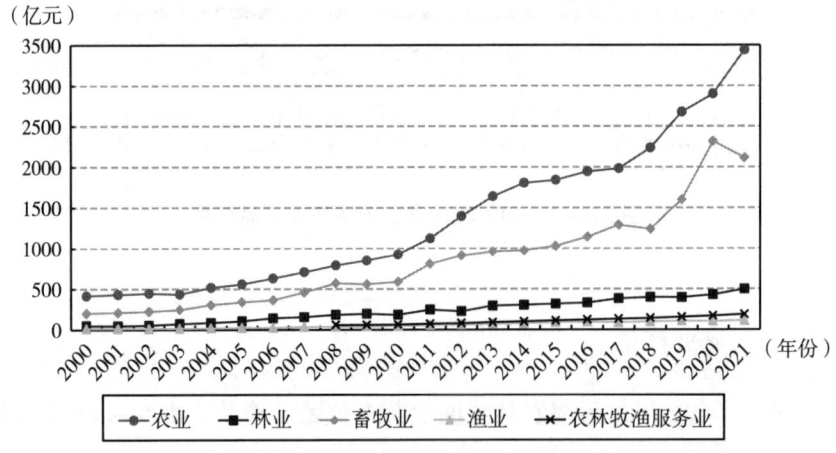

图 5-6　2000~2021 年云南农、林、牧、渔及其服务业产值
资料来源：相关年份《云南统计年鉴》。

二、云南第二产业基本情况

2000~2021年,云南第二产业增加值年均增速达12.3%,比全国平均水平高0.8个百分点,是拉动经济增长的主要动力。22年间,通过重点发展新型工业产业,工业内部结构不断优化,2021年全省规模以上采矿业增加值占工业增加值的比重为8.6%,同比上升了10.7个百分点;以绿色能源为主的电力、燃气及水的生产和供应业增加值占工业增加值比重为19.5%,同比上升了11.1个百分点;规模以上制造业占工业增加值的比重为71.9%,同比上升了8.2个百分点。新动能支撑作用强劲,2021年,装备制造业增势良好,增加值同比增长32.7%,高于同期规模以上工业增速23.9个百分点,通用设备制造业、铁路、船舶、航空航天和其他运输设备制造业、计算机、通信和其他电子设备制造业快速增长,增速分别为54.3%、51.2%、45.3%(见图5-7)。

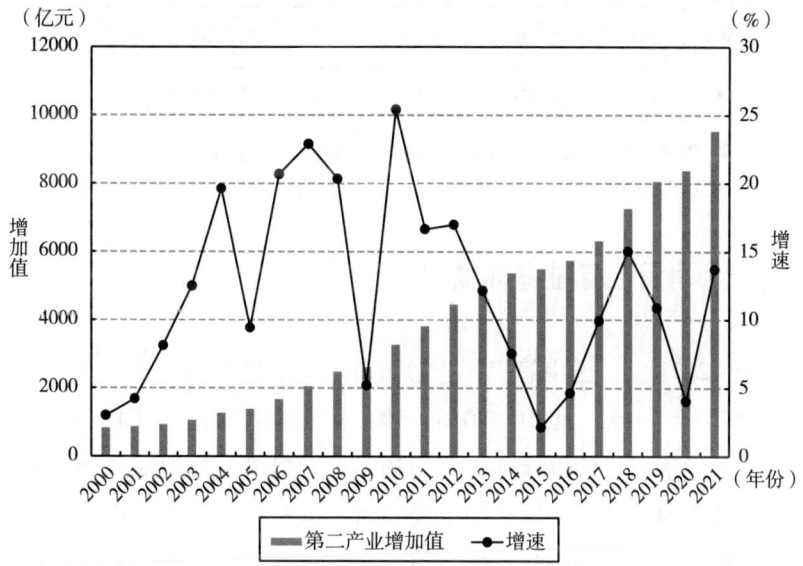

图5-7 2000~2021年云南第二产业增加值及增速

资料来源:国家统计局。

农业机械化程度在一定程度上能反映出云南农村农产品加工程度。2000~2021年,云南农村农业机械化总动力由1301.34万千瓦增加至

2838.89万千瓦,年均增长率达3.78%,其中全国农业机械总动力年均增长率约为3.48%,云南农业机械总动力年均增长率比全国高出0.31个百分点;云南农业机械总动力在全国所占比重呈波动上升态势,并于2017年达到峰值3.58%(见图5-8)。

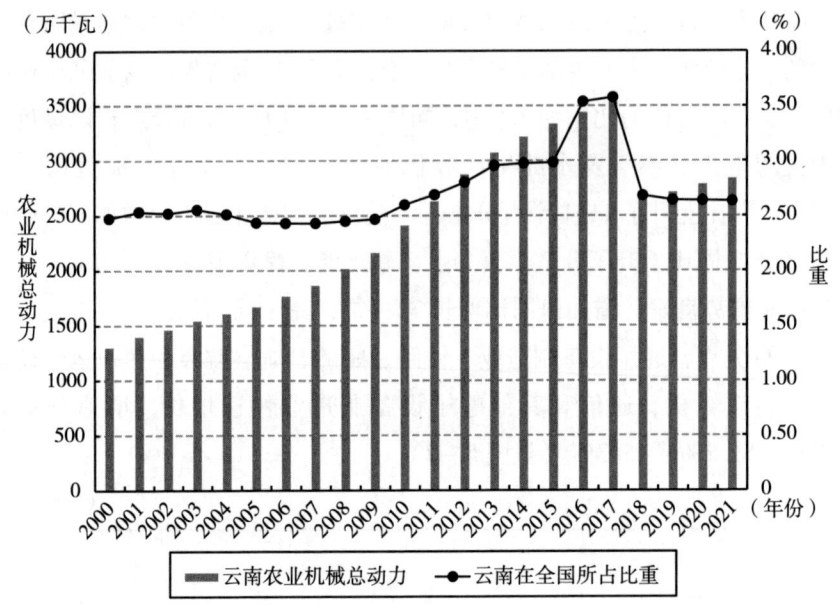

图5-8 2000~2021年云南农业机械总动力及其全国占比
资料来源:相关年份《中国统计年鉴》。

三、云南第三产业基本情况

2000~2021年,云南第三产业增加值年均增速为14.9%,高于全国平均水平1个百分点。其中,2016年第三产业增加值占GDP的比重达51.3%,对经济增长的贡献率达53.1%,远超过第二产业对经济增长的贡献率,成为支撑全省经济增长的主要动力。第三产业内部结构不断调整优化,新兴服务行业得到长足发展,2021年,信息传输、软件和信息技术服务业增加值增长20%,多式联运和运输代理业增加值增长29.7%,水利、环境和公共设施管理业增加值增长10.4%(见图5-9)。

农林牧渔服务业增加值是衡量云南农村第三产业发展的核心指标。2008~2020年,云南农林牧渔服务业增加值由22.37亿元增至62.78亿元，年均增长率为8.98%，其中全国农林牧渔服务业增加值的年均增长率为11.26%，云南农林牧渔服务业增加值年均增长率不到全国的4/5；云南农林牧渔服务业增加值在全国所占比重呈下降态势，从2008年的2.39%下降至2020年的1.87%，减少0.53个百分点（见图5-10）。

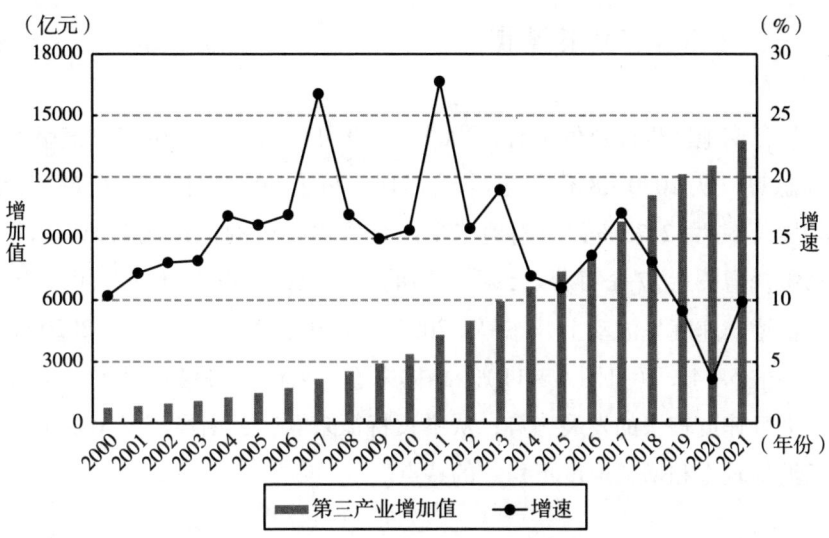

图5-9　2000~2021年云南第三产业增加值及增速

资料来源：国家统计局。

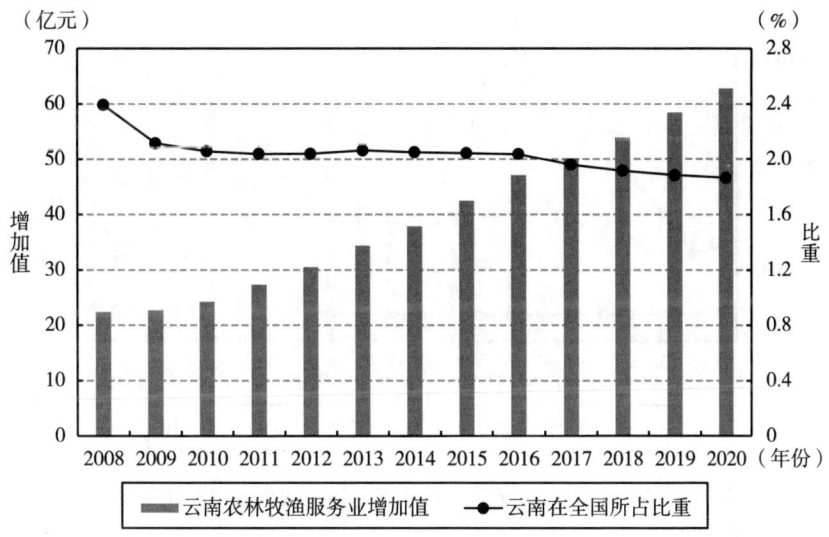

图5-10　2008~2020年云南农林牧渔服务业增加值及其全国占比

资料来源：相关年份《中国农村统计年鉴》。

第二节 云南经济发展现状

一、云南经济增长现状

从云南地区生产总值来看，2000~2021年，云南地区生产总值呈稳步上升态势，从2030.08亿元上升至27146.76亿元，增长25116.68亿元，年均增长率达12.73%；云南地区生产总值占全国的比重从2.1%上升至2.36%，增长0.27个百分点，在全国的排名保持在第18位；云南地区生产总值增长速度呈波动上升态势，2007年上升至峰值24.12%，2020年下降至谷值5.74%（见图5-11）。总体来看，云南经济增长呈现出增长幅度较大且速度较快的发展态势；从增长特征来看，云南经济又呈现出经济增长波动较大和增长速度不稳定的特点。

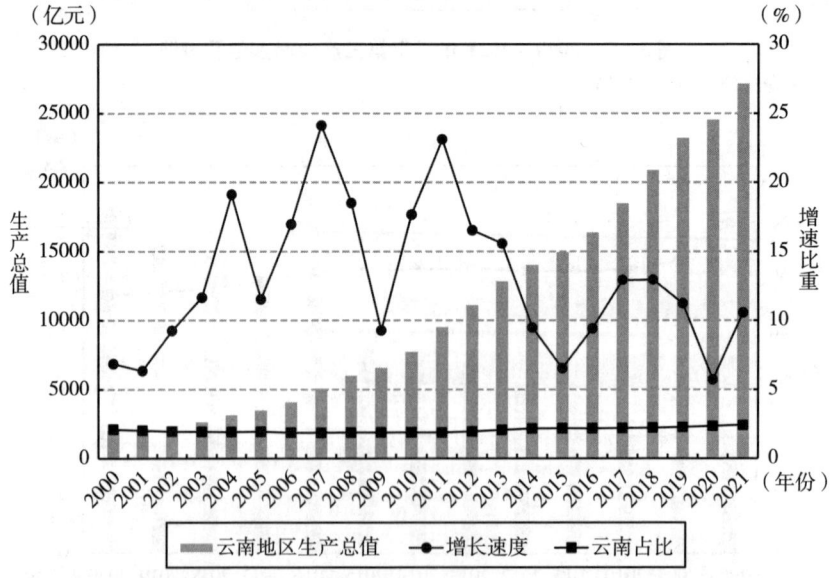

图5-11 2000~2021年云南地区生产总值、增长速度及其全国占比
资料来源：国家统计局。

从云南人均地区生产总值来看，2000~2021年，云南人均地区生产总

值呈平稳上升态势，从4814元/人增长到57717元/人，增长了10.99倍；云南2000年的人均地区生产总值仅为人均国内生产总值的60.61%，2021年该比值已达70.93%，增长10.32个百分点；云南人均地区生产总值增长速度呈波动上升态势，2001年到达谷值5.17%，2007年上升至峰值23.25%（见图5-12）。综合来看，云南人均地区生产总值的增长较快并且增长幅度较大，可以看出云南经济呈现持续上升趋势。

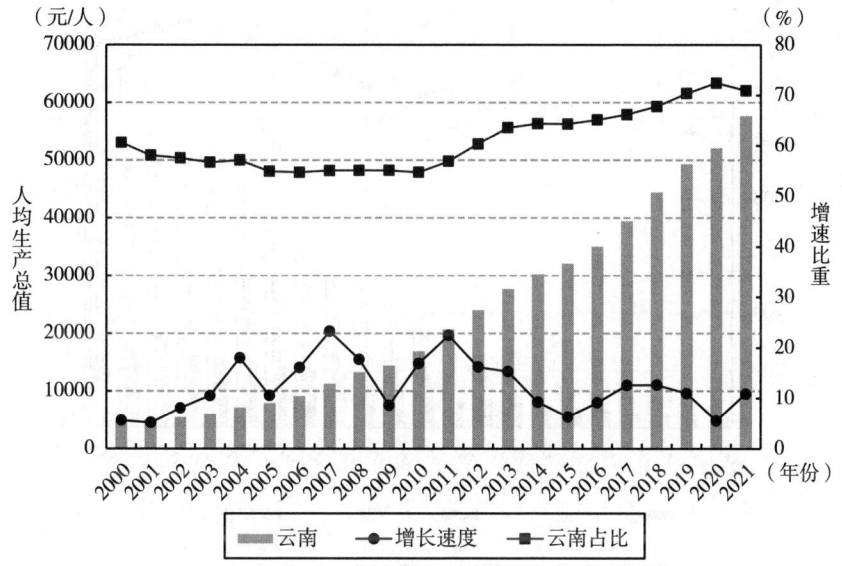

图5-12　2000~2021年云南人均地区生产总值、增长速度及其全国占比
资料来源：国家统计局。

二、云南产业结构现状

2000~2021年，第一产业产值从442.29亿元增长至3870.17亿元，增长3427.88亿元，年均增长率达10.24%；第二产业产值从836.2亿元增长至9537.2亿元，增长8701亿元，年均增长率达12.29%；第三产业产值从751.6亿元增长至13793.1亿元，增长13041.5亿元，年均增长率达14.86%。从产业结构变化的角度来看，2000~2021年，云南一、二产业产值在全省生产总值的占比均呈下降趋势，分别从21.79%和41.19%下降至14.26%和35.32%，年均下降率达2%、0.73%；云

南第三产业产值在全省生产总值的占比呈稳步上升趋势，从37.03%增长至50.42%；云南一、二、三产业的结构比率从2000年的21.79∶41.19∶37.03调整为2021年的14.26∶35.32∶50.42，呈现出"三二一"的结构布局（见图5-13）。

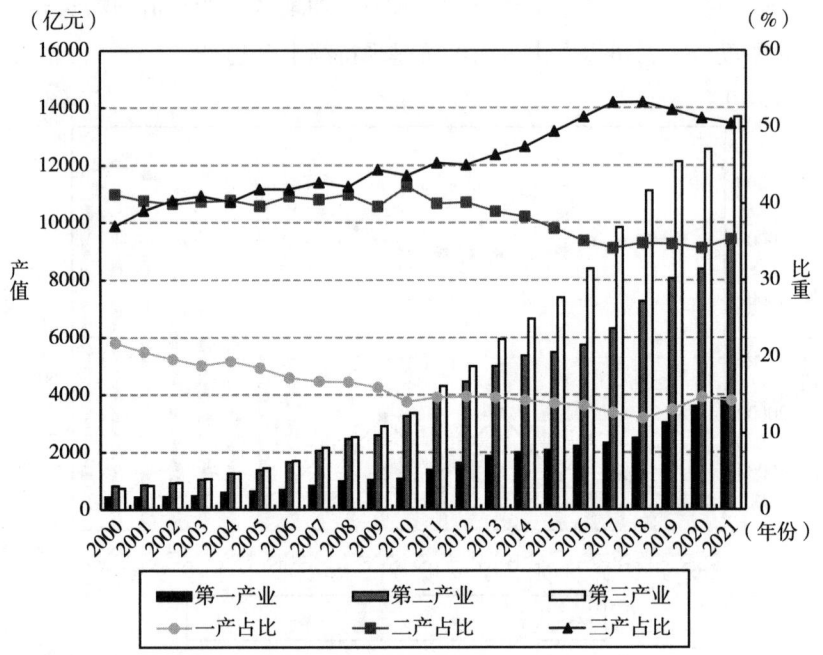

图5-13　2000~2021年云南一、二、三产业产值及其全省占比
资料来源：《云南统计年鉴》。

2000~2021年，第一产业产值增加值从442.3亿元增长至3831.3亿元，增长3389亿元，年均增长率达10.83%；第二产业产值增加值从836.20亿元增长至9537.20亿元，增长8701亿元，年均增长率达12.29%；第三产业产值增加值从751.64亿元增长至13793.10亿元，增长13041.50亿元，年均增长率达14.86%。云南一、二、三产业对经济增长的贡献率分别从2000年的27.19%、18.62%、54.19%调整为2021年的9.97%、46.39%、43.64%，第一产业与第三产业对经济增长的贡献率都有一定幅度的下降，说明云南农村一二三产业融合基础较差（见图5-14）。

第五章 云南产业融合与经济发展现状

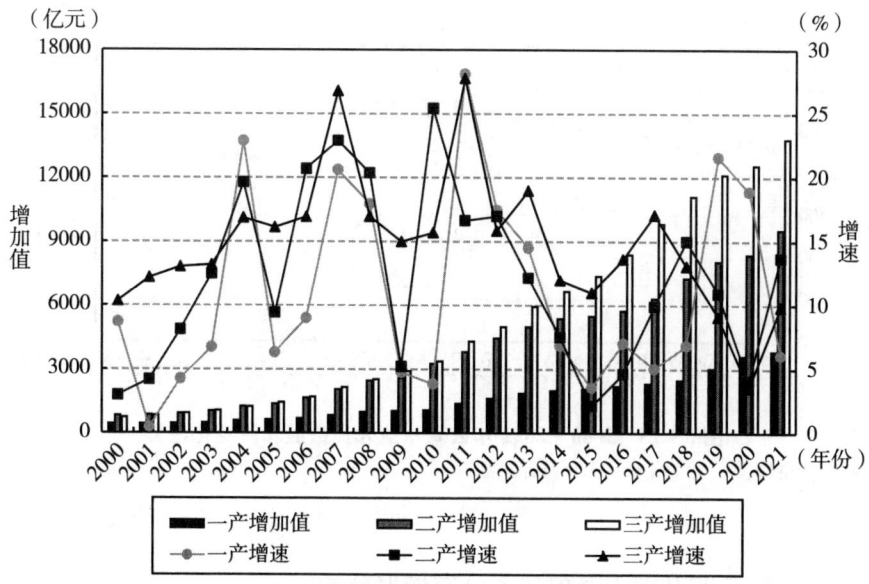

图 5-14　2000~2021 年云南一、二、三产业产值增加值及其增速
资料来源：相关年份《云南统计年鉴》。

三、云南就业结构变化分析

（一）云南从业人员的总体变动趋势

根据 2000~2021 年云南从业人员的统计数据，绘制反映其总体变化趋势的散点图（见图 5-15）。可以直观看出，2000 年以来云南的从业人数始终保持稳步递增的趋势，自 2015 年开始呈现小幅下降趋势，数据点基本上分布在一条直线附近。具体来看，云南从业人员从 2000 年的 2295.5 万人增长至 2021 年的 2774 万人，增幅达 20.85%，年均增长率为 0.91%。对从业人数的时间序列数据进行回归分析，得到模型如下：从业人员总数 = 2330.8 + 28.465 × 年份，模型的决定系数 $R^2 = 0.7905$。由模型可知，一方面，云南就业的总体形势较好；另一方面，云南经济稳定运行。

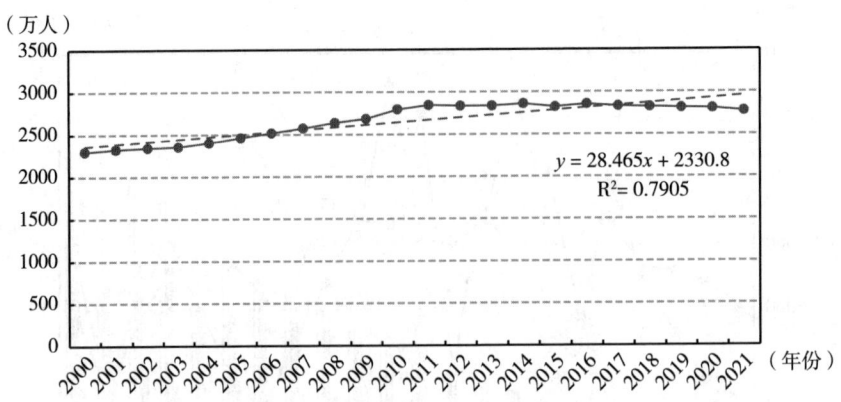

图 5-15 2000~2021 年云南从业人员数量总体变化趋势

资料来源：相关年份《云南统计年鉴》。

（二）云南从业人员的产业分布情况分析

通过分析 2000~2021 年云南从业人员按产业分布的数据（见图 5-16），可以发现，2000 年以来云南第一产业的从业人员在逐渐减少，相比之下第二产业和第三产业的从业人员在逐渐增多，并且第三产业的从业人员的增速快于第二产业。具体来看，2000~2021 年，云南第一产业从业人员从 1695.9 万人增长至 1187 万人，其占比从 73.88% 下降至 42.79%；第二产业从业人员从 210.4 万人增长至 499 万人，其占比从 9.17% 上升至 17.99%；第三产业从业人员从 389.2 万人增长至 1088 万人，其占比从 16.95% 上升至 39.22%。由此可知，从绝对数来看，一、三产业从业人员占比较大，22 年间云南劳动力资源主要分布在一、三产业；从相对数来看，第一产业从业人员占比减少，主要转移至第三产业，第二产业有少量转移。这在一定程度上也反映出第三产业发展比较迅速，并充分显示出吸纳就业人员、解决全省就业问题方面具备的能力和优势。另外，也能清楚看出全省产业结构在不断调整和升级，由原来的以第一产业为主，逐渐向二、三产业转移[①]。

---

① 杨淑艳. 中国从业人员总体分布情况分析 [J]. 价值工程, 2010, 29 (20): 130-132.

第五章　云南产业融合与经济发展现状

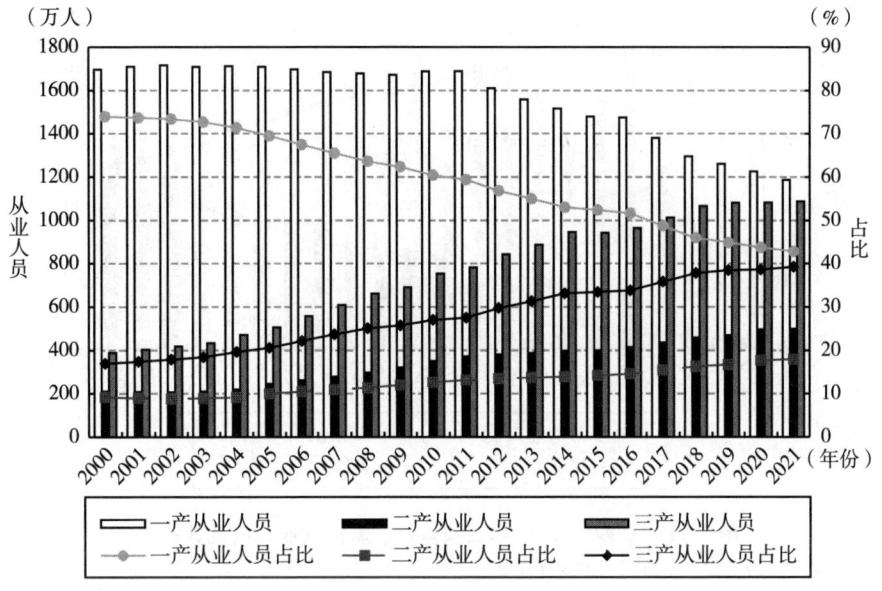

图 5-16　2000~2021 年云南一、二、三产业从业人员及其占比
资料来源：《云南统计年鉴》。

（三）云南从业人员的城乡分布情况分析

从 2000~2021 年云南从业人员按城乡分布的数据分析中（见图 5-17），可以清楚地看到，乡村从业人员要明显多于城镇从业人员，表明农村人口依然在全省占有很大的比重。具体来看，2000~2021 年，云南乡村从业人员从 1948.8 万人下降至 1465 万人，其占比从 84.9% 下降至 52.81%；城镇从业人员从 66.4 万人增长至 1309 万人，其占比从 3.11% 上升至 47.19%。由此可知，2000 年以来全省从业人员总数的逐年递增，主要是由城镇从业人员的增加所引起。究其原因，城镇化进程不断加速、农村机械化程度不断提高，促使了农村剩余劳动力不断涌向城镇。

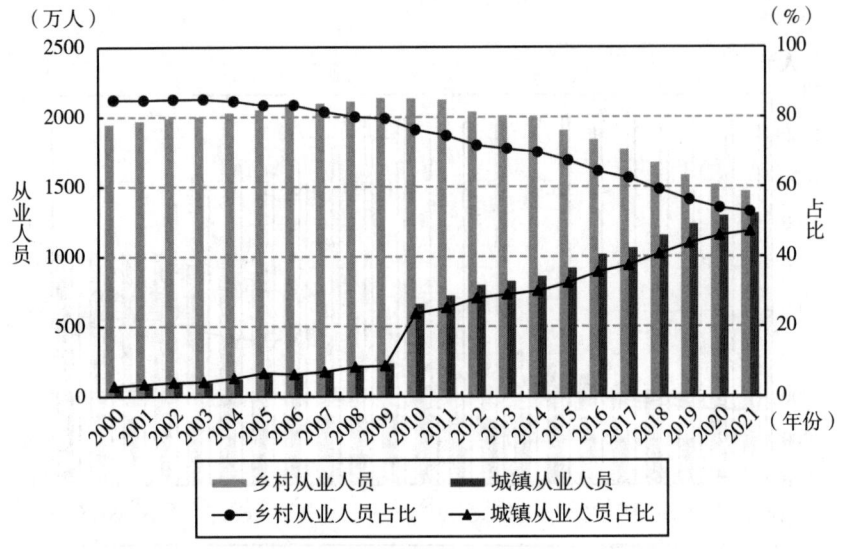

图 5-17 2000~2021 年云南乡村、城镇从业人员及其占比
资料来源:相关年份《云南统计年鉴》。

四、云南收入结构变化分析

(一)收入结构变化

2000~2021 年,云南城镇居民人均可支配收入呈稳步上升态势,从 6324.6 元增长至 40904.9 元,增长 5.5 倍,年均增长率达 9.3%。从城镇居民人均收入结构来看,2000~2021 年,工资性收入虽然从 5114.9 元增长至 24187.2 元,但在城镇居民人均可支配收入中的比重却又从 82.31% 下降至 59.13%;尽管如此,工资性收入依旧是城镇居民人均可支配收入的主要来源。经营净收入、财产净收入、转移净收入所占比重均呈现上升态势,其中财产净收入不仅在绝对量上从 178.5 元增长至 5130.8 元,在城镇居民人均可支配收入中的比重更是由 2.82% 上升至 12.54%;经营净收入在绝对量上从 63.7 元增长至 4408.2 元,在城镇居民人均可支配收入中的比重由 1.01% 上升至 10.78%,占比增长幅度最大,达 11.95%;转移净收入在绝对量上从 1012.5 元增长至 7178.6 元,在城镇居民人均可支配收入中的比重由 16.01% 上升至 17.55%。总体来看,随着城镇化进程的不断

推进，城镇居民工资性收入占比不断下降，经营净收入占比不断上升。随着经济结构的调整，财产净收入与转移净收入的总量与占比都在不断增加，且占比不小，可以成为带动城镇居民增收的新增长点（见图5-18）。

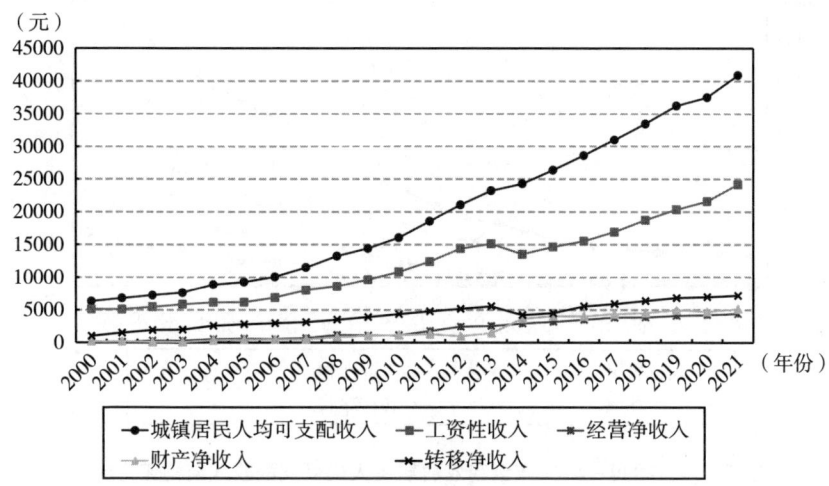

图5-18　2000~2021年云南城镇居民人均可支配收入结构变化情况
资料来源：相关年份《中国统计年鉴》。

2000~2021年，云南农村居民人均可支配收入同样呈稳步上升态势，从1478.6元增长至14197.3元，增长8.6倍，年均增长率达11.37%。从农村居民人均收入结构来看，2000~2021年，工资性收入从263.6元增长至4697.3元，在农村居民人均可支配收入中的比重也从17.83%上升至33.09%；转移净收入在绝对量上从51.4元增长至2413.1元，在农村居民人均可支配收入中的比重由3.48%上升至17.00%。经营净收入和财产净收入所占比重均呈现下降态势，其中经营净收入在绝对量上从1115.7元增长至6875.6元，但在农村居民人均可支配收入中的比重由75.46%下降至48.43%，尽管如此，经营净收入依旧是农村居民人均可支配收入的主要来源；财产净收入虽然在绝对量上从47.9元增长至211.2元，在农村居民人均可支配收入中的比重却从3.24%下降至1.49%，占比下降幅度最大，达3.64%。总体来看，随着城镇化进程的不断推进，农村居民工资性收入占比不断上升，经营净收入占比不断下降。随着经济结构的调整，财产净收入与转移净收入的总量与占比都在不断增加，但占比较小，有可能成为带动农村居民增收的新增长点（见图5-19）。

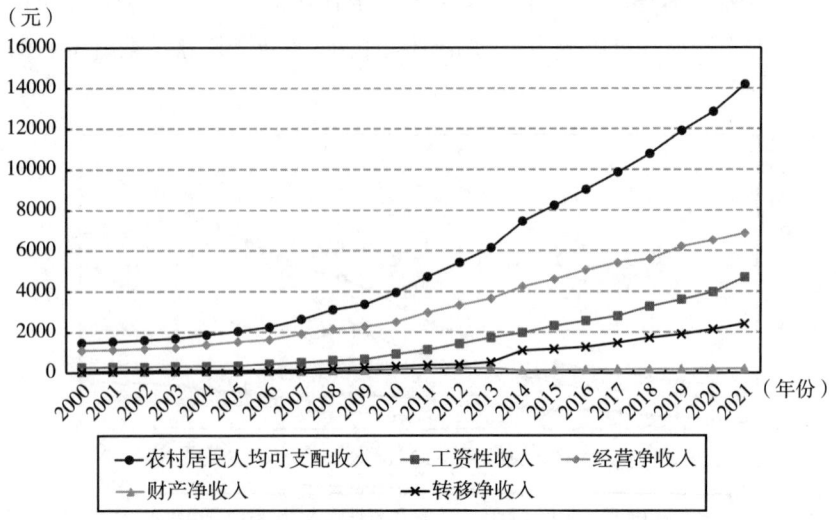

图5-19　2000~2021年云南农村居民人均可支配收入结构变化情况
资料来源：相关年份《中国统计年鉴》。

（二）收入差异变化

由表5-1可知，与全国相比，2000~2021年，云南城镇居民人均可支配收入年均增长率低于全国水平，且云南城镇居民人均可支配收入与全国的比重呈逐年下降趋势，从105.55%减少至86.28%；云南农村居民人均可支配收入年均增长率高于全国水平，而云南农村居民人均可支配收入与全国的比重呈逐年上升趋势，从65.04%增加至75.00%；云南城乡收入绝对差距逐年加大，从4741.05元增长至26707.60元，但与全国城乡绝对差距的距离逐年缩小；云南城乡收入比逐年减少，从4.30∶1减少至2.88∶1，但一直高于全国城乡收入比。总体来看，尽管云南近年来居民人均收入均在不断增加，但城乡之间的差异依旧存在。在大力推动乡村振兴和加快推进农业农村现代化的大背景下，为了实现共同富裕，通过不断促进云南农村一二三产业之间的相互深度融合，促进农民增收显得尤为必要①。

---

① 李凤. 云南省农村三产融合对农民增收的影响研究［D］. 昆明：云南农业大学，2022.

第五章 云南产业融合与经济发展现状

表5-1　2000~2021年中国和云南城乡居民人均可支配收入变化情况

年份	全国				云南			
	城镇居民人均可支配收入（元）	农村居民人均可支配收入（元）	城乡绝对差距（元）	城乡收入比	城镇居民人均可支配收入（元）	农村居民人均可支配收入（元）	城乡绝对差距（元）	城乡收入比
1999	5854	2210	3644	2.65:1	6179	1438	4741	4.30:1
2000	6280	2253	4027	2.79:1	6325	1479	4846	4.28:1
2001	6860	2366	4493	2.90:1	6798	1534	5264	4.43:1
2002	7703	2476	5227	3.11:1	7241	1609	5632	4.50:1
2003	8472	2622	5850	3.23:1	7644	1697	5946	4.50:1
2004	9422	2936	6485	3.21:1	8871	1864	7007	4.76:1
2005	10493	3255	7238	3.22:1	9266	2042	7224	4.54:1
2006	11759	3587	8172	3.28:1	10070	2250	7819	4.47:1
2007	13786	4140	9645	3.33:1	11496	2634	8862	4.36:1
2008	15781	4761	11020	3.31:1	13250	3103	10148	4.27:1
2009	17175	5153	12021	3.33:1	14424	3369	11055	4.28:1
2010	19109	5919	13190	3.23:1	16065	3952	12113	4.06:1
2011	21810	6977	14832	3.13:1	18576	4722	13854	3.93:1
2012	24565	7917	16648	3.10:1	21075	5417	15658	3.89:1
2013	26467	9430	17037	2.81:1	23236	6141	17094	3.78:1
2014	28844	10489	18355	2.75:1	24299	7456	16843	3.26:1
2015	31195	11422	19773	2.73:1	26373	8242	18131	3.20:1
2016	33616	12363	21253	2.72:1	28611	9020	19591	3.17:1
2017	36396	13432	22964	2.71:1	30996	9862	21134	3.14:1
2018	39251	14617	24634	2.69:1	33488	10768	22720	3.11:1
2019	42359	16021	26338	2.64:1	36238	11902	24335	3.04:1
2020	43834	17132	26702	2.56:1	37500	12842	24658	2.92:1
2021	47412	18931	28481	2.50:1	40905	14197	26708	2.88:1

资料来源：相关年份《中国统计年鉴》。

第三节 云南产业结构与经济增长的关系

一、云南产业结构对经济增长的贡献

(一) 贡献度模型

按经济系统的实际情况,将经济大系统分解为多个子系统,总体经济是各个子系统的和,从而构造出经济结构变化对经济增长贡献的模型。[①] y 表示总量 GDP,i 表示各子系统,t 表示时间,则有

$$y_t = \sum_{i=1}^{n} y_i \tag{5.1}$$

将第 i 子系统在总量 GDP 中所占的比例用表示 a_i,则有

$$a_i^t = \frac{y_i^t}{y^t} \tag{5.2}$$

其中,$a^t = \{a_i^t\}(i=1,2,\cdots,n)$,表示产业结构的行向量。总体经济增长率用 G 表示,则有

$$G^t = \frac{\Delta y^t}{y^t} = \frac{1}{y^t}\sum_{i=1}^{n}\Delta y_i^t = \sum_{i=1}^{n}a_i^t \frac{\Delta y_i^t}{y_i^t} = \sum_{i=1}^{n}a_i^t \times g_i^t = a^i \times g^t \tag{5.3}$$

其中,$g^t = \{g_i^t\}$ 表示各子系统经济增长率的列向量。将产业结构的变化定义为

$$G^t = a^t \times g^t = \Delta a^t \times g^t + a^{t-1} \times g^t \tag{5.4}$$

令 $Z^t = \Delta a^t \times g^t$,则 Z^t 为产业结构变动对农业经济增长的贡献。同时 Z^t 占当年 GDP 增长率的百分比 P^t 为

$$P^t = \frac{Z^t}{R^t} \times 100\% \tag{5.5}$$

其中,R^t 为 t 年的 GDP 增长率。

---

① 李生梅,陈宗颜. 青海省农业产业结构调整与农业经济增长关系的实证分析 [J]. 青海农林科技,2010 (3):43 – 45 + 70.

（二）计算结果

2000~2021年，云南产业结构变动对经济增长的贡献（z值）平均值为0.45%；相应地，其占当年全省生产总值增长率的比重（p值）平均值为4.43%，表明22年间云南地区生产总值增长的4.43%是由产业结构变动引起的。z值最大为1.59%（2010年），最小为0.01%（2012年）。p值最大处出现在2001年（12.24%），最小处出现在2012年（0.07%）。p值在2000~2021年总体呈波动下降趋势，5次峰值分别出现在2001年（12.24%）、2005年（4.35%）、2010年（10.57%）、2015年（10.12%）、2020年（9.32%）；4次谷值分别出现在2004年、2008年、2012年和2018年，分别是0.69%、0.37%、0.07%和1.57%；波动非常明显，说明22年间云南经济增长的不稳定性。2012年以后，z值走势相对平稳，说明云南产业结构对经济增长发挥着正向作用，且效果经过几年的调整趋于稳定，说明云南产业结构逐步向合理化演进（见图5-20）。

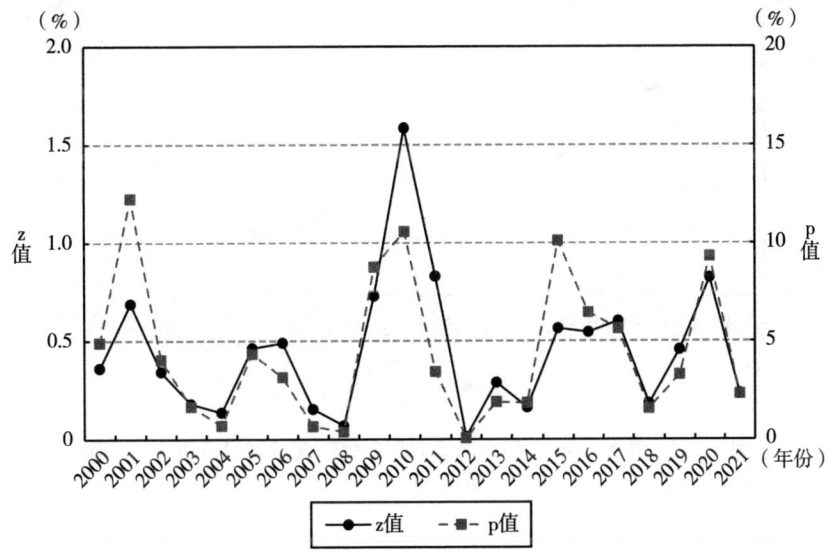

图5-20 2000~2021年云南产业结构变动对经济增长的贡献
资料来源：根据《云南统计年鉴》数据计算。

2000~2021年，云南农业产业结构变动对农业经济增长的贡献（z值）平均值为0.99%；相应地，其占当年全省生产总值增长率的比重（p值）

平均值为9.24%，表明22年间云南农业生产总值增长的9.24%是由农业产业结构变动引起的。z值最大为4.91%（2020年），最小为-0.79%（2008年）。p值最大处出现在2021年（35.42%），最小处出现在2008年（-5.28%）。p值在2000~2021年总体呈波动上升趋势，6次峰值分别出现在2001年（5.19%）、2003年（20.55%）、2006年（8.05%）、2009年（10.83%）、2012年（16.06%）、2018年（16.89%）；6次谷值分别出现在2002年、2004年、2008年、2011年、2016年和2019年，分别是2.33%、1.16%、-5.28%、4.13%、1.92%和9.64%；波动非常明显，说明22年间云南农业经济增长的不稳定性。2008年以后，z值走势相对平稳，说明云南农业产业结构对农业经济增长发挥着正向作用，且效果经过几年的调整，趋于稳定，说明云南农业产业结构逐步向合理化演进（见图5-21）。

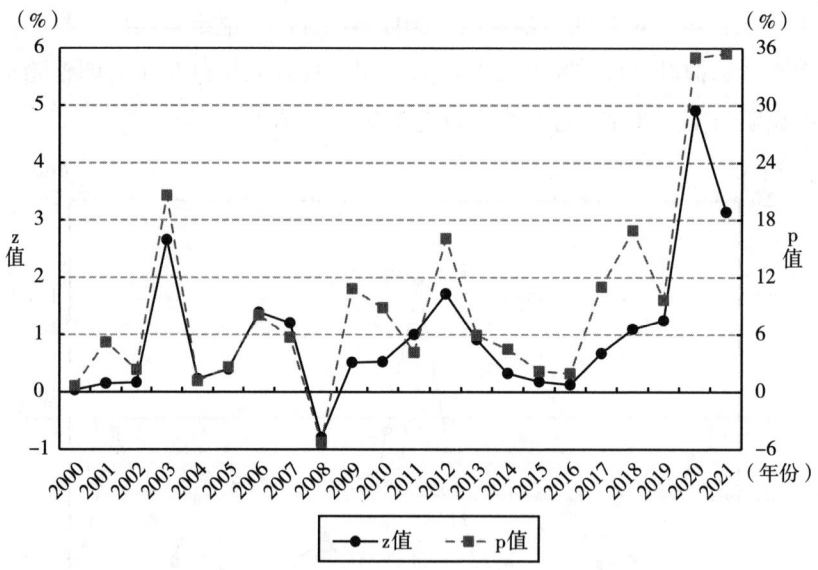

图5-21　2000~2021年云南农业产业结构变动对经济增长的贡献
资料来源：根据《云南统计年鉴》数据计算。

二、云南产业结构与经济增长的关系

（一）灰色关联度模型

灰色关联度是灰色系统分析方法的一种，能够衡量因素之间的关联程度。本书采用灰色系统分析法计算影响中国茶叶种植的各驱动因素的灰色综合评判值 G_k，并根据 G_k 值对驱动因素进行排名。计算步骤如下。

1. 无量纲化处理

设参考系列为 $x_0(t)$，比较序列为 $x_i(t)$，分别对原始数据进行无量纲化处理，使其参考值处于 0 和 1 之间，以保障不同指标数据之间的等效性和有序性。

$$x_i(t)' = \frac{x_i(t)}{x_0(t)} \tag{5.6}$$

其中，$x_i(t)'$ 为无量纲化后的值；$x_0(t)$ 为无量纲化前的值；t 为驱动因素个数，$t = 1, 2, \cdots, n$。

2. 计算无量纲化后的参数与参考数列差数的绝对值

对 t 时刻的 $x_0(t)'$ 和 $x_i(t)'$ 绝对值进行处理：

$$\Delta_k(t) = |x_0(t)' - x_i(t)'| \tag{5.7}$$

3. 计算关联系数

计算第 i 个比较数列 $x_i(t)$ 与参考数列 $x_0(t)$ 在第 t 期的关联程度：

$$\zeta_k(t) = \frac{\min\Delta_k(t) + \rho\max\Delta_k(t)}{\Delta_k(t) + \rho\max\Delta_k(t)} \tag{5.8}$$

其中，ρ 为分辨系数，$0 < \rho < 1$，通常取 0.5。

4. 计算关联度和权重

关联度是各参考数列与各比较数列各个时刻的关联系数的平均值，权重是各关联度在所有关联度中的比重，计算公式为

$$\gamma_k = \frac{1}{n} \sum_{t=1}^{n} \zeta_k(t) \tag{5.9}$$

$$W_k = \frac{\gamma_k(t)}{\sum_{t=1}^{n} \gamma_k(t)} \tag{5.10}$$

5. 计算灰色评判值

灰色评判值用于确定各驱动因素的优劣顺序，计算公式为

$$G_k = \sum_{k=1}^{n} [\zeta_k(t) \times W_k] \tag{5.11}$$

(二) 计算结果

1. 云南一、二、三产业产值与生产总值的综合关联度分析

由表 5-2 可知，2000~2021 年，$\zeta_{03} > \zeta_{02} > \zeta_{01}$，即第三产业绝对关联度最高，也就是第三产业的折线图形状相似度最大，第二产业次之，第一产业最低。但灰色绝对关联度并不满足灰色关联公理中整体性的要求，只反映了相关折线从形状方面的相似性，$\gamma_{02} > \gamma_{03} > \gamma_{01}$，即第二产业相对关联度最高，第三产业次之，第一产业最低。从计算结果可知，$\rho_{03} > \rho_{02} > \rho_{01}$，且综合关联度都大于 0.5，即他们具有较密切的关系，其中第三产业综合关联度最高，第二产业次之，第一产业最低。综合来看，第三产业和第一产业对云南经济增长的影响较大，第一产业对全省经济增长的作用还有待开发。

表 5-2　2000~2021 年云南一二三产业各灰色关联度计算结果及其排序

产业	绝对关联度	相对关联度	综合关联度	权重	排序
第一产业	0.564	0.803	0.683	0.296	3
第二产业	0.679	0.940	0.810	0.351	2
第三产业	0.757	0.868	0.813	0.352	1

资料来源：根据《云南统计年鉴》数据计算。

2. 云南农业产业产值与生产总值的综合关联度分析

云南一、二、三产业产值与生产总值的综合关联度排序为：$\gamma_{03} > \gamma_{02} > \gamma_{01}$，首先是第三产业，其次是第二产业，最后是第一产业。结合表 5-3 分析，绝对关联度与综合关联度的排序一样。从相对关联度来看，第二产业对经济增长的影响最大，其次是第三产业，最后是第一产业。这说明在 2000 年以前种植业、畜牧业对农业部门的影响力都非常显著，但前者要大于后者；2000 年以后，种植业对农业部门的影响力大幅下降，使畜牧业在农业部门中的作用凸显出来。林业、渔业与农业总产值的关联度最低，说明其对云南农业经济增长的促进作用不显著。

表 5-3　　2000~2021 年云南农业各产业各灰色关联度计算结果及其排序

产业	绝对关联度	相对关联度	综合关联度	权重	排序
农业	0.750	0.915	0.833	0.3540	1
林业	0.549	0.882	0.715	0.3041	4
牧业	0.671	0.938	0.804	0.3419	2
渔业	0.512	0.921	0.716	0.3045	3
农林牧渔服务业	0.519	0.621	0.570	0.2423	5

资料来源：根据《云南统计年鉴》数据计算。

第四节　云南农村一二三产业融合现状

一、云南农业产业生产集聚

1. 空间基尼系数

空间基尼系数（Spatial Gini Coefficient）用来反映某地区某产业的空间集聚程度。[①] 计算公式为

$$G = \frac{1}{2n^2 u} \sum_{i=1}^{n} \sum_{k=1}^{n} |Y_i - Y_k| \tag{5.12}$$

其中，G 表示空间基尼系数，n 表示州（市）数量，u 表示各州（市）农林牧渔总产值占云南农林牧渔总产值比重的均值，Y_i、Y_k 分别表示 i 州（市）、k 州（市）农林牧渔总产值占云南农林牧渔总产值的比重。G 的值在 0 和 1 之间，若 G 的值越接近 0，表示该地区的农业产业分布越均衡；若 G 的值越接近 1，表示该地区的农业产业集聚程度越强。

通过测算云南农业生产空间基尼系数（见图 5-22），了解到 2000~2021 年云南农业生产空间基尼系数介于 0.3048~0.3447，且 22 年间的集聚程度总体呈现稳步下降趋势，说明云南农业生产类型多样，但集聚程度属于低水平。从发展趋势来看，22 年间云南农业生产空间基尼系数从 2000

[①] 傅玮韡，王自立，路春燕，等. 中国种植业生产集聚的时空演变特征 [J]. 北方园艺，2022（1）：143-150.

年的0.3400短暂上升至最高点2002年的0.3447,之后持续下降至最低点2018年的0.3048,再小幅上升至2021年的0.3079,这说明云南农业生产分布不平衡程度在2018年最高、2002年最低,即2002年的农业生产集聚水平最低、2018年的农业生产集聚水平最高。

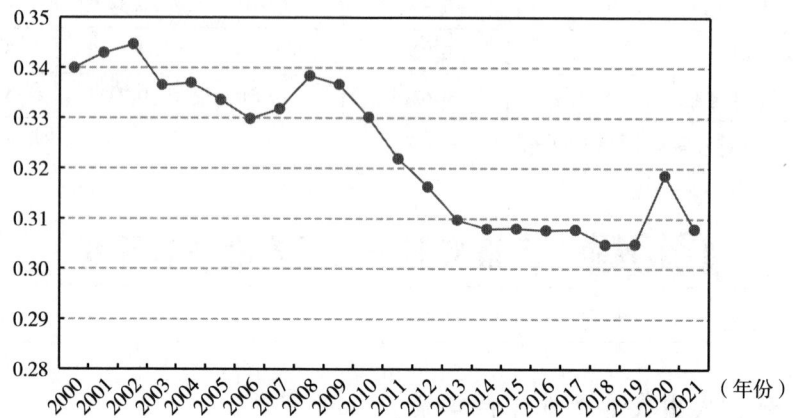

图5-22 2000~2021年云南农业生产空间基尼系数
资料来源:根据《云南统计年鉴》数据计算。

2. 区位商

区位商又称专门化率,该指标用来反映某地区某产业的专业化程度。[①] 计算公式为

$$LQ_{it} = \frac{E_{it}/E_t}{V_{it}/V_t} \quad (5.13)$$

其中,LQ_{it}代表t年i州(市)农业生产区位商,E_{it}和E_t分别代表t年i州(市)和云南的农林牧渔总产值,V_{it}和V_t分别代表t年i州(市)和云南的GDP。若$LQ_{it} > 1$,说明该州(市)农业产业的专业化程度高于云南;若$LQ_{it} < 1$,则相反;LQ_{it}越大,表示其专业化程度越高。

通过测算云南16个州(市)的农业产业区位商指数(见表5-4),了解到2000~2021年云南16个州(市)中仅有5个州(市)的区位商指数一直小于1,分别是昆明、玉溪、西双版纳、怒江和迪庆,专业化程度

[①] 韩振兴,朱涛,牛文静,等. 山西运城苹果产业集群集中度和竞争力分析[J]. 中国果树,2021(3):91-97.

较低；其他 11 个州（市）的区位商指数均大于 1，专业化程度相对较高。从变化趋势来看，玉溪、保山、楚雄和西双版纳 4 个州（市）的农业产业区位商指数总体呈增长态势，昆明、曲靖、昭通、丽江、普洱、红河、文山、大理、怒江和迪庆 10 个州（市）的农业产业区位商指数则总体呈下降趋势，临沧和德宏总体较为平稳。

表 5 - 4　　2000～2021 年云南 16 个州（市）的农业产业区位商指数

州（市）	2000 年	2005 年	2010 年	2015 年	2021 年
昆明	0.41	0.39	0.37	0.31	0.33
曲靖	1.27	1.14	1.16	1.26	1.10
玉溪	0.45	0.62	0.60	0.67	0.71
保山	1.26	1.83	1.87	1.61	1.53
昭通	1.28	1.29	1.18	1.19	1.09
丽江	1.49	1.33	1.21	1.07	1.08
普洱	1.92	1.69	1.68	1.80	1.76
临沧	1.95	1.90	2.10	1.78	1.99
楚雄	1.06	1.41	1.42	1.35	1.40
红河	2.48	1.00	1.04	1.06	0.95
文山	2.23	1.55	1.41	1.41	1.28
西双版纳	0.57	1.86	1.76	1.72	1.68
大理	3.28	1.58	1.54	1.54	1.78
德宏	1.52	1.65	1.59	1.54	1.52
怒江	1.34	0.92	0.74	1.02	1.00
迪庆	1.50	0.94	0.59	0.45	0.47

资料来源：根据《云南统计年鉴》数据计算。

云南 16 个州（市）2000 年和 2021 年的农业产业区位商指数差异较明显，呈现出 4 个明显层级。从表 5 - 5 可以看出，22 年间七成以上的州（市）农业产业区位商指数大于 1，且相对稳定。其中，$LQ \geqslant 3$ 的州（市）仅 2000 年有 1 个，即大理，说明该层级农业产业专业化程度很高，产业区位优势非常显著；$2 \leqslant LQ < 3$ 的州（市）也仅有 2000 年的 2 个，即红河

和文山,说明该层级农业产业专业化程度较高,产业区位优势相对显著;$1 \leq LQ < 2$ 的州(市)由 2000 年的 10 个增加为 2021 年的 12 个,除了临沧、普洱、德宏、丽江、怒江、昭通、曲靖、保山、楚雄未变化外,其他州(市)由 2000 年的迪庆调整为 2021 年的西双版纳、大理和文山,说明该层级的农业产业专业化程度高于全省平均水平,且临沧和德宏的农业产业专业化程度较稳定;$0 \leq LQ < 1$ 的州(市)由 2000 年的 3 个增加为 2021 年的 4 个,除了玉溪和昆明未有变化,其他州(市)由 2000 年的西双版纳调整为 2021 年的红河和迪庆,说明该层级的农业产业专业化程度低于全省平均水平,农业产业区位优势相对不显著。

表 5-5　2000 年和 2021 年云南 16 个州(市)的农业产业区位商指数分级排名

LQ 区间	2000 年	2021 年
$LQ \geq 3$	大理(3.28)	
$2 \leq LQ < 3$	红河(2.48)、文山(2.23)	
$1 \leq LQ < 2$	临沧(1.95)、普洱(1.92)、德宏(1.52)、迪庆(1.50)、丽江(1.49)、怒江(1.34)、昭通(1.28)、曲靖(1.27)、保山(1.26)、楚雄(1.06)	临沧(1.99)、大理(1.78)、普洱(1.76)、西双版纳(1.68)、保山(1.53)、德宏(1.52)、楚雄(1.40)、文山(1.28)、曲靖(1.10)、昭通(1.09)、丽江(1.08)、怒江(1.00)
$0 \leq LQ < 1$	西双版纳(0.57)、玉溪(0.45)、昆明(0.41)	红河(0.95)、玉溪(0.71)、迪庆(0.47)、昆明(0.33)

资料来源:根据《云南统计年鉴》数据计算。

综合来看,农业生产集聚在曲靖、大理、红河、昆明和楚雄 5 个州(市),农业生产重心由滇中向滇南迁移。通过各州(市)农林牧渔总产值占云南农林牧渔总产值的比重表示其农业生产集聚分布。从表 5-6 可以看出,农业生产集聚现象明显,2000 年云南农业生产集聚在曲靖、昆明、大理、红河和楚雄 5 个州(市),而 2021 年同样集聚在这 5 个州(市),只是顺序调整为曲靖、大理、红河、昆明和楚雄。在 2000 年的分布中,有 8 个州(市)比重小于 6%,而 2021 年,仅有 6 个州(市)比重小于 6%。经济发展使得农业产值所占比重逐步降低,但有一半的州(市)农业产值比重呈上升态势,即普洱、临沧、红河、楚雄、西双版纳、德宏和怒江,而普洱上升最快,从 2000 年的 4.42% 上升到 2021 年的 6.66%,反映出普洱农业发展迅速，以及农业生产重心由中部向南部转移。①

表 5-6　2000 年和 2021 年云南 16 个州（市）的农业生产集聚排序

州（市）	2000 年		2021 年	
	农业生产集聚	排序	农业生产集聚	排序
曲靖	13.44	1	13.80	1
昆明	12.68	2	8.70	4
大理	11.51	3	10.70	2
红河	8.75	4	9.56	3
楚雄	7.59	5	8.29	5
保山	6.70	6	6.56	8
昭通	6.70	7	5.84	11
玉溪	6.57	8	6.19	9
文山	5.96	9	6.10	10
临沧	5.33	10	6.67	6
普洱	4.42	11	6.66	7
西双版纳	3.84	12	4.17	12
德宏	2.79	13	3.11	13
丽江	2.28	14	2.26	14
怒江	0.74	15	0.87	15
迪庆	0.69	16	0.51	16

资料来源：根据《云南统计年鉴》数据计算。

二、云南农业产业加工集聚

云南已经形成八大农业产业集群。（1）粮食产品：稻谷、小麦、玉米、豆类、薯类。（2）油料产品：花生、油菜籽。（3）蔬菜产品：叶菜类、瓜菜类、根茎类、茄果类、葱蒜类。（4）花卉产品：鲜切花、绿色盆栽、绿色苗木。（5）畜禽产品：猪肉、牛肉、羊肉、奶类、绵羊毛、禽蛋、蜂蜜。（6）林产品：橡胶、核桃、松脂、油茶籽、油桐籽、板栗、紫

---

① 沈冉．湖北省农村一二三产业融合及其经济效应的研究［D］．武汉：华中农业大学，2020．

胶。(7) 水产品：鱼类、虾蟹类、贝类、其他水产品。(8) 特色农产品：甘蔗、烤烟、药材、食用菌、茶叶、咖啡、园林水果。①

根据云南省第十七批农业产业化省级重点龙头企业名录②，可以分析云南农产品加工业的发展状况。云南农产品加工业的重点州（市）是昆明、曲靖、大理、玉溪、红河、保山6个州（市），初步形成了八大农业产业集群。

1. 粮食产品加工产业集群

形成以曲靖、昭通、昆明、红河、保山为核心的粮食产品加工产业集群，一方面可以更好地满足粮食产品生产需求，包括稻谷、小麦、玉米、马铃薯和豆类；另一方面可以消化粮食产品生产产能，提高粮食产品附加值。

2. 油料产品加工产业集群

形成以昆明、曲靖、玉溪、保山、红河为核心的油料产品加工产业集群，一方面可以更好地满足油料产品生产需求，包括油菜籽和花生；另一方面可以消化油料产品生产产能，提高油料产品附加值。

3. 蔬菜产品加工产业集群

形成以玉溪、文山、曲靖、昆明、楚雄和红河为中心的蔬菜产品加工产业集群，一方面可以依托云南丰富的蔬菜品类为市场提供品种丰富、生态优质的蔬菜产品，包括常年蔬菜；另一方面结合云南独特的气候优势发展夏秋反季节蔬菜和热区冬春早菜，提高蔬菜产品附加值。

4. 花卉产品加工产业集群

形成以昆明、玉溪和大理为中心的花卉产品加工产业集群，一方面可以依托云南独特的温度、光照和气候条件，周年生产种类繁多、品质优良的商业花卉；另一方面通过整合花卉产业上下游资源，打通生产、加工、销售各环节，形成完整的花卉产业链条，促进花卉产业链各环节

---

① 叶艳萍，王卫清，樊建麟，等. 云南省高原特色农业产业集群竞争力的现状及演进——基于16州（市）37个农业产业2002—2017年数据分析［J］. 湖南农业科学，2020（4）：91 - 96.

② 云南省农业农村厅. 云南省拟认定第十七批农业产业化省级重点龙头企业的公示［EB/OL］.（2022 - 11 - 28）. https://nync. yn. gov. cn/html/2022/zuixinwenjian_1128/392873. html.

协同发展。

5. 畜禽产品加工产业集群

形成以昆明、曲靖、红河和大理为中心的畜禽产品加工产业集群，一方面具有很强的区域性特征，红河以猪肉为主，猪出栏率占云南一半左右；大理以牛肉与羊肉为主，约占云南的 2/5；云南家禽养殖多数选择在地势较为平缓的东部地区与南部地区，昆明、曲靖和红河的家禽出栏量约占云南四成。另一方面聚合良种繁育、规模养殖、机械屠宰、精细加工、冷链物流等要素，促进全产业链发展。

6. 林产品加工产业集群

形成以昆明、楚雄和德宏为中心的林产品加工产业集群，一方面形成独具云南特色的林草产业体系，包括以核桃和澳洲坚果为主的木本油料、特色经济林、木竹加工、林浆纸、林下经济、生态旅游、森林康养、观赏苗木、草产业；另一方面加快林产品市场化水平，已开发并投放市场的林产品多达 30 多种，有的已打入国际市场，其中，紫胶的产量和质量名列全国之首，松香远销欧美等地。

7. 水产品加工产业集群

形成了以玉溪、楚雄和德宏为中心的水产品加工产业集群，依托六大水系和九大高原湖泊丰富的渔业水域资源发展高原淡水渔业，拥有鱼类 629 种，其中土著鱼有 594 种，淡水鱼类占我国淡水鱼种数的 39.93%，居全国之首，有着"淡水鱼类物种基因库"的美誉。

8. 特色农产品加工产业集群

形成以临沧、大理、保山和普洱为中心的特色农产品加工产业集群，主要发展野生菌、茶叶、中药材、水果、咖啡等特色农产品加工。普洱茶、保山小粒咖啡、文山三七入选中欧地理标志协定保护名录，昭通苹果入选农业农村部农业品牌精品培育计划，"绿色云品·产地云南"认同度和美誉度不断提升。[①]

---

① 云南发布. 做好"土特产"文章！云南这样干 [EB/OL]. (2023-07-14). https://www.163.com/dy/article/I9KJ613R0545AYLN.html.

三、云南农业产业融合程度

(一) 云南农业产业内部融合程度分析

1. 计算公式

赫芬达尔—赫希曼指数（Herfindahl – Hirschman Index）用来测量某行业的生产集中度。[①] 计算公式为

$$HHI_t = \sum_{i=1}^{n}\left(\frac{X_{it}}{X_t}\right)^2 = \sum_{i=1}^{n}(S_{it})^2 \qquad (5.14)$$

其中，t 表示年份，n 表示产业数量，X_{it} 表示第 t 年 i 产业规模，X_t 表示第 t 年云南的产业总规模，S_{it} 表示第 t 年 i 产业占有份额，HHI_t 的取值为 $0\sim1$。学者们将融合度 HHI_t 值划分为五区（见表 5-7），HHI_t 值越小，代表融合程度越高；反之，则越低。

表 5-7 产业融合度分区

融合程度（HHI）	高	中高	中	中低	低
区间	0.2~0.36	0.36~0.52	0.52~0.68	0.68~0.84	0.84~1

2. 结果分析

通过测算云南农业生产 HHI 指数（见图 5-23），了解到 2000~2021 年云南农业生产 HHI 指数介于 0.367~0.470，全部位于中高度融合的区域，并且总体呈现出 HHI 指数稳步降低趋势，即融合度逐渐增高的趋势。从发展趋势来看，22 年间云南农业生产 HHI 指数从 2000 年的 0.467 上升至最高点 2001 年的 0.470，再下降至最低点 2008 年的 0.367，后上升至 2021 年的 0.412，这说明云南农业融合程度在 2008 年达到最高，2001 年降至最低。

[①] 谭丹，洪贤泰. 湖南省农村一二三产业融合度评价研究 [J]. 全国流通经济，2019 (33)：140-143.

第五章　云南产业融合与经济发展现状

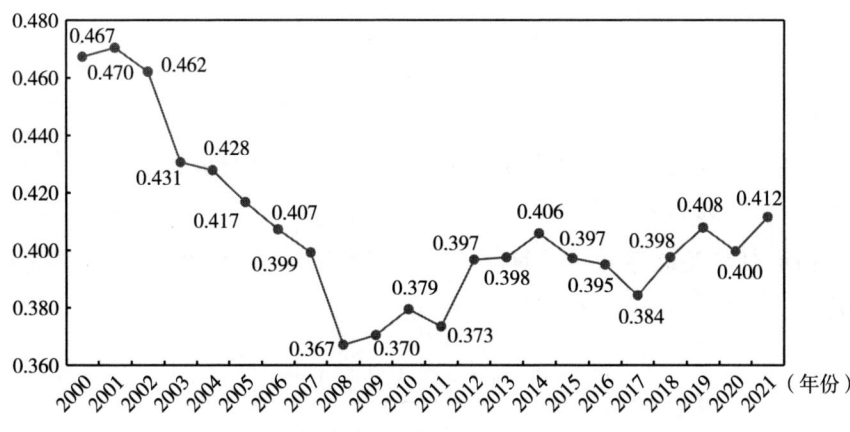

图 5-23　2000~2021 年云南第一产业内部 HHI 指数

通过测算云南 16 个州（市）农业生产 HHI 指数（见图 5-24），了解到 2021 年云南 16 个州（市）农业生产 HHI 指数普遍位于 0.320~0.556，处于中度融合、中高度融合和高度融合的区域，并且各州（市）之间差异较大。从各州（市）来看，2021 年迪庆、怒江和普洱 3 个州（市）的农业生产 HHI 指数位于 0.2~0.36，处于高度融合区域；昆明、曲靖、保山、昭通、丽江、临沧、楚雄、红河、文山、西双版纳和大理 11 个州（市）的农业生产 HHI 指数位于 0.36~0.52，处于中高度融合区域；玉溪和德宏 2 个州（市）的农业生产 HHI 指数位于 0.52~0.68，处于中度融合区域。

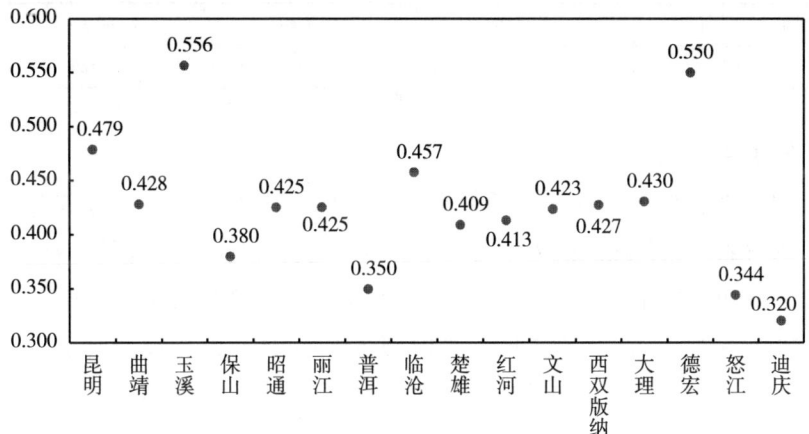

图 5-24　2021 年云南 16 个州（市）第一产业内部 HHI 指数

（二）云南农业产业内部关联程度分析

1. 计算公式

灰色关联度是灰色系统分析方法的一种，能够衡量因素之间的关联程度[①]。计算步骤如下。

（1）计算关联系数。计算第 i 个比较数列 x_{ik} 与参考数列 x_{0k} 的关联程度：

$$\zeta(k) = \frac{\min\limits_{i=1}^{n} \min\limits_{k=1}^{m} |x_{0k} - x_{ik}| + \rho \max\limits_{i=1}^{n} \max\limits_{k=1}^{m} |x_{0k} - x_{ik}|}{|x_{0k} - x_{ik}| + \rho \max\limits_{i=1}^{n} \max\limits_{k=1}^{m} |x_{0k} - x_{ik}|} \quad (5.15)$$

其中，$\zeta(k)$ 为关联系数；$i = 1,2,3,\cdots,n$；$k = 1,2,3,\cdots,m$；ρ 为分辨系数，$0 < \rho < 1$，通常取 0.5。

（2）计算关联度。关联度是各参考数列与各比较数列在各个时刻的关联系数的平均值。

$$\gamma_{0i} = \frac{1}{m} \sum_{k=1}^{m} \zeta_i(k) \quad (5.16)$$

其中，γ_{0i} 为关联度；$i = 1,2,3,\cdots,n$；$k = 1,2,3,\cdots,m$；γ_{0i} 的取值为 0 ~ 1，学者们将关联度 γ_{0i} 值划分为三区（见表 5 - 8），γ_{0i} 值越小，代表关联程度越弱；反之，则越强。

表 5 - 8　　　　　　　　　　产业关联度分区

关联程度（γ_{0i}）	强关联	中关联	弱关联
区间	$\gamma_{0i} \geq 0.7$	$0.6 < \gamma_{0i} < 0.7$	$\gamma_{0i} \leq 0.6$

2. 结果分析

以云南农业总产值为参考数据列，选取云南农业、林业、牧业、渔业、农林牧渔服务业产值为被评价指标数据列，分别评估云南第一产业与农业、林业、牧业、渔业、农林牧渔服务业之间的关联程度。由表 5 - 9 可知，2008 ~ 2021 年云南农业产业内部各个行业紧密程度排序为：$\gamma_{农业}$

[①] 郑媛榕. 福建省农村一二三产业融合度评估及影响因素分析［J］. 内蒙古农业大学学报（社会科学版），2020，22（2）：77 - 84.

$(0.86) > \gamma_{\text{畜牧业}}(0.83) > \gamma_{\text{农林牧渔服务业}}(0.78) > \gamma_{\text{渔业}}(0.71) > \gamma_{\text{林业}}(0.69)$。从排序可知，云南农业、畜牧业、农林牧渔服务业和渔业与第一产业融合关联程度均属于强关联，仅有林业属于中关联。因此，云南第一产业发展中，应多注重林业与其他产业的联动发展，不断优化产业结构。云南第一产业与农业的融合关联程度介于 0.65~1.00，位于中关联和强关联的区域，并且总体呈现出波动下降趋势，即关联程度逐渐减弱。云南第一产业与林业的融合关联程度介于 0.38~0.97，弱关联、中关联和强关联均有分布，总体也呈现波动下降趋势，即关联程度逐渐减弱。云南第一产业与畜牧业的融合关联程度介于 0.39~1.00，弱关联、中关联和强关联也均有分布，总体也呈现波动平稳趋势，即关联程度总体较为稳定。云南第一产业与渔业的融合关联程度介于 0.34~0.96，弱关联、中关联和强关联均有分布，总体也呈现波动下降趋势，即关联程度逐渐减弱。云南第一产业与农林牧渔服务业的融合关联程度介于 0.55~0.97，弱关联、中关联和强关联均有分布，总体也呈现波动下降趋势，即关联程度逐渐减弱。

表5-9 2008~2021年云南第一产业与农业、林业、畜牧业、渔业、农林牧渔服务业的关联度

年份	农业	林业	畜牧业	渔业	农林牧渔服务业
2008	0.85	0.64	0.91	0.94	0.78
2009	0.91	0.60	1.00	0.82	0.81
2010	0.96	0.76	0.98	0.68	0.79
2011	0.82	0.63	0.85	0.80	0.97
2012	1.00	0.82	0.92	0.85	0.83
2013	0.93	0.79	0.84	0.90	0.78
2014	0.81	0.88	0.70	0.75	0.87
2015	0.88	0.85	0.73	0.50	0.86
2016	0.93	0.97	0.81	0.55	0.75
2017	0.90	0.66	0.99	0.96	0.72
2018	0.84	0.71	0.66	0.72	0.66
2019	0.82	0.57	0.90	0.76	0.91
2020	0.65	0.38	0.39	0.35	0.55
2021	0.79	0.46	0.97	0.34	0.62
平均	0.86	0.69	0.83	0.71	0.78

资料来源：根据《云南统计年鉴》数据计算。

以云南农林牧渔服务业产值为参考数据列,选取云南农业、林业、牧业、渔业产值为被评价指标数据列,分别评估云南农林牧渔服务业与农业、林业、牧业、渔业之间的关联程度。由表 5 – 10 可知,2008 ~ 2021 年云南农林牧渔服务业与农业、林业、畜牧业、渔业紧密程度排序为:$\gamma_{林业}(0.80) > \gamma_{农业}(0.78) > \gamma_{渔业}(0.75) > \gamma_{畜牧业}(0.74)$。从排序可知,云南林业、农业、渔业和畜牧业与农林牧渔服务业融合关联程度均属于强关联。云南农林牧渔服务业与农业的融合关联程度介于 0.56 ~ 0.98,弱关联、中关联和强关联也均有分布,并且总体呈现出波动下降趋势,即关联程度逐渐减弱。云南农林牧渔服务业与林业的融合关联程度介于 0.59 ~ 1.00,弱关联、中关联和强关联也均有分布,并且总体呈现出波动下降趋势,即关联程度逐渐减弱。云南农林牧渔服务业与畜牧业的融合关联程度介于 0.33 ~ 0.99,弱关联、中关联和强关联也均有分布,并且总体呈现出波动下降趋势,即关联程度逐渐减弱。云南农林牧渔服务业与渔业的融合关联程度介于 0.48 ~ 0.99,弱关联、中关联和强关联也均有分布,并且总体呈现出波动下降趋势,即关联程度逐渐减弱。

表 5 – 10　　　　2008 ~ 2021 年云南农林牧渔服务业与农业、林业、畜牧业、渔业的关联度

年份	农林牧渔服务业与农业	农林牧渔服务业与林业	农林牧渔服务业与畜牧业	农林牧渔服务业与渔业
2008	0.71	0.82	0.86	0.85
2009	0.76	0.74	0.81	0.99
2010	0.77	0.96	0.78	0.86
2011	0.87	0.65	0.83	0.79
2012	0.86	0.98	0.78	0.74
2013	0.76	0.67	0.94	0.74
2014	0.74	0.79	0.81	0.70
2015	0.98	1.00	0.67	0.59
2016	0.83	0.80	0.66	0.72
2017	0.69	0.91	0.77	0.78
2018	0.79	0.93	0.53	0.91
2019	0.77	0.65	0.99	0.85

续表

年份	农林牧渔服务业与农业	农林牧渔服务业与林业	农林牧渔服务业与畜牧业	农林牧渔服务业与渔业
2020	0.82	0.59	0.33	0.55
2021	0.56	0.69	0.64	0.48
平均	0.78	0.80	0.74	0.75

资料来源：根据《云南统计年鉴》数据计算。

以云南农业产值为参考数据列，选取云南林业、牧业、渔业产值为被评价指标数据列，分别评估云南农业与林业、牧业、渔业之间的关联程度。由表5-11可知，2008~2021年云南农业与林业、畜牧业、渔业紧密程度排序为：$\gamma_{畜牧业}(0.76) > \gamma_{渔业}(0.73) > \gamma_{林业}(0.72)$。从排序可知，云南畜牧业、渔业和林业与农业融合关联程度均属于强关联。云南农业与畜牧业的融合关联程度介于0.35~1.00，弱关联、中关联和强关联也均有分布，并且总体呈现出波动上升趋势，即关联程度逐渐增强。云南农业与渔业的融合关联程度介于0.34~0.99，弱关联、中关联和强关联也均有分布，并且总体呈现出波动下降趋势，即关联程度逐渐减弱。云南农业与林业的融合关联程度介于0.44~0.99，弱关联、中关联和强关联也均有分布，并且总体呈现出波动下降趋势，即关联程度逐渐减弱。

表5-11　　2008~2021年云南农业与林业、畜牧业、渔业的关联度

年份	农业与林业	农业与畜牧业	农业与渔业
2008	0.60	0.80	0.81
2009	0.59	0.94	0.77
2010	0.75	1.00	0.68
2011	0.58	0.73	0.70
2012	0.85	0.91	0.85
2013	0.87	0.80	0.99
2014	0.94	0.62	0.94
2015	0.99	0.68	0.58
2016	0.98	0.77	0.61
2017	0.64	0.88	0.86

续表

年份	农业与林业	农业与畜牧业	农业与渔业
2018	0.85	0.61	0.87
2019	0.53	0.76	0.67
2020	0.52	0.35	0.48
2021	0.44	0.84	0.34
平均	0.72	0.76	0.73

资料来源：根据《云南统计年鉴》数据计算。

以云南林业产值为参考数据列，选取云南畜牧业产值为被评价指标数据列，评估云南林业与畜牧业的关联程度。由表5-12可知，2008~2021年云南林业与畜牧业紧密程度平均为0.85，即云南林业与畜牧业融合关联程度均属于强关联。云南林业与畜牧业的融合关联程度介于0.40~1.00，弱关联、中关联和强关联也均有分布，并且总体呈现出波动下降趋势，即关联程度逐渐减弱。

表5-12　　　　2008~2021年云南林业与畜牧业的关联度

指标	2008年	2009年	2010年	2011年	2012年	2013年	2014年	2015年	2016年	2017年	2018年	2019年	2020年	2021年	平均
关联度	0.93	0.83	0.97	0.95	0.98	0.91	0.87	0.87	1.00	0.92	0.75	0.86	0.40	0.68	0.85

资料来源：根据《云南统计年鉴》数据计算。

第六章

云南农村三产融合发展综合评价

第一节 评价指标体系构建

一、构建思路

要准确评价农村一二三产业融合发展水平，必须建立科学的评估体系。农村产业融合涉及融合发展程度和效应两个方面，包括农业产业链延伸、农业多功能拓展、农业服务业融合发展以及融合发展的经济效益和社会效益等因素。因此，在构建评价指标体系时，要根据被评价对象的具体内涵、实际要求进行综合考虑和反复筛选。本书对指标体系的设计思路主要如下。

（一）明确农村三产融合发展评价的目的

评价目的不同往往会导致评价指标选取的不同，只有明确评价的目的，才能据此选择合适的评价指标。本书的评价目的主要从研究的理论和现实意义出发，要能够充分实现研究的意义，客观全面地对云南农村三产融合的各个方面进行全面的评价，确定云南农村三产融合在发展程度和效应两个方面的真实水平及变化趋势，发现其中存在的问题。

（二）找出农村三产融合发展评价的依据

明确评价目的之后，要通过对政策、文献等的梳理，找出评价的依据。本书主要依据农村产业融合相关的产业融合、产业链、农业多功能等理论基础,结合国务院办公厅印发的《关于推进农村一二三产业融合发展的指导意见》,尤其是关于农村三产融合发展要实现的产业链条完整、农业功能多样、产业形态丰富、产业利益联结紧密、农业竞争力明显提高、农民收入持续增加等方面的目标以及已有的学者在农村产业融合评价方面的成果来进行评价指标体系的确定。

(三) 确定农村三产融合发展评价的内容

农村一二三产业融合发展评价内容就是评价指标需要反映的产业融合在实际中的具体表现。它应该包含农村一二三产业融合的各方面具体实践以及对农村经济社会的综合影响。首先,要体现农业产业链的前后延伸,即生产加工销售一体化、农业生产性服务业、农产品加工业、农产品电子商务等。其次,要体现农业多种功能拓展发挥。既包括休闲农业等农业价值实现的经济功能,也包括生态环境保护的生态功能。同时,农村三产融合的经济及社会效应也必须能得到体现。具体反映在农业增效、农民增收、促进就业和城乡一体化等方面。

(四) 农村三产融合发展评价指标的筛选

根据评价目的确定评价内容之后,指标体系就能初具雏形。此时还需要对所建立的初步选取的指标体系进行进一步整合和筛选。对每个评价方面都要进行评价,补足体系不全面的指标,检查评价的各个指标是否有交叉重复,精简指标,同时,进行各指标数据的查找,确定指标数据可获取。多方面筛选、检查以确定出更为全面、高效的评价体系。[①]

二、构建原则

(一) 科学性原则

评价指标的选取必须具有科学依据,要求评价指标的含义清晰、明

---

① 欧小琼. 重庆市农村一二三产业融合水平评价与发展研究 [D]. 重庆: 重庆工商大学, 2020.

确、严谨。在科学的基础上,充分借鉴国内外学者的研究,并结合云南实际,选择有代表性的指标,不仅能够客观、真实地反映云南农村一二三产业融合发展的现状、内在要求和内部关系,还能够准确表达融合发展程度和效应的内涵。

(二) 系统性原则性

农村三产融合涉及多个系统,较为复杂,在选取评价指标的过程中,要求所选取的评价指标不仅能够全方位、多角度、深层次地体现各个层次的特征,而且能够反映云南农村一二三产业融合发展的程度和效应。

(三) 可获得性原则

鉴于目前国内对于农村一二三产业融合发展水平评价体系并没有统一的评价标准,可供研究的数据资料也并不完善,理论上能够反映融合发展水平的评价指标可能在现实中并未测算。因此,在构建水平评价指标体系时,要考虑到评价指标数据获取的可能性,根据研究范围对评价指标进行灵活选取。[①] 就农村三产融合涉及的深度和广度来说,收集数据的难度较大,因此选取指标需要考虑可获取且可量化的指标。[②]

(四) 可度量性原则

评价指标的选取要具有可统计、可衡量的性质,应优先考虑获取方便、容易度量、统计精确的评价指标,必须能够进行具体的量化实证分析,避免由于评价指标选取不合适或不准确,从而导致评价分析结论不乐观的结果。

(五) 层次性原则

层次性原则要求评价指标体系的构建时,既要体现不同级指标之间的从属关系,也要注意同级指标之间的差异性。指标构建一般而言是逐级分

[①] 闫田. 内蒙古农村一二三产业融合发展综合评价及影响因素研究 [D]. 长春:吉林大学,2022.

[②] 周易. 四川省农村三产融合发展水平研究 [D]. 成都:四川师范大学,2022.

解的，上一级指标分解为下一级多个指标，上下级指标之间具有层次关系。同级指标的差异性要求各指标在反映的内容应该有所差别，不能出现范围交叉或者重复的现象，指标之间界限清晰。①

三、指标选取

根据农村一二三产业融合发展水平评价体系构建的思路，在客观性、数据可获取性及层次性原则的指导下，结合前文对于农村三产融合发展的理论研究和已有学者的研究成果，结合国务院办公厅印发的《关于推进农村一二三产业融合发展的指导意见》，尤其是关于农村三产融合发展要实现的产业链条完整、农业功能多样、产业形态丰富、产业利益联结紧密、农业竞争力明显提高、农民收入持续增加等主要目标，结合云南农村一二三产业融合发展实际，构建云南农村三产融合发展水平评价指标体系。

评价指标体系中，设置农村三产融合发展程度和融合发展效应2个一级指标，分别反映农村产业融合的具体实践过程和发挥的效益。选取农业产业链延伸、农业多功能拓展、农业服务业融合、经济效应和社会效应5个二级指标，其中，农业产业链延伸、农业多功能拓展和农业服务业融合是根据产业融合的目标中产业链条完整、功能多样性和农业服务业进行选取，经济效益和社会效益是根据农业竞争力提高、农民收入增加、农村活力增强等目标进行归纳而选取。在5个二级指标下，具体选择15个三级指标来评价农村一二三产业融合发展水平。

农村三产融合发展程度（A1）能够反映出农业与加工业和服务业等产业融合程度，是衡量农村一二三产业融合发展水平的总体框架。为了对一级评价指标作出解释和细化，本书选取的二级指标包括：农业产业链延伸（B1）是农村一二三产业融合发展的主要模式之一，能够反映农业与加工业的关联程度，是极具代表性的评价指标，包括规模以上农副产品加工业营业收入占农业总产值比重（C1）、人均农业机械总动力（C2）和乡村非农就业

---

① 欧小琼. 重庆市农村一二三产业融合水平评价与发展研究［D］. 重庆：重庆工商大学，2020.

第六章 云南农村三产融合发展综合评价

比例（C3）。农业多功能拓展（B2）能够从农业的经济、社会、生态、政治和文化等方面反映农村一二三产业融合的程度，包括休闲农业营业收入占农业总产值比重（C4）、农用化肥使用强度（C5）和森林覆盖率（C6）。农业服务业融合发展（B3）是推进农业现代化、促进农民增收的重要途径，用来反映农业与服务业的融合程度的重要指标，包括农林牧渔服务业产值占农业总产值比重（C7）、农业保险深度（C8）和农技人员比例度（C9）。

农村三产融合发展效应（A2）能够反映出融合发展对农村经济的促进作用和社会发展的积极影响，是衡量农村一二三产业融合发展水平的关键所在。本书选取的二级指标包括：融合发展经济效应（B4）能够反映农村经济发展和农民收入的状况，包括农业总产值增速（C10）、农林牧副渔业增加值增速（C11）和农村居民人均可支配收入增速（C12）。融合发展社会效应（B5）能够反映农村社会发展和农民生活的水平，包括乡村从业人员占总从业人员比重（C13）、城乡收入比（C14）和城镇化率（C15）。

本书构建的云南农村三产融合发展水平评价指标体系具体如表6-1所示。

表6-1　　　　　云南农村三产融合评价指标体系

一级指标	一级指标	二级指标	三级指标	指标属性
P 云南农村三产融合发展水平	A1 云南农村三产融合发展程度	B1 农业产业链延伸	C1 规模以上农副产品加工业营业收入占农业总产值比重	+
			C2 人均农业机械总动力	+
			C3 乡村非农就业比例	+
		B2 农业多功能拓展	C4 休闲农业营业收入占农业总产值比重	+
			C5 农用化肥施用强度	-
			C6 森林覆盖率	+
		B3 农业服务业融合发展	C7 农林牧渔服务业产值占农业总产值比重	+
			C8 农业保险深度	+
			C9 农技人员比例	+
	A2 云南农村三产融合发展效应	B4 融合发展经济效应	C10 农业总产值增速	+
			C11 农林牧副渔业增加值增速	+
			C12 农村居民人均可支配收入增速	+
		B5 融合发展社会效应	C13 乡村从业人员占总从业人员比重	+
			C14 城乡收入比	-
			C15 城镇化率	+

四、指标解释

在农村三产融合发展水平评价体系的相关指标选取中，对一级和二级指标选取的原因作了阐述。但无论是一级指标还是二级指标，其根基都在于最基本的三级指标。因此着重对三级指标设置的依据加以阐述。

（1）规模以上农副产品加工业营业收入占农业总产值的比重。发展农产品加工业对于农业产业链的延伸具有重要作用。这一指标既可以反映农产品加工的深度和精度，也可以反映农产品加工业对农业发展的带动作用。

（2）人均农业机械总动力。该指标可以反映出农业的机械化水平，在一定程度上反映了产业链的完整性和现代化程度。[①]

（3）乡村非农就业比例。农村三产融合，虽然包含农林牧渔业内部的融合，但更为重要的是农业与工业、服务业的融合。农村二三产业的从业人员，虽然并不等于都是参与产业融合的人员，但毕竟从事二三产业的人员比重越大，在一定程度上就意味着参与产业融合的人员越多，同时也体现农村三产融合对就业的带动作用。

（4）休闲农业营业收入占农业总产值比重。它直接反映的是乡村旅游业在农村产业融合发展中的作用。由于云南乡村旅游业与民族文化传承关系紧密，因而这一指标又可以近似反映农村三产融合中农业文化功能的拓展。[②]

（5）农用化肥施用强度。农村产业融合可以促进农业生态功能的实现。通过种植业与畜牧业等形式的循环融合，减少化肥的施用量。化肥施用强度的减弱，可以在一定程度上反映产业融合对农业生态功能的促进作用。[③]

[①] 周易. 四川省农村三产融合发展水平研究［D］. 成都：四川师范大学，2022.
[②] 姜峥. 农村一二三产业融合发展水平评价、经济效应与对策研究［D］. 哈尔滨：东北农业大学，2018.
[③] 欧小琼. 重庆市农村一二三产业融合水平评价与发展研究［D］. 重庆：重庆工商大学，2020.

(6) 森林覆盖率。能够在一定程度上体现森林、绿色植被的覆盖程度与可持续发展程度，反映农业的多功能性中的生态功能。

(7) 农林牧渔服务业产值占农业总产值的比重。能够反映农林牧渔服务业与农林牧渔业的融合程度。由于农业服务业产值已包含在农林牧渔总产值之中，更能体现农业与其生产性服务业的融合程度。

(8) 农业保险深度。农业保险为农民提供了一定的抵御自然灾害的保障，可以体现对农业风险的保障能力。

(9) 农技人员比例。农技人员为农业生产提供技术服务，指导农民和农业工作者进行农作物的种植、养殖和农业生产活动的技术指导。

(10) 农业总产值增速。该指标能直接反映农业经济增长情况，也能反映农村一二三产业融合对整个农业增效的带动作用。

(11) 农林牧副渔业增加值增速。农村产业融合可以提升农业发展的质量，增强农业的经济带动作用。同时第一产业的内部融合对于整个第一产业的发展有积极重要的作用。农林牧副渔服务业增加值增长越快，说明农村产业融合中对农林牧副渔业的带动越强。

(12) 农村居民人均可支配收入增速。这一指标是反映农民收入提升速度的十分重要的指标。设置这一指标，旨在反映农村三产融合对农民增收的作用。

(13) 乡村从业人员占总从业人员比重。农村产业融合能为乡村提供更多的就业机会，帮助农民就地就业，缓解农村劳动力大量外流的现象，实现农业发展促进农村就业的社会功能。乡村从业人数增长越多，表明产业融合带来的就业机会越多，社会功能的实现越好。

(14) 城乡收入比。该指标能够反映城乡差距缩小程度。推动农村三产融合发展的一个重要目的就是缩小城乡收入差距。促进农村三产融合发展，将为农民提供更多的就业渠道和增收来源，有助于提升农民收入，进而缩小城乡差距。

(15) 城镇化率。该指标能够体现城乡融合的水平，也能体现农村产业融合发展的社会效益。

第二节 基于熵值法的水平测度实证分析

一、数据来源

本书对 2011~2021 年云南农村三产融合发展情况进行了分析与评价，本部分所运用的数据来源于《云南统计年鉴》《中国统计年鉴》《中国农产品加工业年鉴》《中国休闲农业年鉴》《中国保险年鉴》等，以及国家统计局、云南统计局等权威机构发布的《第三次农业普查主要数据公报》。其中部分数据是直接获取的，部分数据根据相关数据计算整理。云南农村三产融合发展的原始数据，具体如表 6-2 所示。

表 6-2　　2011~2021 年云南农村三产融合发展原始数据

指标	2011年	2012年	2013年	2014年	2015年	2016年	2017年	2018年	2019年	2020年	2021年
X_1	0.130	0.143	0.154	0.161	0.174	0.197	0.196	0.197	0.168	0.140	0.151
X_2	0.897	1.009	1.102	1.175	1.252	1.329	1.402	1.090	1.122	1.182	1.237
X_3	0.225	0.252	0.259	0.273	0.281	0.198	0.220	0.224	0.203	0.190	0.190
X_4	0.026	0.026	0.027	0.028	0.027	0.029	0.031	0.030	0.029	0.030	0.028
X_5	0.309	0.315	0.320	0.332	0.340	0.347	0.342	0.315	0.294	0.281	0.265
X_6	0.475	0.475	0.500	0.546	0.562	0.593	0.597	0.603	0.624	0.650	0.650
X_7	0.031	0.030	0.030	0.031	0.033	0.033	0.034	0.035	0.031	0.029	0.029
X_8	0.084	0.089	0.114	0.111	0.107	0.077	0.089	0.084	0.107	0.104	0.103
X_9	0.613	0.591	0.610	0.568	0.548	0.535	0.456	0.465	0.471	0.402	0.405
X_{10}	0.274	0.279	0.229	0.116	0.123	0.240	0.037	0.068	0.025	0.002	0.157
X_{11}	0.127	0.113	0.128	0.102	0.122	0.101	0.071	0.077	0.085	0.101	0.106
X_{12}	0.236	0.147	0.134	0.109	0.105	0.094	0.093	0.092	0.105	0.079	0.106
X_{13}	0.747	0.719	0.709	0.699	0.675	0.644	0.625	0.592	0.562	0.540	0.528
X_{14}	3.473	3.435	3.340	3.259	3.200	3.172	3.143	3.110	3.045	2.920	2.881
X_{15}	0.366	0.385	0.400	0.412	0.429	0.446	0.463	0.474	0.487	0.501	0.510

二、数据处理

由于本书所选取的评价指标类型不同,统计单位和数据量纲无法统一,数据无法进行直接对比,为了方便数据比较,需要对所选取的评价指标数据进行无量纲化处理,使其成为可比较的评价值,对于不同性质的评价指标要进行不同方式的处理。

(1) 对于正向指标的无量纲化处理,如式(6.1)所示:

$$X'_{ij} = \frac{X_{ij} - \min(X_{1j}, X_{2j}, \cdots, X_{mj})}{\max(X_{1j}, X_{2j}, \cdots, X_{mj}) - \min(X_{1j}, X_{2j}, \cdots, X_{mj})} (i=1,2,\cdots,m; j=i=1,2,\cdots,n)$$

(6.1)

(2) 对于逆向指标的无量纲化处理,如式(6.2)所示:

$$X'_{ij} = \frac{\max(X_{1j}, X_{2j}, \cdots, X_{mj}) - X_{ij}}{\max(X_{1j}, X_{2j}, \cdots, X_{mj}) - \min(X_{1j}, X_{2j}, \cdots, X_{mj})} (i=1,2,\cdots,m; j=i=1,2,\cdots,n)$$

(6.2)

(3) 数据平移。为避免出现0值等影响结果的无效数据,本书对无量纲化处理后的数据进行数据平移(+0.01),如式(6.3)所示:

$$X''_{ij} = X''_{ij} + 0.01$$

(6.3)

根据表6-2所示的云南农村三产融合发展原始数据,通过式(6.1)~式(6.3),运用SPSSAU软件进行无量纲化和数据平移处理,结果如表6-3所示。

表6-3 数据处理结果

指标	2011年	2012年	2013年	2014年	2015年	2016年	2017年	2018年	2019年	2020年	2021年
X_1	0.01	0.20	0.37	0.47	0.67	1.01	0.99	1.01	0.58	0.17	0.33
X_2	0.01	0.23	0.42	0.56	0.71	0.86	1.01	0.39	0.45	0.57	0.68
X_3	0.40	0.69	0.77	0.93	1.01	0.10	0.34	0.39	0.15	0.02	0.01
X_4	0.01	0.01	0.21	0.36	0.26	0.60	1.01	0.75	0.62	0.81	0.41
X_5	0.48	0.40	0.34	0.20	0.10	0.01	0.08	0.40	0.66	0.82	1.01
X_6	0.01	0.01	0.15	0.42	0.51	0.68	0.71	0.74	0.86	1.01	1.01
X_7	0.45	0.23	0.18	0.34	0.76	0.79	0.92	1.01	0.44	0.01	0.16

续表

指标	2011年	2012年	2013年	2014年	2015年	2016年	2017年	2018年	2019年	2020年	2021年
X_8	0.21	0.34	1.01	0.93	0.82	0.01	0.34	0.20	0.82	0.75	0.72
X_9	1.01	0.91	1.00	0.80	0.70	0.64	0.27	0.31	0.34	0.01	0.02
X_{10}	0.99	1.01	0.83	0.42	0.45	0.87	0.14	0.25	0.09	0.01	0.57
X_{11}	0.99	0.75	1.01	0.56	0.90	0.53	0.01	0.13	0.26	0.53	0.62
X_{12}	1.01	0.44	0.36	0.20	0.18	0.11	0.10	0.09	0.18	0.01	0.18
X_{13}	1.01	0.88	0.84	0.79	0.68	0.54	0.45	0.30	0.17	0.06	0.01
X_{14}	0.01	0.07	0.23	0.37	0.47	0.52	0.57	0.62	0.73	0.94	1.01
X_{15}	0.01	0.14	0.25	0.33	0.45	0.57	0.68	0.76	0.85	0.94	1.01

三、指标权重确定

在指标权重处理方面，目前常用的研究方法主要有两种：一是主观赋权法，如专家调查法（Delphi 法）、层次分析法（AHP）、环比评分法等，但主观赋权法的赋权结果具有较强的主观臆断性，在实际应用中有较大的局限性；二是客观赋权法，如主成分分析法、熵值法、离差及均方差等，客观赋权法通过较强的数学理论与方法，在赋权结果上能够避免主观赋权导致的数据偏差。逻辑性较强的熵值法更适合作为本书的指标权重处理方法。

信息熵的提出，解决了信息度量化的问题，即熵可用于判断评价指标的离散程度。熵值越大，评价指标的离散程度越小，该评价指标的权重也就越小。熵值法确定指标权重的步骤如下。

1. 计算指标比重

令 P_{ij} 为第 j 项指标下第 i 个样本占该指标的权重：

$$P_{ij} = \frac{X''_{ij}}{\sum_{i=1}^{m} X''_{ij}} \tag{6.4}$$

2. 计算指标熵值

令 E_j 为第 j 项评价指标的熵值：

$$E_j = -\frac{1}{\ln m} \sum_{i=1}^{m} P_{ij} \ln P_{ij}, E_j \in [0,1] \tag{6.5}$$

3. 计算差异系数

令 D_j 为第 j 项指标的差异系数，第 j 项指标的差异越大，其权重越大，对评价对象的影响也就越大：

$$D_j = 1 - E_j \tag{6.6}$$

4. 计算指标权重

令 W_j 为第 j 项指标的权重：

$$W_j = \frac{D_j}{\sum_{j=1}^{n} D_j} \tag{6.7}$$

根据表 6-3 所得的数据处理结果，通过式（6.4）~式（6.7），运用 SPSSAU 软件计算得出三级评价指标的权重，依此再进行加权处理后，可得出各级评价指标的权重，结果如表 6-4 所示。

表 6-4　　　　　　　各级评价指标权重结果

一级评价指标	权重 W	二级评价指标	权重 W	三级评价指标	信息熵值 E	信息效用值 D	权重 W
A_1	0.5999	B_1	0.2000	X_1	0.0129	0.9871	0.0666
				X_2	0.0133	0.9867	0.0666
				X_3	0.0109	0.9891	0.0668
		B_2	0.2001	X_4	0.0115	0.9885	0.0667
				X_5	0.0104	0.9896	0.0668
				X_6	0.0134	0.9866	0.0666
		B_3	0.1999	X_7	0.0120	0.9880	0.0667
				X_8	0.0136	0.9864	0.0666
				X_9	0.0132	0.9868	0.0666
A_2	0.4001	B_4	0.2002	X_{10}	0.0125	0.9875	0.0666
				X_{11}	0.0139	0.9861	0.0666
				X_{12}	0.0071	0.9929	0.0670
		B_5	0.1999	X_{13}	0.0128	0.9872	0.0666
				X_{14}	0.0125	0.9875	0.0666
				X_{15}	0.0133	0.9867	0.0666

四、综合评价模型及标准划分

综合评价模型是在确定三级评价指标相对于整体融合发展水平的权重 W_j 后,用评价指标数据处理结果 $X''n$ 与其相应的权重 W_j 乘积后,得出评价指标的综合评价得分 F:

$$F = \sum_{j=1}^{m} X''_{ij}, W_j \tag{6.8}$$

本书对云南农村三产融合发展阶段的评估,具体如表 6-5 所示。

表 6-5　　　　　　　　云南农村三产融合发展阶段

融合发展阶段	综合评价得分
起步阶段	$0.1 \leqslant F < 0.6$
成长阶段	$0.6 \leqslant F < 0.8$
融合阶段	$0.8 \leqslant F < 1.0$
深度融合阶段	$F = 1.0$

五、水平测度实证结果

根据表 6-3 的数据处理结果和表 6-4 所得出的各级评价指标的权重,通过式(6.8)计算得到三级评价指标的综合评价得分,并通过加权求和,得到各级指标的综合评价得分,结果如表 6-6 和表 6-7 所示。

表 6-6　　　　　　　　三级评价指标的综合评价得分

指标	2011年	2012年	2013年	2014年	2015年	2016年	2017年	2018年	2019年	2020年	2021年
X_1	0.0007	0.0136	0.0245	0.0314	0.0445	0.0667	0.0652	0.0665	0.0385	0.0114	0.0222
X_2	0.0007	0.0155	0.0278	0.0373	0.0474	0.0572	0.0666	0.0262	0.0303	0.0381	0.0453
X_3	0.0267	0.0459	0.0514	0.0612	0.0668	0.0068	0.0226	0.0260	0.0102	0.0010	0.0007
X_4	0.0007	0.0007	0.0141	0.0240	0.0175	0.0402	0.0666	0.0494	0.0414	0.0537	0.0275
X_5	0.0316	0.0269	0.0230	0.0135	0.0065	0.0007	0.0053	0.0266	0.0438	0.0539	0.0666
X_6	0.0007	0.0007	0.0104	0.0279	0.0338	0.0454	0.0469	0.0492	0.0570	0.0665	0.0666
X_7	0.0299	0.0152	0.0118	0.0227	0.0504	0.0522	0.0609	0.0666	0.0296	0.0007	0.0107

续表

指标	2011年	2012年	2013年	2014年	2015年	2016年	2017年	2018年	2019年	2020年	2021年
X_8	0.0141	0.0227	0.0667	0.0615	0.0544	0.0007	0.0230	0.0134	0.0544	0.0497	0.0478
X_9	0.0665	0.0598	0.0659	0.0528	0.0468	0.0426	0.0178	0.0205	0.0226	0.0007	0.0016
X_{10}	0.0654	0.0665	0.0550	0.0282	0.0300	0.0577	0.0093	0.0167	0.0062	0.0007	0.0378
X_{11}	0.0654	0.0496	0.0667	0.0370	0.0594	0.0352	0.0007	0.0085	0.0172	0.0352	0.0412
X_{12}	0.0665	0.0296	0.0241	0.0135	0.0120	0.0073	0.0068	0.0062	0.0120	0.0007	0.0120
X_{13}	0.0665	0.0583	0.0554	0.0524	0.0453	0.0359	0.0301	0.0201	0.0111	0.0042	0.0007
X_{14}	0.0007	0.0050	0.0157	0.0249	0.0315	0.0346	0.0378	0.0414	0.0487	0.0623	0.0666
X_{15}	0.0007	0.0095	0.0165	0.0221	0.0300	0.0378	0.0452	0.0504	0.0559	0.0621	0.0666

表6-7　　　　　　　各级评价指标的综合评价得分

指标	2011年	2012年	2013年	2014年	2015年	2016年	2017年	2018年	2019年	2020年	2021年
B_1	0.0281	0.0749	0.1037	0.1300	0.1586	0.1306	0.1544	0.1187	0.0791	0.0505	0.0682
B_2	0.0330	0.0283	0.0476	0.0654	0.0579	0.0863	0.1188	0.1252	0.1422	0.1741	0.1607
B_3	0.1104	0.0977	0.1444	0.1370	0.1516	0.0954	0.1018	0.1005	0.1066	0.0511	0.0600
A_1	0.1715	0.2008	0.2957	0.3324	0.3682	0.3124	0.3750	0.3443	0.3279	0.2757	0.2889
B_4	0.1973	0.1457	0.1458	0.0787	0.1014	0.1002	0.0168	0.0314	0.0353	0.0365	0.0911
B_5	0.0679	0.0727	0.0876	0.0994	0.1068	0.1082	0.1131	0.1120	0.1157	0.1285	0.1340
A_2	0.2652	0.2184	0.2335	0.1781	0.2082	0.2084	0.1299	0.1434	0.1511	0.1651	0.2251
p	0.4366	0.4193	0.5292	0.5105	0.5764	0.5208	0.5049	0.4877	0.4789	0.4407	0.5140

六、结果分析

为了直观显示云南农村三产融合发展趋势，依据一级评价指标和二级评价指标的综合评价得分绘制融合发展趋势图，结果分别如图6-1和图6-2所示。

（一）整体融合发展水平分析

根据表6-7和图6-1可以看出，2011~2021年云南农村三产融合发展综合评价得分由 0.4366 上升至 0.5140，年均增长 1.64%，一直处于"起步阶段"，其融合发展的整体水平呈缓慢上升趋势。其中，云南农村三产融合发展程度的综合评价得分，由 0.1715 上升至 0.2889，年均增长率约为 5.36%，其融合发展水平呈大幅上升的趋势；云南农村三产融合发展效应的综合评价得分，由 0.2652 下降至 0.2251，年均减少 1.63%，其融合发展水平呈稳步下降趋势。结果表明，云南农村三产融合发展的程度在不断上升，对农村社会的带动效应在增强，但对农村经济的带动效应在减弱。

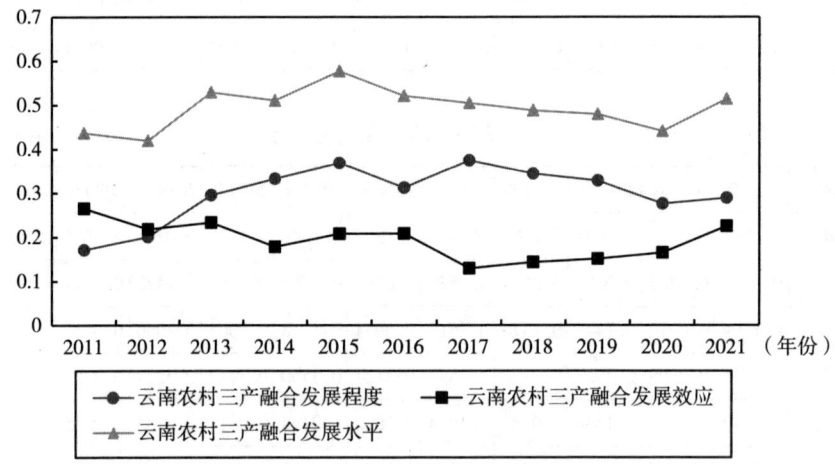

图 6-1　一级评价指标融合发展趋势

（二）各子系统融合发展水平分析

由表 6-6 和图 6-2 分析发现，农业产业链延伸的综合评价得分由 2011 年的 0.0281 增加至 2021 年的 0.0682，年均增长 9.28%，除了在 2018~2020 年有所下降外，整体都呈上升趋势。其中，规模以上农副产品加工业营业收入占农业总产值比重的综合评价得分由 2011 年的 0.0007 增加至 2021 年的 0.0222，呈稳步上升趋势；人均农业机械总动力的综合评价得分由 2011 年的 0.0007 增加至 2021 年的 0.0453，呈稳步上升趋势；乡村非农就业比例的综合评价得分由 2011 年的 0.0267 减少至 2021 年的 0.0007，呈缓慢下降趋势。

第六章 云南农村三产融合发展综合评价

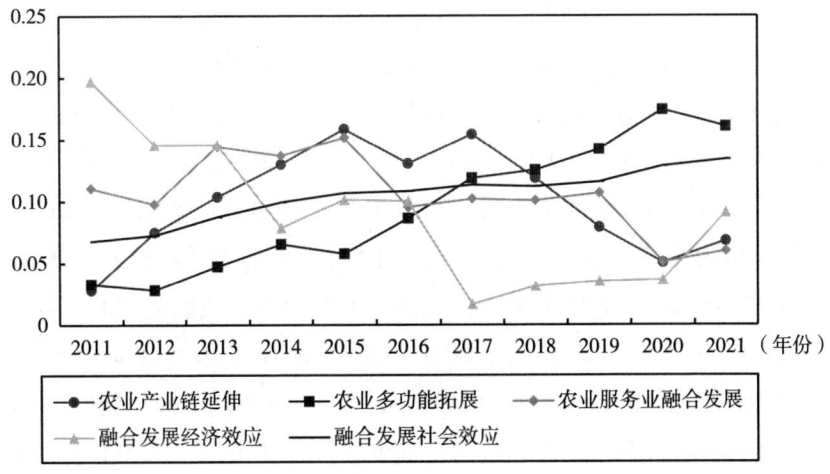

图 6-2 二级评价指标融合发展趋势

农业多功能拓展的综合评价得分由 2011 年的 0.0330 增加至 2021 年的 0.1607，年均增长 17.17%，2012 年有所下降，之后才呈波动上升趋势。其中，休闲农业营业收入占农业总产值比重的综合评价得分由 2011 年的 0.0007 增加至 2021 年的 0.0275，呈平稳上升趋势；农用化肥施用强度的综合评价得分由 2011 年的 0.0316 上升至 2021 年的 0.0666，呈平稳上升趋势；森林覆盖率的综合评价得分由 2011 年的 0.0007 增加至 2021 年的 0.0666，呈稳步上升趋势。

农业服务业融合发展的综合评价得分由 2011 年的 0.1104 减少至 2021 年的 0.0600，年均减少 5.92%，整体呈波动下降趋势。其中，农林牧渔服务业产值占农业总产值比重的综合评价得分由 2011 年的 0.0299 减少至 2021 年的 0.0107，呈小幅下降趋势；农业保险深度的综合评价得分由 2011 年的 0.0141 增加至 2021 年的 0.0478，呈缓慢上升趋势；农技人员比例的综合评价得分由 2011 年的 0.0665 减少至 2021 年的 0.0016，呈大幅下降趋势。

融合发展经济效应的综合评价得分由 2011 年的 0.1973 减少至 2021 年的 0.0911，年均减少 7.43%，呈缓慢下降趋势。其中，农业总产值增速的综合评价得分由 2011 年的 0.0654 减少至 2021 年的 0.0378，呈缓慢下降趋势；农林牧副渔业增加值增速的综合评价得分由 2011 年的 0.0654 减少至

2021年的0.0412，呈小幅下降趋势；农村居民人均可支配收入增速的综合评价得分由2011年的0.0665减少至2021年的0.0120，呈缓慢下降趋势。

融合发展社会效应的综合评价得分由2011年的0.0679增加至2021年的0.1340，年均增长7.04%，呈平稳上升趋势。其中，乡村从业人员占总从业人员比重的综合评价得分由2011年的0.0665减少至2021年的0.0007，呈大幅下降趋势；城乡收入比的综合评价得分由2011年的0.0007增加至2021年的0.0666，呈稳步上升趋势；城镇化率的综合评价得分由2011年的0.0007增加至2021年的0.0666，同样呈稳步上升趋势。

分析结果表明，云南在农业服务业融合发展方面重视程度较高，发展的水平较高，农业生产性服务业贯穿农业生产作业链条，成为农村社会经济发展的核心，云南农村产业结构逐渐从"一二三"结构向"三二一"结构发展。① 虽然农业产业链延伸和农业多功能拓展的发展水平也在上升，但无论在数值还是发展趋势上都处于低水平，同时云南农产品加工业转型缓慢、生态环境压力较大、农村经济发展缓慢等问题较为突出，这也正是需要通过农村一二三产业融合发展来解决的问题。②

---

① 闫田. 内蒙古农村一二三产业融合发展综合评价及影响因素研究 [D]. 长春：吉林大学，2022.

② 姜峥. 农村一二三产业融合发展水平评价、经济效应与对策研究 [D]. 哈尔滨：东北农业大学，2018.

第七章
云南农村三产融合发展影响因素分析

第一节 模型构建

分析影响因素的常用方法主要有回归分析法、主成分分析法和灰色关联分析法。其中,回归方法适用于解决线性的、变量较少的问题,对于非线性、变量较多的农村三产融合发展的影响因素,回归方法难以分析解决相关问题。主成分分析法对所选变量的要求比较严格,获取难度较大,导致实际操作中难以满足要求,进而使分析结果与实际偏差较大。灰色关联分析法是研究变量关联性的大小,即通过分析特征序列与母序列之间的关联程度,再依据关联程度对变量进行排序,从而辅助决策的一种分析研究方法。基于本书所涉及的变量及研究目标,将采用灰色关联分析法对云南农村三产融合发展的影响因素进行分析。

一、灰色关联度分析模型

灰色关联分析模型的主要步骤如下。

(1) 确定分析变量,将其作为灰色关联分析的特征序列,如式(7.1)所示:

$$Z_{ij} = \begin{bmatrix} Z_{11} & Z_{12} & \cdots & Z_{1n} \\ Z_{21} & Z_{22} & \cdots & Z_{2n} \\ \vdots & \vdots & \vdots & \vdots \\ Z_{m1} & Z_{m2} & \cdots & Z_{mn} \end{bmatrix} \tag{7.1}$$

(2) 确定参考变量,将其作为灰色关联分析的母序列,如式(7.2)所示:

$$Z' = (Z'_1, Z'_2, \cdots, Z'_n) \tag{7.2}$$

(3) 计算特征序列与母序列的绝对差值，如式（7.3）所示：

$$S = |Z' - Z_{ij}| \tag{7.3}$$

(4) 确定特征序列中的最大值 $S_{\max}$ 和最小值 $S_{\min}$，如式（7.4）和式（7.5）所示：

$$S_{\max} = \max_{i=1, k=1} |Z' - Z_{ij}| \tag{7.4}$$

$$S_{\min} = \min_{i=1, k=1} |Z' - Z_{ij}| \tag{7.5}$$

(5) 计算关联系数，如式（7.6）所示：

$$\delta(k) = \frac{S_{\min} + \rho \times S_{\max}}{S + \rho \times S_{\max}}, \rho = 0.5 \tag{7.6}$$

(6) 计算关联顺序，如式（7.7）所示：

$$\gamma = \frac{1}{m} \sum_{k=1}^{m} \delta(k) \tag{7.7}$$

二、灰色关联度划分标准

在灰色关联分析结果中，变量的灰色关联度数值越大，证明该变量对农村三产融合发展的影响程度就越大。其中，关联度数值小于 0.6 表明该变量与农村三产融合发展的关联程度较小，关联度数值大于 0.7 表明该变量与农村三产融合发展的关联程度较大，介于两者中间的数值则表明该变量与农村三产融合发展的关联程度一般。本书的灰色关联度及影响程度划分如表 7-1 所示。[①]

表 7-1　　　　　　灰色关联度及影响程度划分标准

关联度	影响程度
0~0.4	弱关联度
0.4~0.6	中等关联度
0.6~0.8	较强关联度
0.8~1	强关联度

---

① 刘红峰，邓家飞，刘惠良. 农业强国视域下农业高质量发展水平测度及其驱动因素研究 [J]. 湖南农业科学，2023（8）：89-95+100.

第二节 基于灰色关联法的影响因素实证分析

一、数据来源与处理

本书以表6-3得到的三级评价指标数据处理结果为特征序列,以表6-7得出的云南农村三产融合整体发展水平的综合评价得分为母序列,如表7-2所示。

表7-2　　　　　　　　灰色关联度分析的基础数据

	变量	2011年	2012年	2013年	2014年	2015年	2016年	2017年	2018年	2019年	2020年	2021年
母序列	A	0.437	0.419	0.529	0.511	0.576	0.521	0.505	0.488	0.479	0.441	0.514
特征序列	X_1	0.010	0.202	0.367	0.471	0.668	1.010	0.988	1.008	0.579	0.170	0.332
	X_2	0.010	0.231	0.417	0.561	0.714	0.864	1.010	0.392	0.455	0.573	0.682
	X_3	0.401	0.692	0.775	0.926	1.010	0.100	0.337	0.390	0.152	0.015	0.010
	X_4	0.010	0.010	0.211	0.359	0.261	0.605	1.010	0.746	0.623	0.813	0.411
	X_5	0.475	0.404	0.344	0.201	0.097	0.010	0.078	0.398	0.660	0.815	1.010
	X_6	0.010	0.010	0.155	0.418	0.507	0.684	0.707	0.741	0.861	1.010	1.010
	X_7	0.449	0.228	0.175	0.339	0.759	0.787	0.922	1.010	0.445	0.010	0.159
	X_8	0.210	0.340	1.010	0.931	0.821	0.010	0.345	0.200	0.822	0.752	0.720
	X_9	1.010	0.906	0.998	0.797	0.704	0.641	0.266	0.306	0.338	0.010	0.023
	X_{10}	0.993	1.010	0.831	0.422	0.448	0.872	0.138	0.249	0.092	0.010	0.569
	X_{11}	0.993	0.750	1.010	0.556	0.897	0.529	0.010	0.126	0.257	0.530	0.621
	X_{12}	1.010	0.444	0.361	0.201	0.179	0.108	0.102	0.092	0.178	0.010	0.179
	X_{13}	1.010	0.883	0.836	0.791	0.681	0.539	0.451	0.301	0.166	0.062	0.010
	X_{14}	0.010	0.074	0.234	0.372	0.472	0.519	0.568	0.624	0.734	0.944	1.010
	X_{15}	0.010	0.141	0.246	0.330	0.449	0.567	0.681	0.761	0.846	0.941	1.010

二、灰色关联的实证结果

根据表7-2的灰色关联度分析的基础数据,运用SPSSAU软件计算,得到的灰色关联系数和结果如表7–3和表7–4所示。

表7–3　　　　　　　　　　灰色关联系数

变量	2011年	2012年	2013年	2014年	2015年	2016年	2017年	2018年	2019年	2020年	2021年
X_1	0.427	0.217	0.162	0.039	0.092	0.489	0.483	0.520	0.100	0.271	0.182
X_2	0.427	0.188	0.112	0.050	0.137	0.343	0.505	0.096	0.024	0.133	0.168
X_3	0.035	0.273	0.246	0.416	0.434	0.420	0.167	0.098	0.327	0.426	0.504
X_4	0.427	0.409	0.319	0.152	0.315	0.084	0.505	0.258	0.144	0.372	0.103
X_5	0.038	0.016	0.185	0.310	0.480	0.511	0.427	0.090	0.181	0.375	0.496
X_6	0.427	0.409	0.375	0.093	0.069	0.164	0.202	0.254	0.382	0.569	0.496
X_7	0.012	0.192	0.354	0.172	0.183	0.266	0.417	0.522	0.034	0.431	0.355
X_8	0.227	0.080	0.481	0.420	0.244	0.511	0.160	0.288	0.343	0.311	0.206
X_9	0.573	0.487	0.469	0.286	0.128	0.120	0.239	0.182	0.141	0.431	0.491
X_{10}	0.557	0.591	0.302	0.088	0.128	0.351	0.367	0.238	0.387	0.431	0.055
X_{11}	0.556	0.331	0.481	0.046	0.320	0.008	0.495	0.362	0.222	0.089	0.107
X_{12}	0.573	0.025	0.168	0.310	0.398	0.412	0.403	0.395	0.301	0.431	0.335
X_{13}	0.573	0.464	0.307	0.280	0.105	0.018	0.054	0.187	0.313	0.378	0.504
X_{14}	0.427	0.345	0.295	0.139	0.105	0.002	0.063	0.136	0.255	0.504	0.496
X_{15}	0.427	0.278	0.283	0.180	0.127	0.047	0.176	0.273	0.367	0.500	0.496

表7–4　　　　　　　　　　灰色关联度分析结果

变量	变量含义	关联度	关联顺序
X_1	规模以上农副产品加工业营业收入占农业总产值的比重	0.575	6
X_2	人均农业机械总动力	0.651	1
X_3	乡村非农就业比例	0.534	10
X_4	休闲农业营业收入占农业总产值的比重	0.548	8
X_5	农用化肥施用强度	0.576	5
X_6	森林覆盖率	0.528	12
X_7	农林牧渔服务业产值占农业总产值的比重	0.579	4
X_8	农业保险深度	0.527	13
X_9	农技人员比例	0.517	14
X_{10}	农业总产值增速	0.529	11
X_{11}	农林牧副渔业增加值增速	0.587	3
X_{12}	农村居民人均可支配收入增速	0.499	15
X_{13}	乡村从业人员占总从业人员比重	0.564	7
X_{14}	城乡收入比	0.601	2
X_{15}	城镇化率	0.545	9

第七章 云南农村三产融合发展影响因素分析

三、结果分析

根据表7-4得出的灰色关联分析结果，结合表7-1影响程度的划分可以看出：人均农业机械总动力、城乡收入比2个变量是影响云南农村三产融合发展的主要因素；农林牧副渔业增加值增速、农林牧渔服务业产值占农业总产值比重、农用化肥施用强度、规模以上农副产品加工业营业收入占农业总产值比重、乡村从业人员占总从业人员比重、休闲农业营业收入占农业总产值比重、城镇化率、乡村非农就业比例、农业总产值增速、森林覆盖率、农业保险深度、农技人员比例、农村居民人均可支配收入增速13个变量对其融合发展的影响较弱。

分析结果表明，农业经济的增长、农民收入和生活水平的提高以及农业产业链的延伸能够促进云南农村三产融合的发展。云南应当深入推进农业供给侧结构性改革，转变农村农业发展的模式，加快农业向二三产业的延伸，进一步加强生产性服务业对农村三产融合发展的全产业链支撑作用，形成要素齐全、机制高效、主体多元、体系完善的农村农业新业态。

第八章
云南农村三产融合发展主要问题及其成因分析

第一节 云南农村三产融合发展的主要问题

一、农业产业融合意识不强

首先,云南一些地方对农业产业融合的概念认识不深。产业融合是各产业间的分工实现内部化并且形成新技术、新业态和新模式的过程,其形式的层级高于产业化发展形式,本质上也是各产业主体之间较高层次的内部化分工。假如产业化未能形成不同产业间大量组织的内部化分工,那么产业化就无法形成产业融合。现阶段云南一些地方对于产业融合概念的理解并不完整,没有跳出产业内分工的惯性思维,认为产业融合只是产业形成产业化的升级,这样就导致在开展产业融合的过程中只注重发展单一农业的产业化,而其他产业则未被注意到,尤其是二产和三产中高度发达的细分产业的考量。这就造成产业化未实现农业与其他产业中的组织形成跨产业的分工,产业融合的预期效果也就大大降低。对于持续促进农民收入增长的作用也很有限。

其次,未形成对培育产业公地高度重视的理念。产业公地的培育是推进产业融合的基础,但不管是云南还是其他农业产业相对发达的省份,都未形成对培育产业公地的高度重视,甚至存在简单的模仿,未形成共同的技术基础,那么产业融合只能够在产业内产业方向上形成延伸,未能突破产业间的

第八章 云南农村三产融合发展主要问题及其成因分析

界限,其产业融合层级就较低,带给农民的增收效果也自然十分有限。

再次,横向融合程度有限。究其主要原因还是对于农业多种功能的认识不够,拓展程度极其有限。农村三产纵向融合是农业向产业链的前端和后端延伸的融合,而横向融合是通过拓展农业的多种功能与其他产业进行融合。农业的功能变化随着人类社会的发展先后经历了三个阶段。第一阶段,在农业社会,农业是人们赖以生存的重点产业,农业肩负着为人们提供食品需求,保障人们基本生存的重要功能。第二阶段,当人类社会步入工业时代后,人们的温饱问题基本得到了解决,生活质量也在不断提升。这时农业的主要功能在于提高所供给的农产品的质量性和安全性,并开始在生产过程中逐渐转变生产方式和提升生产效率,以及对生态环境保护的不断重视。第三阶段,到了后工业时代,农产品的供给日趋饱和,供求关系当中供大于求,而人们开始注重农业精神层面的产品。农业的功能除了保障高质量农产品的供给和保护生态环境外,还体现在农业作为农耕文化传承的载体。而现阶段云南和全国一样处于向后工业时代迈进的过程,农业所具备的多功能性正在逐渐凸显,农业除了本身所具备的经济功能外,其生态功能、文化功能和社会功能日益受到关注。农村三产实现横向融合必须依托农业多种功能来推进,而且在社会经济发展的背景下,为拓展农业的多种功能、推进农村三产的横向融合提供了可能。同时,推进农村三产融合反过来又拓展了农业的多种功能。而现阶段,云南农村三产融合过程中由于拓展意识存在局限性,农业多功能拓展意识不足,导致了片面化、简单化地把农村三产融合简单理解为纵向融合,而忽视了横向融合。跳出一直以来存在的农业只是简单地生产并供给农产品的这一固有思维,积极拓展农业的多种功能,培育多种新型业态,这对于丰富农村三产融合具有重要意义。

最后,农村三产融合的目的不完全明确。农村三产融合发展较好的地区虽然带给了农民一定的增收,但农村三产融合发展所带来的收益并没有更多地留在农村、留给农民,而且现阶段三产融合发展对于持续促进农民增收的潜能还未完全被激发出来。农业与其他产业融合带来的收益分配机制及农民参与融合后新业态的社会化分工的机制还有待进一步完善。在制订农村三产融合发展计划的过程中需要将持续促进农民增收列入工作计划，要以农民为本。要避免日本在实行六次产业化进程中，出现的因为下游产业利润较高而带来的农民和农民组织与农业产业脱节的情况。农村三产融合要突出以农业为基础，要依靠农民、为了农民，以促进农民持续增收为出发点和落脚点。

二、小农户对接大市场能力较弱

现阶段云南农业发展过程中依然存在着相当数量的小农户，也可以说小农户依然占主体地位，而分散的小农户难以对接大市场，更无力构建起完整的融合性产业链，也无力抵御自然风险。

首先，小农户整体文化素质不具备参与农村三产融合的能力。主要体现在以下几个方面。一是小农户缺乏农村三产融合发展的理念。小农户更多还是在以传统理念开展农业生产经营，对现代市场的认知程度十分有限，这样带来的依然是"广种薄收"，对于农产品的加工和销售认知有限，无法有效针对市场发展趋势，而农业所具备的多功能性及其多元化的价值也同样被忽视。这就无法有效激活农业农村的优势资源来促进农民增收。二是小农户对现代农业技术的掌握程度十分有限。小农户限于自身综合文化素质，应用信息化技术能力偏低，这就导致无法掌握和应用现代化的农业技术，不能有效、充分地利用农业资源。一方面，在农业生产过程中对于农业资源的利用存在浪费，另一方面，生产出的产品缺乏技术含量，价值难以提升。三是小农户缺乏农业的综合经营管理能力。农村三产融合发展不仅体现在农民的农业生产技能提升上，还要求农民具有推进农业与其他产业融合的经营管理能力和创新能力，否则就无法实现农业与加工业、服务业的融合。四是小农户生产分散。虽然现阶段云南各类农民合作组织蓬勃发展，但是并未有效将分散生产的小农户整合起来。传统农业发展模式下的小农生产方式带来的"小、散、弱"农业经营主体呈现出明显的组织劣势。而且在生产过程中，小农户难以做到高质量的生产，生产效率和生产效益较低，严重影响了农业产业链的延伸。五是小农户的利益短视性。一部分小农户在融合发展中，更多在意眼前利益而忽略了长期合作。这对于融合主体而言因考虑到合作时间短暂且原始投入较大，而不愿与农户进行深层次的合作。而一些小农户在融合过程中缺乏契约精神，让合作双方缺少亲和力，加上"法不责众"思想的存在，双方在合作过程中失信行为并不鲜见。

其次，小农户参与农村三产融合发展风险较高。农村三产融合发展过程中的利益联结往往收益与风险成正比，这就需要在融合过程中形成风险共担。一方面，农村三产融合发展的风险会形成传递和扩大。主要体现在融合中某一个环节出现风险则会通过产业链向其他环节扩散，并影响到其他参与融合的主体，甚至影响到整个产业的运行。另一方面，小农户本身就缺乏抗风险能力。例如，利益联结相对完善的股份合作模式虽然能够为农户带来收益，但从市场风险角度来看，在市场竞争的环境下，收益与风险是成正比的。

最后，现有组织模式不完善。现有的组织模式下，小农户在农村产业融合中处于弱势地位，小农户与农业企业等新型经营主体的利益联结机制并未实现小农户生产经营方式发生较大的变化，生产效率依然不高，反而是农产品定价机制发生了变化。小农户承担了农业生产成本上涨及生产成本难以向产业链后端转移的压力。小农户的利益在产业链波动中就不可避免地受到影响。比如典型的"企业+农户"模式下，农业企业依靠自身的资本优势及销售渠道优势而掌握了话语权，分散经营的小农户无法与企业进行平等合作。虽然现有的组织模式中也有合作社参与构成"企业+合作社+农户"，但是笔者在调研过程中发现，一些合作社存在组织松散，作用发挥有限等问题。尽管现阶段的组织模式在一定程度上促进了农村三产融合发展，但是对于小农户的利益保护机制却不够完善。

三、农村三产融合缺乏高质量的主体

近年来，云南新型经营主体的培育壮大取得了较大的成效，但整体上依然缺乏高质量的新型经营主体。这也成为制约云南农村三产融合的关键因素。

首先，融合主体的思想理念有待转变。一些融合主体在推进农村三产融合发展时片面地认为这一过程主要是通过政府职能部门的资金注入即可取得所需要获得的收益,未能准确理解产业融合过程中对于突破原有的产业边界带来产业链的延伸和价值链提升的真正含义。融合主体更多的是寄希望于获取更多的扶持资金,以此来在自己主要的生产领域进行盲目性扩张,这就导致生产出的农产品(包括服务产品)呈现出低端竞争的局面,缺乏高质量的产业融合进程。对于一些外来的资本和企业而言,其参与农村三产融合发展主要是为了获取最大化的利益,而对于农业农村的综合发展并未起到推动作用。在利益的驱使下,这些外来的资本和企业往往会改变农村三产融合发展过程中以"农"为基础的本质属性,更多的是寄希望于依靠"非粮化"和"非农化"产业来获取利益。融合主体盲目及不符合实际的思想理念导致存在高风险的融合项目频繁出现。农村三产融合的本质是农业生产模式构建的过程,这一过程存在着较多的不确定因素和风险,而一些融合主体由于盲目乐观,对于风险的识别能力很有限,这也增加了融合项目的风险程度。

其次,融合主体治理结构不完整。现阶段云南的融合主体大多还处于发展上升期,规模偏小、规范程度不足。家庭农场层面,设施设备普遍简陋,经营方式粗放,甚至有的仅是自产自销或者是单一地发展一产,远未达到现代化、标准化的家庭农场规范。而合作社层面更多的还是处于简单的劳动、物资及设施的合作上,内部组织结构及规章制度等方面还有待健全完善,运转管理不够规范,缺乏有效的制度监督。对于推进高质量农村三产融合发展发挥的作用极其有限。龙头企业层面,云南现有的大部分龙头企业无论是发展规模、科技含量,还是战略眼光、管理理念等方面较之国内发达省区的龙头企业都存在差距。

再次,融合主体异化和畸形。一些新型经营主体在融合过程中推行过度规模化发展,其经营规模与经营能力及家庭农场的基本范畴不相协调。例如,家庭农场的经营规模受经济发展层级、技术水平等方面的影响,需要保持在一个相对平衡的界限内。尤其在云南"小农户"占主体地位的背景下,对于家庭农场更要充分地考虑到适度规模化和精细化。对于家庭农场作为推进农村三产融合发展的重要力量,背离了适度规模化和精细化将会带来适得其反的效果。再如,一些合作社由于经营不善而成为"空壳社""僵尸社",这不仅没有充分发挥合作社应有的基本功能和作用,反而浪费了惠农资金，严重影响了农村三产融合发展。

最后，技术创新与市场营销意识有待提升。现阶段大部分云南融合主体产品技术含量较低、销售渠道不畅、缺乏品牌竞争力。种植和养殖大户以生产初级产品为主，产品加工环节由企业负责，利润更多被留在了加工环节。而且初级产品的交易又大多是依据经验，缺乏有效的市场信息支撑，收益具有不稳定性。参与融合的主体性发挥十分有限。同时，云南还面临着复杂多样的地形地貌，平地较少而山地较多，土地细碎化。有限的资金支持使得绝大部分的家庭农场生产出的产品只能达到初加工水平。家庭农场主受自身教育程度所限的影响，新业态的出现速度较慢。农民合作社的功能发挥有限，大多是开展生产服务，涵盖了生产、加工、贮藏及销售等综合性的服务主体较少。合作社缺乏具有较高管理和营销能力的专业型带头人，合作社抗风险能力差，不具备与龙头企业开展竞争的能力。农业企业虽然具备一定的生产、加工以及营销能力，但是仅限于少数龙头企业，对于大多数企业而言市场开拓能力有限。

四、农村三产融合利益联结机制有待完善

现阶段，云南大部分地方在开展农村三产融合过程中，融合主体内部的利益联结稳定性不够，各环节之间有效整合的效率较低。首先，融合主体对利益联结机制的健全和完善的意识不足。一些融合主体简单化地将农村三产融合利益联结机制理解为收益分配。对于小农户和其他新型经营主体提高融合能力的带动作用不足。而且一些外来资本和企业参与农村三产融合主要目的在于获取用地、税收减免等政策红利，对农户需求考虑不多，没有真正带动农户参与融合。一些企业开展的融合项目与当地特色化结合不够，融合模式和产出的产品存在严重同质化。一些缺乏创新性的项目不但占用了大量农村的资源，造成了对农村生态环境资源的破坏，利润还出现了外流，这些无疑都对农民的利益产生了影响。企业是以追求利益最大化为目标，但为了获取短期利益的最大化，对于农户和合作社的利益的考虑不多，甚至与他们出现利益分配上的纠纷。虽然有相应的利益分配保障政策，但在实际操作时由于农户所处的竞争劣势地位，缺乏市场经

验,担心失去融合的机会,往往会选择接受企业提出的收益分配方式,这就造成农户利益的受损;其次,利益联结机制存在脆弱性。现阶段利益联结机制的方式主要是"企业+农户""企业+合作社+农户"等模式,各方主要依靠不太完善的订单及专业合作方式形成利益联结。虽然这一模式实现了农产品生产成本和风险的有效下降,推进了小农户与大市场的衔接,但是带给小农户的产业链后端的增值收益却不大,农户与企业联结不紧密。由于市场形势的不断变化,产品价格会存在与合同价格出现差异的情况,农户不按约定出售或企业压价出售的情况普遍存在。虽然也有企业以订单为基础向农户提供农资配送、仓储物流、技术支持及培训等多种服务,构成了农户与企业的互利合作,但此类企业大多是实力雄厚的大型龙头企业,所占比例较少;最后,利益联结机制缺少创新。虽然目前小农户与融合主体之间有相互参股、二次分红等多种利益联结机制,但现有的利益联结机制在实践中还存在操作难度较大、运行模式不完善等问题。农户普遍认为企业负责销售产品,企业则认为农户和合作社主要是为其提供原材料,无意参股合作社,也无意吸纳农民的入股资金。即便农户参股合作社或者企业,但企业凭借自身所具备的优势依然可获得利润,而小农户的收益则十分有限。虽然小农户可以了解到企业的经营情况,毕竟小农户不具备相应的财务知识,又缺乏严格的监督机制。现有的利益联结机制大多是为了迎合政策要求,或是一部分企业短暂的责任意识。这样的利益联结机制能够存续多久始终存疑。这一问题对于推动农村三产融合存在不利因素。低层级的农村三产融合不仅对农业农村现代化发展及乡村振兴所起到的作用有限,还会造成对农业农村资源的浪费,甚至是农村生态环境的破坏。在发展农村三产融合的过程中,形成健全、完善、合理的利益联结机制有着至关重要的作用。

五、农村三产融合发展的配套体制机制不健全

首先,管理体制与监管机制仍在不断健全完善。在农村三产融合发展的过程中,参与各方的市场行为缺乏有效的法律和制度的有效约束。职能职责并不明确,对农村市场的监督管理不到位,对于农村三产融合过程中

第八章 云南农村三产融合发展主要问题及其成因分析

出现的失信和违规行为不能够做到及时性的约束,让一些融合主体出现套取资金的行为。一些企业与农户合作开展的融合项目并未明确双方的责、权、利,由于信息的不对称,小农户在合作过程中对于合作内容了解不深入,自身的权益就无法得到有效保障,参与的融合项目也就面临较大的风险。这主要是在融合过程中对于如何就保护农村特色传统文化资源、利用好帮扶资金、融合技术、人才资源,以及最重要的充分维护农户权益等方面的制度不够健全。而且农村资源的价格机制也未合理形成,小农户缺乏更多的参与权。一些企业凭借自身实力对农村的各种要素资源进行了垄断,而农户的意见得不到应有的重视,导致一些要素资源的不合理使用甚至是外流,这样就造成了农村和农户的利益受损,以及被边缘化,农村三产融合发展也难以持续。此外,农村三产融合发展过程中会面临发生市场所带来的风险,一些地方对于市场风险的防范意识不足,缺乏相应的应急准备机制,不具备应对自然灾害风险、技术不适用风险,以及市场变化风险的能力,也没有完善的农业保险体系。在农村三产融合发展不断推进的过程中,各方均会面临生态环境、社会安全等多方面的风险隐患,一旦出现风险,农户的利益首当其冲受到损失。其次,农村金融体系发挥的支撑作用有限。农村经济的发展必须依靠金融体系进行有效支撑,这也是农村三产融合发展的重要保障。但现阶段农业贷款难的问题依然存在,很多新型经营主体都被"资金"问题所困扰。政策性、商业性及合作性金融相互之间不协调,存在错位、缺位或者是重叠现象,缺乏有效的分工合作。银行与保险、信用评级、抵押物评估等行业之间存在缺乏有效的业务合作,银行不了解相关的情况,自然不敢轻易发放贷款。加之农村信用体系因缺乏相应的标准造成信用评级的无法开展,而保险体系也正处于探索发展阶段,这对农村金融服务体系的构建以及支撑作用的发挥有着不小的影响。最后,科技创新支撑融合的制度不健全。小农户由于自身的条件限制难以开展科技融合创新,而企业开展科技创新支撑融合也面临着一定的风险。农业科技成果从研发到转化应用涉及政府部门、科研机构和企业,而促进各主体之间的有效联动的机制并不完善,对于科技成果需求与供给之间相互协调的体制机制还未形成。研发出的科技成果与企业在开展融合发展过程中所需要的现代农业技术存在一定的不匹配情况,这就造成了科技成果与商品化和市场化的脱节。在农业技术推广体系层面，基层农机推广人员人手有限，工作繁重，大多数时候还要应对事务性工作，不能更好地服务融合主体，帮助其应用新科技和新生产设备，农村三产融合发展过程中科技创新支撑的作用就难以体现。

第二节 主要问题的成因分析

一、农村地区缺乏高端人才

乡村振兴战略的实施离不开人才的有效支撑，农村三产融合发展更是需要多方面高端人才。当今社会人才作为资源要素的作用愈加明显，各行各业都在不断争夺各类高端人才，而在这一过程中非农行业及城市往往更能吸引到所需的高端人才，这就造成了农村地区高端人才的缺乏，农村三产融合发展缺乏所需的高端人才发挥带动作用。具体来说主要缺乏以下几个方面的人才：第一类是复合型人才。农村三产融合发展是农业与工业及服务业之间实现相互渗透，形成对资源的最优化配置，复合型人才具备这些行业部门的基本理论知识和实践经验，具有相应的管理理念和营销能力，能够结合当地实际情况寻找到融合的关键点，进而最大限度地避免各地同质化发展情况的出现，实现农村三产融合的高质量发展。虽然近年来云南农业农村的发展取得了质的飞跃，但由于"历史欠账"较多导致的农村人才流失，农村"空心化"问题严重，农村人才队伍建设滞后，人才整体素质偏低，尤其缺乏具备较新农业科技知识和管理经营能力的人才，而培育复合型人才并不是一个短时间的过程，而且需要多方面形成协作，并且培育成本也较高，而更多的高端人才也不愿意流向农村。第二类人才是信息化技术人才。随着信息化技术的不断普及，"互联网+农业"加快了一二三产业融合的进程。这一模式将大数据、云计算等先进技术应用于农业的生产端、加工端和销售端各环节。生产端和加工端通过对市场需求进行科学的分析，引导农民形成按需生产，并根据市场变化情况来协调生产与加工之间的关系。在销售端，通过各种直播平台和电商平台降低销售成本和拓宽销售渠道。而作为销售主体的人才却较为缺乏,大部分农民受教育程度偏低,且留守人员呈老龄化,不具备培育成为信息化技术专门人才的条件。信息化人才建设是一项系统工程,包含产品管理、产品营销、物流管理、售后服务、网络运营管理等众多环节,而各环节需要相应的人才。第三类人才是创新型人才。农村三产融合发展的过程需要以创新作为保障来激发融合的内生动力,让多个产业有效、紧密地融合起来,这一过程中通过探寻新路径和新方法,将会带来新的发展模式和新的发展业态。当然这就需要创新型人才发挥有效作用。而现阶段农村缺乏创新型人才的原因在于以下几个方面:云南绝大部分农业企业属于中小型企业,龙头企业数量偏少,而且农村的发展空间较之城市相对有限,这就造成了难以吸引到高质量的创新型人才。此外,创新需要对原有的生产方式和发展模式进行根本上的变革,对于中小型企业而言存在不小的难度,创新型人才的新理念和新方式就难以得到较好的实现,这也降低了创新型人才前往农村、扎根农村的积极性。[①]

二、相关产业技术发展不成熟

首先,虽然科技对云南农业的支撑作用日益明显,但是与国内发达省区相比依然存在一定的差距。根据笔者调研掌握的情况,2021 年,云南农业科技进步贡献率达 60%,四川为 61.5%,湖北为 62%,山东为 65.8%。可见云南农业科技进步贡献率较之同为西部省份的四川,中部省份的湖北,以及东部省份的山东,均偏低。科技进步贡献率低严重影响了相关产业技术发展的水平,对于云南农村三产融合发展也造成了严重制约。而农业科技具有社会性,其不能够简单地推行市场化,财政性资金是农业科技发展的主要保障。虽然在脱贫攻坚期间国家层面给予了云南极大的支持,但由于历史、地理等多重因素导致的云南农业科技发展"历史欠账"较多,这一过程并不是短时间内能够完成的,需要一个相对漫长的过程。此

---

① 张睿,韩影. 产业融合视角下农村人才队伍建设研究 [J]. 农业经济,2023 (9):96-97.

外，同样原因造成的农村基础设施建设水平滞后对于保障相关产业技术发展也存在不利因素。例如，信息化技术发展就受此影响，信息化技术的滞后对于农村三产融合发展而言，生产端、加工端及销售端就难以实现信息化发展，没有信息化技术的加持整个融合水平就只能是处于一个较低的阶段。其次，科技成果转化应用支撑不够。现阶段，科技研发的主力是科研单位与高等院校，二者的研发资助主要来源于政府性资金，且更多的是基于学术研究的目的，不少研究成果与实际生产应用在一定程度上存在脱节的情况。而作为农村三产融合主体的企业而言，除极少数大型农业企业外，大部分中小型农业企业限于自身实力有限，面对市场风险难以开展高新技术研发，这也正是前文所提到的农村三产融合缺乏高质量的主体的一个重要因素。这也就限制了农业生产过程中产业链上各环节技术的转型升级，对于农村三产融合发展的支持力度自然十分有限，融合后生产出的产品缺乏科技含量，价值普遍偏低。最后，农业科技从研究机构到田间地头"最后一公里"的打通依然任重而道远。云南一些基层农技推广人员技能良莠不齐，且一些农机推广机构面临人员结构老化、人手不足等困难，这样的农机推广队伍缺乏朝气与活力，难以适应现阶段发展形势的需求。虽然近年来推行的科技特派团、科技特派队等农技推广队伍积极深入基层一线开展科技服务，但是对于云南这样一个农业大省而言，依然不能全面满足需求。而且对于占多数的小农户而言，整体文化素质不高，其中，对于年龄较大的"留守老人"而言，他们对新技术的接受程度较低，更多的时候他们还是依靠"经验"来开展生产，新技术缺乏普遍"落地生根"的土壤，这让新技术的推广应用更是"步履维艰"。

三、产业间融合的价值未充分挖掘

要实现农村三产融合发展就一定要充分挖掘各产业间的融合价值，现阶段云南农村三产融合发展过程中对于各产业间的融合价值挖掘不够深入，这就造成了优化产业结构时缺乏动力，这也是云南乃至全国现阶段农村三产融合发展过程中所普遍存在的问题。我国已步入全面建成小康社会的决胜阶段，人民群众对高质量农产品的需求日益增加，以往长期存在的

第八章　云南农村三产融合发展主要问题及其成因分析

农产品供给结构已经不能够适应市场竞争并满足人民群众的需求，以往价值含量低、产品质量层级不高的农产品供给已和人民群众对美好生活的追求形成了日益突出的矛盾。现阶段高质量的特色农产品能够在激烈的市场竞争中占据优势，但在云南不少农村地区所生产出的产品依然属于初级低端产品，难以进军高端市场。能够进行农产品精深加工的龙头企业数量较之发达地区偏少，大部分农业企业能进行的仅仅是对农产品的初加工，这就造成了市场供需的不协调，农产品滞销，农村地区出现价格混战等现象。缺少实力强劲的大型龙头企业，也造成了农村三产融合缺乏高质量的主体。而农产品的附加价值偏低，产业链条难以得到有效延伸，整个农村三产融合的效益不高，进而影响农村三产融合利益联结机制的完善。因为，整体农村三产融合整体上的效益偏低，缺乏能够形成有效、完善的利益联结机制的经济基础。可以说，农村三产融合发展带来的农业产业结构调整旨在对农业产业的绿色和生态发展价值进行充分挖掘。尤其对于云南而言，得天独厚的自然条件优势可以生产出众多的优质蔬菜、水果等鲜食农产品，且具有错季上市的优势。所以，在生产端充分挖掘云南农业绿色化、生态化发展价值，对于更多的云南优质农产品进军高端市场具有重要意义。在加工端，对于其他农产品，可基于绿色化和生态化的属性构建起精深加工链条和模式。让云南农产品无论是高品质的鲜食农产品，还是富含科技含量的精深加工农产品都能够获得较强的市场竞争力，实现对产业间融合价值的充分挖掘。而现阶段由于未能实现对产业间融合价值进行有效、充分的挖掘，造成了云南高品质的鲜食农产品和富含科技含量的精深加工农产品都受到了限制。此外，农村三产融合发展还能有效拓展农业的多种功能，实现农业从单一的农产品供给转型升级为具备水土保持、涵养水源、净化水源，保护生物多样性，保护、传承与发展农耕文化及乡村文化，以及为人们提供就业、农村养老、科普教育等多种功能。这一变化是建立在对产业间融合价值充分挖掘的基础上的。综上所述，如果不能深入挖掘产业间的融合价值，将对云南农村三产融合发展、纵深发展带来不利的影响。①

---

① 康晓梅. 乡村振兴战略下农村三产融合路径研究［J］. 农业经济，2023（10）：66–67.

四、对发展方式和路径的盲从

现阶段,虽然云南各地都在不断探索推进农村三产融合发展方式和路径,但这一过程中却出现了一些盲从行为,这也成为农村三产融合发展中出现一系列问题的原因之一。这主要体现在两个方面。其一,盲目追求城镇化进程,而忽略了以农业农村为根本的这一关键点,简单地用城市发展的思维来发展农村,在农村推行城市治理的方式和路径。例如,一些地方推行农民"上楼",实行村庄外表的"绿化"和"美化"等村容提升,用统一的模式来淡化农村的乡土味道,稀释了乡村本来应该具有的文化特性。这就容易造成过度的同质化竞争和过多的低附加值产品。其二,盲目追求"规模化",反而淡化了"土字号""乡字号"。土地的规模化通常有两种方式,一种是自然让渡,该方式是农民将自有土地进行流转;另一种是商业让渡,该方式是以外来的工商资本所主导的土地流转。自然让渡是农民有更好的获取收入的途径,而商业让渡则对农民而言并未获得更多的就业岗位和自身技能的提升而土地被流转。商业让渡存在让农民丧失土地经营权的风险,但农民所获得的就业岗位和自身技能的提升难以弥补原有的土地经营权所带来的收益,实现持续性增收存在较大难度。此外,商业让渡还可能带来土地"非粮化"甚至是土地"非农化"的风险。还会存在抬升土地成本的问题,在各种指标和任务的压力下难以顾及农民长远的发展,造成了农民在与农业农村脱轨的同时又难以和城市接轨。盲目追求"规模化"带来了发展质量被短期利益化所"控制",尤其是"土字号""乡字号"被淡化。例如,一些特色小镇的发展过程中,存在盲目追求规模和同质化模仿等情况,甚至是趋于房地产开发,难以形成可持续性的发展,导致对资源投入的浪费,影响了农业农村的本质属性,破坏了乡村振兴。还有在农业生产的过程中的盲目跟风和同质化竞争。发现市场行情"好"就盲目跟风进行生产,忽视当地原有的特色化农产品,所生产的产品对乡村价值挖掘、延伸和传承不够,未融入当地的乡土元素,"专精特新"特性不足,背离了"土字号""乡字号",而盲目开展生产所产出的产品往往存在质量问题。这样的生产方式其实是对于乡村特色与现代农业

第八章 云南农村三产融合发展主要问题及其成因分析

生产方式和生产技术融合的一种误区,而造成这一问题的根源则是农业产业融合意识不强,把产业融合简单理解为先进的现代技术对传统乡村元素的替代。其忽略了乡村特色对于农村三产融合发展,以及对于乡村振兴战略的支撑保障作用。传统乡村元素不应被替代,也不能被替代,而应该是形成与现代元素的有机融合,这才是农村三产融合发展的关键。①

五、相关融资渠道不畅通

由于相关融资渠道不畅通,融合主体在融资方面依然面临着较大的困难。第一个方面,融合主体缺少质抵物。通常情况下融合主体融资渠道分为内源和外源两类。内源是其自身盈余资金,外源则是财政性投入资金,以及各种借贷资金。现阶段,财政性投入资金毕竟有限,不可能覆盖每一个融合主体,而云南的融合主体普遍存在规模小、缺少质抵物、会计制度仍在健全等方面的问题,且农业对于资金的时效性要求较高。但金融机构基于自身资金安全的考虑,通常会限制其贷款。这主要是因为涉农抵押交易市场机制还在不断健全和完善中,农机具设备、农地产物、牲畜等用于抵押融资存在抵押物价值缩减和处置变现较难的问题,而且农业在生产过程中存在各种不可预见的风险,且农业抗风险能力较弱,融合主体的资金链条薄弱易断裂,这对于金融机构而言就意味着不小的风险,对于融合主体而言也就难以获得畅通的融资渠道,进而难以形成数量众多的高质量的融合主体。这也体现了农村三产融合发展的配套体制机制不健全。第二个方面,由于资本信息的不对称带来的产融结合发展较慢。从目前融合主体发展的过程来看,资本信息的不对称是其融资难的一大重要原因。由于融合主体基本位于县、乡,信息相对闭塞。这给金融机构及时了解和掌握其经营状况增加了难度。而金融机构也不能准确及时地通过第三方平台获取融合主体的历史信用和财务经营状况等信息,只凭融合主体单方面提供的信息难以对其作出准确、全面、系统的信用评价,这给融资带来了诸多不便利。这就造成了金融机构作出了不将资金充分投入农村的抉择,对融合

---

① 郭秀慧. 以产业融合推进乡村振兴的路径研究 [J]. 农业经济, 2023 (5): 47-49.

主体的发展带来了不小的影响。一些融合主体为了获得贷款,往往会选择隐瞒其真实的财务信息及融资目的。金融机构发放贷款通常以财务信息为依据,而一旦金融机构发现融合主体所提供资料的真实性存疑后,则会通过隐性增加贷款利率来弥补融合主体对有关信息的隐瞒所存在的风险溢价。贷款利率的增加让一些融合主体难以承受,故选择退出融资市场,并选择其他融资方式。限于财务管理水平,融合主体对于政策性的融资政策及担保制度等难以完全掌握,难以构建起对外信用度,而信贷双方也未形成有效的信息沟通渠道,相互间的信任程度缺乏,这些都对金融支持农村三产融合发展产生阻碍。所以,融合主体要想满足其融资需求,需要通过互联网等方式提高其各种信息的透明度,并形成融合主体与金融机构之间畅通的相互了解的渠道,消除信息不对称。而且监管部门、职能部门可通过互联网等方式了解掌握双方的实时信息,提供必要的便利服务和提供有效监管。①

---

① 曾雄旺,张子涵,胡鹏.新型农业经营主体融资约束及其破解[J].湖南社会科学,2020(1):97-102.

第九章
国内外乡村振兴及产业融合发展经验模式

第一节 国内乡村振兴发展经验模式

一、农业内部有机融合

(一) 主要特征

农业内部有机融合模式是基于农业资源优势，直面市场需求，连接种植业、畜牧业、林业、渔业等涉农产业，调整优化农业种养结构，加快发展循环农业和生态农业，大力发展无公害、绿色、有机和具备地理标志的农产品，推进农业有机废弃物综合利用，形成农业内部紧密协作、循环利用和一体化发展的经营方式，旨在实现经济效益和生态保护相统一、产业发展和农民增收共促进的产业模式。[1]

(二) 案例分析

1. 案例背景

好农场成立于2014年，利用有机理念和CSA模式，发展社区支农服务，开创农业发展新模式，现有北京、西安、合肥和三亚四家直营子农

---

[1] 中陆必得旅游规划. 农村三产融合发展的5个优秀案例 [EB/OL]. (2023-02-06). https: // mp. weixin. qq. com/s?__biz = MjM5MzQ4OTIxNA == &mid = 2652529145&idx = 3&sn = f9e376ae6271fe 77679e29a4045b9a26&chksm = bd7889a88a0f00bef1ed5301f64cb5374754d8f17bfc9d69f4f3de302dba662 dd8a72d6de0b3&scene = 27.

场。一方面，农场以生产绿色有机农产品为基础，通过B2B2C模式向农场提供有机生态农产品电商平台服务，依托全国健康食品社群链接，发展老社群和孵化新社群，共享健康食品消费市场。另一方面，通过发展自然科普、食农教育和休闲农业，使来到农场的成人和儿童可以直接参与有机农业、土壤保护、物质循环等实践过程。①

2. 主要融合措施

（1）坚持生态农业种植与养殖一体化。

坚持绿色发展理念，探索生态农业和资源循环利用发展模式，推行人工种植和自然养殖相结合，使用天然植物制成的有机肥料和营养液预防和控制病虫害，实行适当的轮作、间作和多样化种植。各种要素相互作用，发挥协同效应，形成良性生态循环系统。

（2）发展租赁农业园区。

消费者可以在好农场的农业园区里租一块农田，由农场提供种子、水、有机肥料、劳动工具和必要的技术指导服务。消费者依靠自己的劳动进行耕种，收成完全属于消费者。如果消费者没有时间管理，农场可以代为管理。

（3）搭建CSA全产业链。

好农场APP不仅为其会员提供来自全国好农场联盟的有机食材，会员可以在APP上查看数量、价格和产品详细信息，还可以下订单、查看账户信息和翻阅历史记录。此外，好农场APP还为CSA农场提供全方位的互联网服务，包括市场推广、会员招募、会员管理、生产管理、可追溯系统、田间记录系统等。

（4）增强客户黏性。

农场面向所有人开放，消费者可以随时预约来农场采摘游玩。同时，通过线上科普和社群运营等方式，并结合开展各种线下活动，增强生产者与消费者的直接接触频率，从而促进农场与消费者建立良好的信任关系。

---

① 前瞻知库. 乡村振兴利器：CSA社区电商模式［EB/OL］．（2023-03-09）. https://baijiahao. baidu. com/s? id = 1759856328348644818&wfr = spider&for = pc.

（5）开展普及性的食农教育。

2014年，"分享收获"社会生态农业项目在农场启动"大地之子"食农教育项目。目前，该项目实行收费制度，分两种方式进行：一种方式是食农教育老师到学校进行专题授课，并协助学校开辟校园菜地；另一种方式是市民家庭或者学校师生到"大地之子"教学基地参加现场教学，与食物进行近距离接触。①

3. 融合成效

（1）经济效益。

以CSA平台为中介，实现生产者与消费者之间的直接对接，减少了中间商的操作环节，从而降低了生产成本和销售成本，不仅可以增加了生产者和消费者的利益，还可以确保消费者以更低的价格买到其需要的优质、安全农产品。

（2）社会效益。

通过食农教育和自然教育宣传生态理念，确保来到农场的成人和儿童都能亲身参与有机农业、土壤保护、物质循环等实践活动，以"探索性"和"体验性"相结合的模式代替以往传统的"说教式"模式，将环境保护的观念延展到家庭和个人的日常生活和消费行为中。②

（3）生态效益。

推崇绿色有机理念，发展绿色循环农业，利用科学、天然、无公害的作物种植方法，形成良性的生态循环系统，实现生态环境的保护。

二、全产业链融合发展

（一）主要特征

全产业链一体化发展模式是指逐步建设种植基地、农产品加工生产、智能仓储管理、市场营销体系建设，以及农业休闲、乡村旅游、品牌建

---

① 广州市社会创新中心. 社创案例｜分享收获：从社区支持农业到乡村复兴 [EB/OL]. (2018-10-15). https：//www.sohu.com/a/259685966_795819.

② 农村青年杂志. 创业之路｜石嫣的"土地分享"经 [EB/OL]. (2020-02-04). https：//www.sohu.com/a/259685966_795819.

设、产业集聚等过程，形成完整的"全产业链"。① 农业产业链的存在减少了在生产过程中产生的交易费用，降低成本意味着更大的利润空间，这也是产业链存在的前提。在传统农业中，更多的产业利润被加工和销售环节挤占，相对剩下给农户的利润就减少了。农业生产主体的特点使农民成为农业产业链中的弱势群体，他们无法获取全面的行业信息，没有组织特性将其联系起来，导致无法形成稳定的利益共同体。通过全产业链融合发展模式，能够实现农业的"接二连三"。

（二）案例分析

1. 案例背景

河南省新乡市原阳县立足稻米优势特色产业，通过"第一产业三产化、第二产业品牌化、第三产业产业化、种养模块基地化、科技农业产研化、龙头企业产加销化"等"六体化一"的创建思路，突破区域边界，强化规模优势，走农业区域化布局、一体化经营、协作化生产的路子。同时，通过打造"六体合一"的产业结构，促进农业生产要素向产业园区集中、优势产业向产业园区集聚，促进农业产业化、多功能经营；推进生态、农业、文化和旅游相融合，实现一二三产融合发展，发挥出典型示范作用，探索现代农业产业升级新思路。②

2. 模式组织架构

原阳县产业模式组织架构如图9-1所示。

3. 主要融合措施

该产业园区以旺盛专业合作社500亩稻鳅、原生专业合作社1000亩稻蟹、德孝绿农种植专业合作社1000亩稻虾、美达农牧业专业合作社730亩稻蛙、黄河稻夫200亩稻鸭种养基地为先导，集中开展稻渔和稻鸭综合种养先进技术模式的集成与示范，建立健全稻渔综合种养标准体系，深入挖掘稻渔综合种养"一水两用、一田双收、稳粮增收、粮渔共赢"潜力，充

---

① 地产文库. 三产融合是哪三产？具体模式有哪些？[EB/OL]. (2021-06-11). https://news.3gcj.com/info/39849.html.

② 佚名. 农业产业链延伸型融合模式分析——以原阳稻米现代农业产业园为例[EB/OL]. (2024-01-03). https://baijiahao.baidu.com/s? id = 1787032865261178736&wfr = spider&for = pc.

第九章 国内外乡村振兴及产业融合发展经验模式

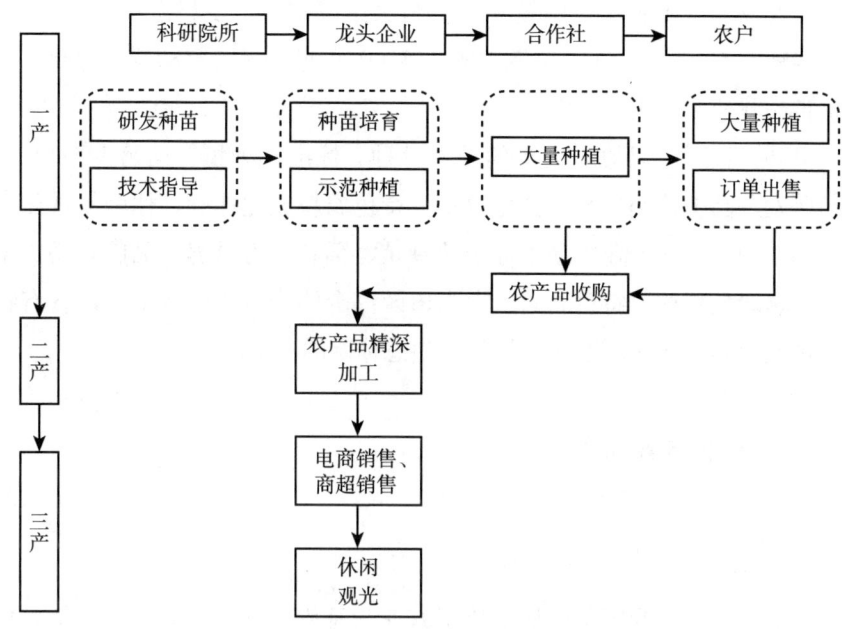

图 9-1 原阳县产业模式组织架构

分发挥稻渔一体化养殖功能,保障粮食安全,增加农民收入,提高农渔产品质量安全,改善农业生态环境,促进农村三产融合发展,实现标准化生产、规模化发展、产业化经营、品牌化销售的稻渔种植养殖示范,辐射带动周边发展。

另外,该园区以"任务清单"方式明确产业园建设任务,建立了园区工作任务台账和责任考核体系,开展政府农业投资绩效评价。对重点工程项目,严格执行基建项目管理程序,动态监测项目施工进度、质量等情况;注重加强宣传推介,通过会议、大型公益或集体活动、媒体宣传等方式在不同场合对产业园进行宣传,使产业园建设深入人心。

4. 融合成效

通过以上融合举措,原阳县成功打造了黄河稻夫农耕文化产业园区。园区重点发展了体验农业、科普农业、精品农业,形成产业结构协调、景观错落有致、体系配套完善的互动格局,建设了一批基于稻渔生态种养的设施完善、功能多样的创意农业园区、休闲观光园区、康养基地、乡村民俗景区,形成了以都市休闲农场、稻渔体验、休闲观光为主的园艺农业旅游观光农场、休闲农场；积极开展了园区田园文旅、乡村游项目和活动，年接待游客50多万人次，旅游总收入5600万元，直接拉动就业3000人，间接带动就业1万人。

另外，该园区以原阳大米的稻米育种、标准化种植、稻鸭生态种养、产品研发、品牌营销、大米文化博览、特色农耕文化体验、休闲景观旅游为核心；而水牛稻产业则是以标准化种植、稻鱼生态种养、品牌营销、稻田众筹、绿色餐饮、特色酒店、大米田园综合体为核心；两个园区各有特色，都是原阳大米三产融合的样板、生态休闲的典范。

三、农业功能拓展

（一）主要特征

农业功能拓展模式是以稳定传统农业为基础，逐步拓展农业功能，促进农业与旅游、教育、文化、康养等产业深度融合，打造一批具有历史、区域、民族特色的旅游村镇或乡村旅游示范村，积极加强农业文化遗产的保护与开发，推进农耕文化进校园。①

（二）案例分析

1. 案例背景

四川省眉山市青神县被誉为"中国竹编艺术之乡"，享有"国际竹编之都"的美称。近年来，青神县聚焦"竹"优势，做大做强"竹"品牌，打造出全国最大的竹产业交易博览综合体，创造中国本色纸第一品牌"斑布"，建成全国唯一的国际竹编艺术博览馆，"青神竹编"被列入国家级非物质文化遗产保护名录，满竹里"竹纤维旅游餐具套装"荣获2020年四川省旅游特色商品金奖，绿色青神的生态效益正在不断转化为经济效益。②

---

① 聚展网.【农业模式】农村三产融合发展的5种模式［EB/OL］.（2023 - 07 - 13）. https://www.jufair.com/information/44065.html.

② 青神融媒体中心.青神：做强竹产业品牌｜四川省"绿水青山就是金山银山"实践模式与典型案例［EB/OL］.（2023 - 05 - 15）. http://www.isenlin.cn/sf_9029A367B9674FAEACA3FEA0D4A22E5E_209_30096C14948.html.

第九章　国内外乡村振兴及产业融合发展经验模式

2. 主要融合措施

（1）做优规划。

聘请清华大学、同济大学等高校规划设计团队，高标准编制完成《青神竹编产业发展规划》和《竹编产业园区总体规划》。按照规范方案设计，打造出全国最大的竹产业专业博览综合体，建成国际竹编艺术博览馆、国际竹产业展览中心、国际竹艺中心，努力建设全国竹产业加工、研究和交易一体化中心，全力打造国际竹产业培训中心和体验中心。[①]

（2）健全机制。

把竹产业现代农业园区建设列为"一把手工程"，成立由县委书记、县长任双组长，包括农业、林业、农村、园林绿化等相关职能部门的工作小组；成立竹编产业园区管委会，筹建国际竹艺城投资有限公司，采用"园区+管委会+国企"的经营管理模式，高质量推进园区建设与运营管理一体化；建立产业发展考核奖惩机制，设立促进乡村产业振兴奖励资金，将竹产业发展与园区建设工作纳入县委、县政府年度目标责任考核，实行"末位问责"制度。

（3）整合要素。

加强财政支持，出台《青神县竹编产业发展扶持资金管理办法》，每年由县财政安排专项资金，用于竹编产业发展和园区建设工作；加强人才扶持，实施新型职业农民培育工程，全力推进竹领域"名师"和"土专家"人才队伍建设；深化对外合作，与中国农业大学共同成立青神乡村振兴研究院，引进高层次人才；强化土地保障，开展土地空间规划和村庄规划，优先落实竹产业发展规划用地指标。

（4）打造加工企业增长点。

立足竹编、竹纸、竹钢、竹桶等产品体系，延伸竹产品的精深加工产业链条，做强竹制品生产加工龙头企业；建立竹产业孵化园，孵化小微企业，加快竹林采伐、原料加工、产品配件组装等机械化设备研发和引进进程，提升竹产业加工产值。

---

① 四川省农业农村厅农村改革处. 青神县建设现代农业园区 推进竹产业高质量发展 [EB/OL]. (2020-09-04). http://nynct.sc.gov.cn/nynct/c100632/2020/9/4/fb0c0431e3ae47c79f1a6f8ee738fdbd.shtml.

(5) 做拓宽产业富民路线。

围绕特色竹产业，抓实联农带农机制，推广"9+1"收益分红模式，构建竹旅融合发展新业态，丰富竹制品、竹旅融合、"竹予"美食新品类，延伸"竹+"产业链条，提升竹产业价值链，创造就业岗位，带动竹农丰产增收。

3. 融合成效

一是立"竹"科学定位，建设"高规格"示范区。始终坚持"1323"建设总思路：紧扣打造百亿竹产业"1个目标"不动摇，做美景观、生态、富民"3条竹林风景线"，做强斑布竹产业园和竹编产业示范园"2个竹业园区"，做特非遗、三竹、开放"3张竹艺名片"。①

二是立"竹"融合发展，建设"高品质"示范区。该县加快推进斑布竹产业园建设，全国知名品牌"斑布"竹纸，成功入驻山姆、麦德龙、伊藤等6家国际大型连锁商超，2020年外贸销售额将突破1亿元。建立"竹农+国有公司+龙头企业"销售模式，新带动1000余户竹农种竹。

三是立"竹"全域推进，建设"高颜值"示范区。全县坚持全域园区理念，以竹编产业园区为核心，辐射386平方公里县域，加快建设"竹里"系列竹林风景线。按1000元/亩标准给予种竹补助，成功建成尖山、天池、白果3个省级现代竹产业示范基地。强力推进岷江流域生态屏障建设项目，深化"竹里桃花""竹里海棠""竹林湿地"等竹里系列风景线提升改造。将竹林风景线与萤火虫保护和旅游开发结合，打造"竹里萤光"旅游路线；依托国际竹艺中心，建成竹主题图书馆——"竹里书屋"，成为广大网友网红打卡地。建成全国首家竹艺主题酒店——青神竹里院子。

四是立"竹"开放合作，建设"高效益"示范区。大力发展O2O销售模式，搭建青神竹编跨境电商销售平台，远销欧美、中东、东南亚等60余个国家和地区。与北京国际设计周深入合作，连续两年举办竹产品创意设计大赛，共征集创意作品9000余件。

---

① 封面新闻. 四个方面立"竹" 四川青神成为全省竹产业高质量发展县 [EB/OL]. (2020-12-01). https://new.qq.com/rain/a/20201201A08ONG00.

第九章　国内外乡村振兴及产业融合发展经验模式

四、产业集聚发展

(一) 主要特征

随着农业产业发展规模的逐步扩大,特别是一县一业、一乡一特、一村一品的发展,产业发展呈现集聚化发展态势,产业链不断延伸,产品品牌和产品价值不断提升,实现了产业发展与经济发展的协同促进。①

(二) 案例分析

1. 案例背景

河南省驻马店市西平县以丰厚的嫘祖文化为基础,推崇"科技、时尚、绿色"的发展理念,积极融入共建"一带一路",推行"一区多园"发展模式,采用智能制造承接产业转移,实施精益管理实现服装制造业的低成本和高效率优势,逐步完善供应链条,大力延伸产业链条,继续培育壮大产业集群发展态势,有效开展嫘祖文化与服装业发展的有机衔接,先后获得河南省服装工业城、中国服装制造城、国家智能纺织产业园区试点、国家纺织产业转移试验园区等称号。西平县现已入驻阿尔本、爱慕、领秀等知名服装生产企业百余家,年产服装约8000万件,年产值达50亿元,形成10多个以国际商贸城为龙头的服装加工批发零售市场,辐射带动周边20多个市县,成为河南南部地区重要的服装集散中心。②

2. 主要融合措施

(1) 有效作为,紧抓服装主导产业。

服装产业是西平县起步最早、发展最快的传统产业,创造了"男儿风"等中国服装名牌,"西平裁缝"打造出享誉全国的优秀劳务品牌。西平县以嫘祖服饰文化为依托,将纺织服装产业列为首位产业强力推进,立足发展基础和资源禀赋,不断扩大、补充、增强产业链条,建设5.3平方

---

① 聚展网.【农业模式】农村三产融合发展的5种模式 [EB/OL]. (2023-07-13). https://www.jufair.com/information/44065.html.

② 河南日报客户端. 美豫名品看天中 | 华服霓裳 魅力西平 [EB/OL]. (2023-05-11). https://baijiahao.baidu.com/s?id=1765527112906425814&wfr=spider&for=pc.

公里的嫘祖服装新城,打造具有鲜明特色的专精特产业集群,形成了"一区多园、资源共享、竞相发展"的产业发展新格局。

(2) 政策落地,服务"贴心"又"暖身"。

西平县以规划修编为契机,科学谋划发展蓝图。该县树立"企业至上、服务至上"的理念,实行"一次办""一站式办""限时办"等制度,指定招商专员全程代为办理各类审批手续和证件执照。扎实开展"企业服务日"活动,建立工作明细台账,明确任务完成期限,指定招商专员进行全程跟踪落实服务。树立"招工即招商"的理念,在产业集群中建立招聘就业服务机构,建设人力资源产业园区,举办产业人力资源服务供需合作对接会,持续开展招工活动。以工匠精神为引领,举行首届服装行业技能大赛,全方位提升员工技能水平。设立服装产业发展专项资金,用于嫘祖服装新城基础设施和厂房建设,对厂房租金、固定资产投资、企业研发创新等予以补贴。

(3) 深入思考,紧跟转型升级产业浪潮。

西平县引进服装优势企业,推动现有企业转型升级,力争在产品质量、产业配套和成本控制等方面挖掘新的提升潜力,吸引了越来越多的服装企业向西平集聚,致力将服装产业培育为百亿级产业集群。当下,该县持续推进绿色化、智能化和专业化改造,逐步提高资源和能源使用效率、清洁生产能力;实施"设备换芯",执行"生产换线",推行"机器换人",培育新型生产方式,提高智能化生产水平;引导企业在设备更新、效率提升方面加大投入,加大高端产品产出,不断推动服装产业的效率变革、动力变革和质量变革。①

3. 融合成效

(1) 筑牢产业基础,促进乡村服装产业发展。

西平县通过细分服装产业品类做成了大产业。中国内衣领导品牌爱慕、首家女装上市品牌歌力思服饰、外贸生产企业阿尔本、大型服装出口企业国泰服饰等众多服饰品牌在此投资兴业。各企业根据自身条件发展,

---

① 河南日报客户端. 西平:强力推进服装产业发展 [EB/OL]. (2021-04-09). https://baijiahao.baidu.com/s?id=1696556611609307561&wfr=spider&for=pc.

实现换道领跑，发展壮大为当地的主导产业之一。

（2）赋能县域经济，吸纳群众就地就近就业。

在乡村服装产业发展中，西平县也探索出"中心工厂＋卫星工厂＋协作点"等有效模式，不仅能带动当地群众就地就近就业，还可以吸纳外出务工人员返乡就业创业，既能实现经济收入还能兼顾家庭。同时，带动农村劳动力从单纯务农到务农加务工、再到职业工人的身份转变，促进群众生产生活方式的转变，为乡村振兴打下坚实的社会基础。

（3）拓宽带动范围，增加农民收入、壮大村集体经济。

乡村服装产业对场地要求并不苛刻，确权到村集体的就业帮扶车间及闲置的学校、厂房、村室、宅院等都可以使用，产生的租金则可以增加村集体经济收入。同时，村集体也能统筹利用资金、资源，领办创办服装加工点，拓宽村集体经济收入渠道，发展壮大农村集体经济，为乡村振兴打下坚实的经济基础。①

第二节 国外产业融合发展经验模式

一、日本：农业产业链延伸融合

（一）主要特征

依托农业，以科技为引领，以地域农业资源为基础，向前承接农业的生产环节，向后链接涉农服务环节，通过高端化的转型和精深化的发展激发传统农业的新活力，促进第二产业和第三产业深度融合，让农业生产者都能参与进来。②

---

① 河南省人民政府门户网站. 央媒看河南｜家门口"织"出致富路［EB/OL］.（2023－12－29）. https：//www.henan.gov.cn/2023/12－29/2875320.html.

② 谈谈休闲农业. 我国休闲农业与乡村旅游农旅产业融合发展的国际借鉴［EB/OL］.（2021－03－12）. http：//www.360doc.com/content/21/0312/12/74184595_966600667.shtml.

（二）案例分析

1. 案例背景

日本耕地面积少、人口密度大，20世纪末以来，随着农村人口向城市大规模聚集，"人口老龄化"和农业"过疏化"现象在农村变得非常普遍，日本农业也逐步迈向低速发展时期[①]；同时，由于农产品作为加工原料输出，加之零售超市势力的扩张，农业生产者的利润被不断挤占，日本农民收入出现了大幅度的下降[②]。为了增加农民收入，振兴农业农村，日本政府采纳了农业学者今村奈良臣关于发展"第六产业"的意见，其基本内涵就是"将农业生产向第二产业和第三产业延伸，通过有机整合一、二、三产业，构建集生产、加工、销售、服务于一体的完整价值产业链"，倡导农户同时经营一、二、三产业，注重农产品生产、加工、销售、服务一体化发展，形成多元化经营格局，利用一二三产业融合发展的乘数效应，实现农产品价值增值。日本政府推行"六次产业"的发展理念，于2008年推出《农工商促进法》，以支持农村地区的农业、工业和商业合作发展。2010年，日本内阁又通过了修订后的《食品、农业和农村基本计划》，为创造一种能够在更大程度上内化农业产业附加值的农业商业模式。2013年，日本政府进一步提出了大力发展"六大产业"的指导方针，旨在促进农产品生产快速融入加工、流通和销售领域，使日本农业在国际竞争中具备主导地位。日本的三产融合发展主要通过延伸农业产业链、促进农产品本地化利用为目标，具体包括产地加工、产地直销和旅游消费等三种形态[③]。日本"第六产业"的重要成就之一就是提振了农产品加工业，尤其是食品加工、稻米精深加工等技术处于全球领先水平，传统农业实现了转型升级。日本六次产业发展具有很强的"政府主导"色彩，政府在六次产业化过程中起到了关键作用。

---

① 李玉磊，李华，肖红波. 国外农村一二三产业融合发展研究［J］. 世界农业，2016（6）：20-24.

② 郝汉，辛岭. 农村三产融合发展的国际经验及其对我国的启示［J］. 农业经济，2023（12）：107-109.

③ 念延辉，李昕怡. 河南省农村一二三产业融合发展国内外经验借鉴及启示［J］. 现代商贸工业，2019，40（9）：48-49.

2. 主要融合措施

第一,充分发展农业、工业和商业之间的合作,以工业带动农业,以商业促进农业,通过工业、商业的联合发展促进产业融合发展。政府实行优惠政策,支持中小企业与农业生产者达成合作,促进农业生产者成长为农业、工业和商业等企业的经营主体。

第二,整合业务规划,支持农业生产者拓展农业的产业链和价值链。主要表现在支持农林渔业生产,在农业生产的基础上,扩大产业规模,增加经营范围,充分挖掘和利用当地的农业资源价值,使农产品质量好、营养丰富、文化内涵丰富,做到差别化本质,开发具有当地特色的产品,培育产品品牌,提升农产品附加值。

第三,鼓励农产品原产地销售,以促进本地消费和使用本地农产品。这一措施还可以缩短农产品运输距离,保证农产品的新鲜度,确保食品安全。即使本措施中的农产品原产地不在规定的原产地范围内,也可以获得直供合同中约定的补贴,简化了在本市设立农用地直销设施和扩大经营范围的审批流程。

第四,实施农业科技创新计划,鼓励和支持以农业为依托的新兴产业发展。为了支持"第六产业"的发展,日本农林水产技术会议制定了《农林水产技术研究计划》,明确表示支持创新技术的研发和推广,以及农业产业化和知识产权的保护。

第五,加强政策补贴和金融扶持力度。加强政策补贴体现在两个方面:一是将新产品开发和市场拓展的支出补贴从1/2增加到2/3,支持开拓讲座、展览、宣传等活动的营销渠道。二是对新的农产品加工、销售所需的设备购置建设费用给予50%的补贴。农林渔业从业人员申请改善农业发展的无息贷款期限可从10年延长至12年,中小民营企业申请新公司业务可申请利率仅为1.2%的贷款,且贷款额度提高至7.2亿日元,政府也可以提供无须担保的信用贷款。

第六,设立农业、林业和渔业产业成长基金,帮助农业生产者扩大自有资金。2010年,内阁会议通过了《农林渔业产业化扶持机构成长法》,由国有和民营企业共同出资成立支持农业、林业和渔业发展的专项基金,促进一二三产业融合发展。

3. 经验启示

第一，始终以农业发展为核心，确保农民主体地位，推行农产品"地产地销"，以带动当地农民收入和保障就业稳定，有力地促进了农民与工业企业的合作。制定倾向于农业和农民的相关法律法规，重点是确保农民和企业合作期间的利益分配公平性。

第二，健全专管农村三产融合发展的部门。日本政府在促进六次产业化过程中，为保障六次产业化的顺利开展，日本先后设立了10多个部门，涉及农林牧渔的各个环节。如内阁官负责基本的政策制定，统计局则专门负责农林牧渔业的信息统计并加以处理和分析，消费安全局为消费者提供农产品质量的相关信息并对农产品从生产到最终食用进行监管，农林水产委员会为农林牧渔业过程中出现的各类问题提供帮助，制定扶持政策和规划发展方案。此外，设立检察部、林业厅、水产厅等系列部门，严格把关生产、流通、运输、消费等各个环节，为农户企业提供坚强的后盾。

第三，建立有力的制度保障。日本在发展六次产业化的过程中，制定一系列相关扶持法规、财政政策。在法律法规方面，政府先后制定了保障农业发展的比较完善的法律法规体系，以《农业基本法》为母法，形成了200多套与之相适应的法律。在财税和金融方面，采取独特的补贴政策鼓励农户企业积极投身农业生产中。日本政府设置专项的自然灾害保险补贴，对于关系国计民生的重要农产品采取强制性保险，农户只要达到入保标准必须参与保险，其他关于农业的保险则由农户自愿决定是否参加。这些举措不仅为农户全身心投入生产提供了信心，而且也能够保证农民收入的稳定性。日本政府注重农业技术的创新和品牌化建设。依据要求，制订"农林水产基本研究计划"，包括对专门的科技推广人员开展专门的农业教育培训等内容。

第四，发展多种类型的经营主体。日本在发展六次产业化过程中，依据各地的地理环境、发展特色、劳动力、人才的不同，发展了各具特点的经营主体。日本在六次产业化过程中，主要依靠的经营主体类型有专业农户、农村高龄老人和妇女、专门的农业协作组织和企业工商资本。其中，农村老人和妇女主导型经营主体值得借鉴。日本为鼓励这部分人积极参与农村发展过程，许多县城增建农业生产加工基地和大力发展旅游业，雇用

第九章　国内外乡村振兴及产业融合发展经验模式

妇女和老人，激发他们从事生产的热情，投身基于农业为主的服务业的发展。

第五，建立"产学研企"相结合的模式。已经形成了行业界确保原材料质量、学术界科研成果创新、研究界新产品研发以及企业界产品生产销售的稳定结构，开展面向市场的差异化农产品研发和销售，确保技术创新的应用和科研成果的转化。

第六，加强农业综合培训。日本各级政府高度重视培养农业从业者综合能力。这种综合能力体现在农业技术、产品研发、品牌推广、营销服务等方面，并贯穿农产品生产、供应、销售的全过程。培训强调理论与实践相结合，除了农业学校组织的各种培训课程，还包括政府组织的专业协会对农业、林业和水产等行业进行的实地调查，此外还有中央和地方各级举办的农业技术交流会、品牌建设研讨会、商品展销会等，满足了从业者对农业与工业融合的综合要求。

二、韩国：产业交叉型融合

（一）主要特征

农业跨越传统产业的边界，与其他产业进行交叉融合，覆盖农村的一二三产业，具有生产、生活、休闲、生态功能的横向一体化产业融合模式①。

（二）案例分析

1. 案例背景

在加入 WTO 和自由贸易协定的双重压力下，韩国国内的农产品市场正逐步向世界开放，大量农产品从国外进口。由于来自世界各国的竞争压力，国内农产品价格下降，导致大量从事农业生产的工人失业，农民收入也随之下降，传统农业产业规模逐渐萎缩。在此背景下，韩国提出了农业

---

① 崔鲜花，朴英爱. 韩国农村产业融合发展模式、动力及其对中国的镜鉴 [J]. 当代经济研究，2019（11）：85-93.

"六次产业化"的发展理念,即以当地农村或农民为改革主体,通过工业化升级创造出新的就业机会,提升农业产业附加值带动区域农业发展,激发乡村活力,突破单纯以农产品生产为主的局限,充分整合当地人力资源、自然资源和文化资源,从根本上改变农业发展方式①。韩国重点通过支持合作社前延后伸发展六次产业,本土化特色化发展,以合作社兴办农产品加工和营销为主要特点,采取"公司+合作社+农户"的模式实现农工商一体化,休闲娱乐、文化创意为传统农业注入了生机,"观光农园""周末农场"等成为韩国推进农村一二三产业融合的载体。韩国政府建立完善的支持体系和管理机制,设立六次产业所涉及的产品经营、市场开拓、人才培养、技术推广等环节的专项资金,组建专门机构和专家团队提供政策咨询、技术指导、宣传协调工作,建立完善的支持体系和管理机制,统筹推进六次产业化②。

2. 主要融合措施

第一,建立志愿指导者制度。韩国在新村建设运动中建立"志愿指导者制度",这里新村指导者的内涵与我国农村基层管理者有所区别。韩国的新村指导者由每个村推选出男女新村指导者各一名,指导者并非有偿劳动,他们属于志愿者,自愿服务村庄建设。精通农业技术的新村指导者占大多数,在新村运动中,他们不仅要精通农业生产技术,还要参与村庄的经营管理。他们为村庄选取适合村庄经营的开放项目,号召全村人员参与,解决村民的内部矛盾,实现村庄的经营目标。要想具备这些能力,新村指导者们必须在相关的机构进行学习。通过不断地学习、培训,他们才能具备村庄规划、村庄管理、村庄经营等相关的知识和能力。

第二,让农民成为新村建设的主体。新村运动可以说是一场农民意识的革新运动。新村运动的口号是"勤勉、自助、协同"。勤勉和协同口号是韩国农村发展以来一直存在的,而自助则是一个创新点,新村运动把自助精神发挥到了极致。政府充分尊重农民的意愿,激发农民的创造性和主

---

① 李玉磊,李华,肖红波. 国外农村一二三产业融合发展研究 [J]. 世界农业,2016 (6):20-24.

② 念延辉,李昕怡. 河南省农村一二三产业融合发展国内外经验借鉴及启示 [J]. 现代商贸工业,2019,40 (9):48-49.

动性。即使政府觉得可能对农民有利的事情,他们也绝不会强制农户去做,而是在听取农户意愿的基础上,再决定是否实施,让农民成为新村建设的主人。

第三,强化对农民的宣传和培训。韩国在新村建设中非常重视对农民的宣传和培训,他们认为只有提高农民的综合素质,新村运动才能有效推进。他们成立专门的机构并命名为"中央研修院"。中央研修院的培训内容涉及农村建设的各个方面,比如有关于水产养殖的水产团体干部班,有关于妇女培训的妇女指导班,有关于新村指导员培训的新村指导班等①。

3. 经验启示

第一,最大限度地促进农业和农村的附加值向农村内部流动。韩国政府大力支持农业或农村地区发展食品制造、食品流通、户外餐饮、旅游等产业。将"六次产业"的设计主体定位为农村和农民的利益,使原本流向城市等外部的农业产业附加值流入农村,带动农村产业良性发展。

第二,为开发新产品、开拓新市场提供有力的政策支持。韩国《农林食品科技发展中长期规划(2013—2022年)》提出,未来10年,农林食品产业附加值将以3%的年均速度增长。目前,韩国正在建设和运营的农家乐有1500多家。国家设立的基金总额为100亿韩元,国家和民间的出资比例为7∶3。

第三,加强技术攻关和产学研相结合,为产业融合发展提供支撑。韩国政府非常重视产业融合技术的研究,通过对农业产业化的详细调查和认真分析,在对农业事业的扶持下,开展相关技术的研发。在增强国际竞争力、创造新的增长动力、稳定粮食供应和改善民生福祉四个关键领域中,50项核心技术被选定为国家的主要项目和重点投资。主要研究方向包括:一是开发和生产更多的节能技术,降低生产成本。二是高附加值食品产业核心技术的发展。三是发展高效、环保的尖端生产技术。四是大力发展创新技术、挑战性技术和瓶颈技术。五是培育有望成为新兴增长点的国际化战略品种和技术。

---

① 余燕玲. 河北省农村一二三产业融合发展研究[D]. 石家庄:河北师范大学,2021.

三、美国：产业技术渗透型融合

（一）主要特征

以信息为媒介，利用互联网、新媒体、物流运输等平台拓展农产品营销市场，采用先进技术对农业进行渗透、扩散和融合，逐渐促进传统农业的创新和产业之间界限的模糊和消除。在提高农业生产水平的同时，节约了人力、物力和资金成本，成为传统农业创新的新动力。

（二）案例分析

1. 案例背景

美国地广人稀，人均土地资源丰富，劳动力昂贵，农业机械化程度高，基于农业科学技术比较发达，同时形成了高消耗、高产出、高商品率、高度社会化的现代农业，整个农村相对比较发达。随着美国生产技术的不断更新换代，20世纪70年代以后，美国农业农村的发展方式发生了根本性的转变，由以劳动力和资本投入为主转变为以知识投入为主。伴随政府推行系列国家宏观调控政策，促进美国农业与国际农业市场接轨，与国外广阔的市场紧密结合，美国农业生产效率、农产品总量、农业经济效益得以大幅提高。美国农业发展无形之中推行了融合发展的理念，农业产业涵盖了产前、产中和产后多个部门，诞生了诸多新兴产业，美国农业产业发展的程度，不仅体现在农业现代化水平上，同时体现在农业产业的广度和深度上，促使美国农业产业呈现出多层次的市场交换关系和一二三产业融合发展的特点。随着农业现代化服务的推行，美国直接从事农业生产的人员越来越少，形成了一种倒"金字塔"式的农业发展结构。随着智能技术、智慧化服务技术的广泛应用于农业，美国农业产业表现出精准化、智能化、智慧化的发展趋势。

2. 主要融合措施

第一，建立完善的农业信息系统。美国致力农业信息资源的开发和农业信息网络的建设，形成了连接政府、区域、科研机构、高等院校、企业等部门的专业化农业信息系统，利用农业数据库、3S技术（遥感技术、地理信息系统和全球定位系统）实现"精准农业"；在高度机械化的帮助下，在大规模农业生产的辅助下，大大提高了农业生产效率。

第二，依托完善的基础设施和庞大的物流体系。美国通过建设农村电信设施，构建了全球农村电子商务运营网络，并通过发达的交通网络，为农产品电子商务市场提供一流的配套服务，打造了面向世界的农村电子商务市场。

第三，加大农业政策实行力度。在立法方面，美国具备完善的农业立法体系，涵盖农业、土地、金融信贷、农产品价格、农产品贸易等领域，保障了农业的地位和农民的权益。在金融方面，美国拥有相对发达的农业信贷和农业保险业务，为农村电子商务的运营提供了充足的资金支持；在政策方面，充足的财政补贴和税收优惠激发了农民从事农业生产经营的积极性，共同推动了美国农村电子商务的发展。[①]

3. 经验启示

第一，建立了完善的基础设施和物流体系，为农产品销售提供了一流的配套服务。

第二，重视对农业的政策扶持，在土地、信贷、贸易等领域给农业提供全面的支持政策。

第三，重视农业信息化的建设，利用3S技术和农业数据库的建设实现了农业管理的精准化和高效化。[②]

四、荷兰：高效农业产业链整合

（一）主要特征

通过打破部门、领域之间的发展与互动障碍，构建出横跨产业链的大规模、多层次的循环体系。整个产业链的各个环节相互联系，链条上的各个利益相关者联合服务于共同的产业链，发挥聚集效应，共享产业链的整

[①] 赵放，刘雨佳. 农村三产融合发展的国际借鉴及对策 [J]. 经济纵横，2018（9）：122 - 128.

[②] 郝汉，辛岭. 农村三产融合发展的国际经验及其对我国的启示 [J]. 农业经济，2023（12）：107 - 109.

体价值。

（二）案例分析

1. 案例背景

荷兰国土面积 4.2 万平方公里，有 1600 多万人口，农民总数占全国人口 45%，属于典型的地少人多。荷兰农业发展"先天不足"，其农业资源稀缺、耕地资源和农业人口欠缺、光照不足，但适合蔬菜、花卉生长，适合发展畜牧业。① 同其他欧盟国家相比，荷兰在耕地面积、劳动力水平方面几乎不占优势。但荷兰依托区域特色，因地制宜，以农产品加工和花卉业作为发展的支点，成功解决了农业发展难的问题。荷兰在农业现代化上取得的巨大成功不仅是因为发挥农业比较优势，发展畜牧业、园艺业等集约型农业，更得益于大力推进技术创新，构建高效农业产业链，打造产业集群。计算机信息技术、机器人、生物智能技术为农业产业注入生机与活力，打造了具备国际竞争力的食品产业和园艺产业，成为荷兰农业突破式发展的独特竞争优势。20 世纪 90 年代，荷兰率先实现农村产业的升级，深挖农业功能，重点开发创意农业，构建了"创意农业 + 观光农业 + 绿色农业"农业发展模式，走出了一条产业链条完整、产业发达的现代农业发展之路。荷兰以集约化、专业化的产业融合方式，发展现代农业管理模式，创造了"荷兰农业奇迹"。②

2. 主要融合措施

第一，荷兰农业在发展过程中注重对农业产业链的延伸，其全产业链服务企业世界一流。以荷兰花卉产业链为例，荷兰花卉产业链主要是指农户在农场种植鲜花，到拍卖市场售卖。批发商、零售商、中介组织和政府等各司其职，在生产、销售、推广上负责各自环节。通过产业链的延伸，实现了分工、生产专业化，花卉产业成为支柱产业，迅速占领了国内外市场。

第二，发展创意农业。通过完整产业链条，荷兰运用独特创意将本国

---

① 余燕玲. 河北省农村一二三产业融合发展研究 [D]. 石家庄：河北师范大学，2021.
② 念延辉，李昕怡. 河南省农村一二三产业融合发展国内外经验借鉴及启示 [J]. 现代商贸工业，2019，40（9）：48–49.

第九章 国内外乡村振兴及产业融合发展经验模式

的自然风光、历史文化、风土人情与农业发展相结合。通过创意农业增加农产品附加值。在荷兰,农业既是产业也是传承文化的载体,具有休闲娱乐、文化传承、观光旅游等功效。旅游观光、创意文化和农村产业的有效结合,增加附加值,提高竞争力。

第三,建立农业创新知识体系。荷兰把农业、科研、教育和推广系统有机协同,成立了专门的知识创新体系,共同构成荷兰现代农业三大支柱。该体系以农民为核心,建立起全国性的农业科研创新体系和网络,利用该体系,农业研究成果通过教育传播形式,借助互联网技术推广为农业产品。农业创新知识体系的本质是借助政府力量,召集农业科技人才,研发农业新兴技术,及时为农民提供各种最新技术,正是由于该体系的存在,荷兰培育了大批具备高素质的农民。

3. 经验启示

第一,荷兰因势利导的农业补贴政策是发展现代化农业的"坚强后盾"。荷兰政府在农业产业发展的不同阶段实行了不同的农业政策,第二次世界大战后,由于粮食严重短缺,荷兰政府开始干预农业,推行农业保护政策,促使荷兰农业从 20 世纪 50 年代开始步入快速发展的轨道。从 1962 年开始,荷兰开始执行欧共体农业政策(CAP),随后欧盟根据欧洲农业的发展状况不断地进行政策调整,从单纯关注农业发展到强调农村、农业的多重发展,关注环保、食品安全和物种的多样性。欧共体农业政策(现欧盟共同农业政策)对于荷兰发展现代化农业起到了举足轻重的作用。荷兰在执行 CAP 的过程中,获得了大额的农业补贴。以 2011 年为例,当年荷兰共获得农业补贴资金 9.8 亿欧元,其中绝大多数资金用于直接补贴和执行市场政策,这部分资金占支持额度的 91%;少部分资金用于农村发展,占支持额度的 9%。除了欧盟的补贴,荷兰政府也安排了大额的农业补贴,2011 年安排 5 亿欧元用于支持农村发展、农业知识体系创新、设施农业建设等。另外,荷兰政府还安排了约 7.8 亿欧元的资金用于农业教育。荷兰政府和欧盟坚持长期的农业补贴政策,并能够根据农业发展的实际变化情况及时调整,为荷兰发展现代化农业奠定了坚实的基础,是荷兰农业发展的"坚强后盾"。

第二,完善的农业法律制度体系为荷兰的现代化农业"保驾护航"。

荷兰的现代化农业如此发达还得益于其完善的农业法律体系。鉴于荷兰土地的"寸土寸金",土地制度构成了荷兰农业制度安排的基础和核心,1924年以来,荷兰陆续出台了一系列的重要法律法规,为荷兰农用地的开发利用等提供了法律和制度框架。正是因为严格的法律保护制度,才使得荷兰绝大部分土地资源得到高效使用。进入20世纪80年代后期,为了促进农业农村可持续发展,荷兰政府出台并实施了严格的生态环境保护制度,限制化肥、农药的使用,防止水土污染;为了保障农产品质量安全,构建了严格的农产品质量安全体系,严惩侵害消费者健康的行为,并给予受害者最大限度的补偿。此外,为了迎合国内外社会对动物福利的关注,荷兰政府于2011年制定并颁布了《饲养动物公共健康法规》。这一严格规范的法律法规体系,保障了荷兰农业的规范化发展,为荷兰的农业现代化"保驾护航",确保了荷兰农产品的高端品质,增强了荷兰农业的国际竞争力。[①]

[①] 赵霞,姜利娜. 荷兰发展现代化农业对促进中国农村一二三产业融合的启示 [J]. 世界农业, 2016 (11): 21-24.

第十章
云南农村三产内部融合发展典型案例

第一节 农业内部融合模式

一、保山褚橙

（一）基本信息

云南省保山市龙陵县勐糯镇地处怒江流域，具有得天独厚的热区资源优势。2014年，该镇成功引进褚橙产业并成立了龙陵恒冠泰达农业发展有限公司，创造性地开创了"一租两包三分红"的发展模式，已成为全省乃至全国最大的柑橘基地之一。勐糯镇还逐步开拓出"公司＋基地＋农户"以及"公司＋村办小微企业＋农户"的发展模式，开辟了一条特色产业带动群众增收致富的新渠道。

（二）主要做法

1. 强化组织保障

从引进褚橙产业到土地流转，最终到项目落地，勐糯镇始终坚持镇党委、社区党总支的领导。土地流转环节，乡镇村干部全面行动，党员带头签订意向书，创下7天实现8000亩土地流转的"勐糯速度"。褚橙单元划分环节，最初由党员带头报名，当名额超限时，党员带头出让名额，最终全镇历时2个月，完成10个村民小组346户农民的工作，为褚橙产业的顺利落地奠定了坚实的基础。

2. 创新工作机制

一是坚持产业化，以产业化理念强化产业发展，对褚橙产业的种植、加工、销售等环节进行精细化的成本核算，以保障公司、集体和农户等各方利益。二是坚持标准化，细化并明确土地、水肥、果品等标准要求，把严各环节质量安全关。三是坚持生态化，坚持使用高效喷灌、滴灌技术和自己生产的有机肥，开展病虫害全程生态防控，严格保护生态环境。四是坚持品牌化，力求从理念上谋划品牌建设，实施全产业链跟踪服务，发挥品牌带动产业发展的"领跑"优势，确保"褚橙"品牌影响力。五是坚持规模化，实行"公司+基地+农户"的发展模式，实现褚橙集中连片种植，并配套建设工厂，有效促进一二三产业集群发展。

3. 加强人才引培

一是加强院校合作。2017年，成立邓秀新院士工作站，与云南省热带作物科学研究所、华中农业大学中国柑橘研究所等科研机构达成战略合作伙伴协议。二是深化技术培训。加强柑橘产业技术培训，提高群众技能水平，开展36期柑橘产业技能培训共计4350人参与，就地培养柑橘产业人才480人。

4. 深化科学机制

结合实际，建立"一租两包三分红"的合作机制，促进褚橙产业稳步发展。一租，就是每10年作为一个租金流转周期，前三个"10年"的土地租金分别是每年每亩300元、400元、500元。两包，即基地每个单元按照2000～2500株（25～35亩）进行划分，每个单元专业配备2名管理人员，优先聘用土地出租户作为管理人员。在未挂果的前4年，每年按照15～16元/株支付管理人员工资；产果后根据市场行情，依据褚橙的产量和品质给予管理人员0.8～1.0元/千克奖励提成。三分红，即从果树定植后第五年或者第六年开始，以种植管理农户每年收入总额为基数，按照基数的15%成立产业收益提留反哺基金，公司将反哺基金分发给土地出租户。从果树定植第四年的挂果期开始，以种植管理农户每年收入总额为基数，按照基数的1.5%成立项目协调经费，此经费用于项目协调和支付村级公共事务支出。①

（三）经验启示

1. 土地流转机制稳增收

实行土地流转的方式，有效降低了农民经营生产投入的风险点。实施土地流转租金增长机制，实现农民收入稳步增加，保障农民土地租金收入。目前，褚橙产业共流转土地 10238 亩，惠及 345 户 1582 人。前 5 年，共收取土地租金 1548 万元，实现户均收入增加 2.76 万元。

2. 单元管理机制稳增收

基地共划分出 226 个管理单元，226 户管理户 2021 年实现务工收入共 1500 余万元。其中，2021 年共挂果 7500 吨，实现一期、二期共计 189 户管理户收入提成 283.8 万元，实现户均收入增加 1.5 万元。

3. 务工服务机制稳增收

通过"褚橙模式"的示范带动，有力促进了农业、生态、旅游等方面的蓬勃发展。公司年均直接带动 1.6 万人次就地或就近务工，累计带动 8.3 万人次就地或就近务工，共计实现务工收入 580 余万元。其中，带动脱贫人口就地或就近务工 3.5 万人次，实现收入 230 余万元，帮助 110 户脱贫户及监测户解决了稳定脱贫问题。

4. 农肥原料统一收购机制稳增收

褚橙种植能有效解决镇内牛、羊等家畜的粪便处理问题，实现变废为宝，在调节气候、保持水土、绿化国土等方面都发挥了积极作用。公司自 2016 年建成有机肥厂以来，共生产有机肥 3 万吨，目前还储备原料 2 万吨。其中向农户收购牛粪、羊粪 2.85 万吨，群众从中获得收入 569 万元。不仅改善了镇内群众的生产生活环境，还促进了项目区的生态稳

---

① 龙陵先锋.【抓党建促乡村振兴】勐糯镇田坡社区：创新模式产业强 褚橙蝶变致富果（产业带动致富型）[EB/OL].（2022-07-29）. https：//mp.weixin.qq.com/s？_biz=MzIzMTQzMTM1Ng==&mid=2247538234&idx=1&sn=bf3d071a7a778d6e4ebf4f2f3b6fbc24&chksm=e8a65be9dfd1d2ff9e8b6dac6e4c6b98ab330644fcd5ea9d278d552e2269e6da8c8acd4bebc7&scene=27.

定和绿色发展。[①]

二、安宁鲜花

（一）基本信息

安宁市八街街道种植食用玫瑰起源于20世纪50年代，是云南食用玫瑰和特产鲜花饼原料的主产地。近年来，通过农旅结合不断增强后劲，走出了一条三产融合发展新道路，成为农业产业融合发展的典范。2015年，"八街食用玫瑰"获得了国家地理标识认证。2017年，安宁市被列为"云南省农村一二三产业融合发展示范（县）市"。2018年，"安宁八街食用玫瑰"被认定为"云南省第一批特色农产品优势产业区"。2018年，八街种植食用玫瑰9424亩，鲜花产量达540万千克，产值5000余万元，综合产值8000多万元，目前已有专业合作社40家、加工企业14家，建设中小型冷库15座，年加工食用玫瑰216万千克，3930多户农户参与产业建设，从业人员已达上万人，已研发出初级馅料、原汁、干花、酵素、含片、花茶、原味粉、鲜花饼等30多个系列产品。其中，食用玫瑰鲜花瓣已获得"绿色食品"质量认证，食用玫瑰生产基地已获得"无公害生产基地"认定，八街食用玫瑰获得"国家地理商标注册"，"安宁八街食用玫瑰"被认定为云南省第一批特色农产品优势产业区。

（二）主要做法

1. 引进、培育农民专业合作社和加工企业，增强抵御市场风险能力

为确保食用玫瑰产业稳步发展，通过内培外引、扩大对外宣传力度，自2005年首家食用玫瑰合作社（安宁八街高桥食用玫瑰专业合作社）成立以来，先后培育引进昆明大华、花味道、昆明滇帝食品公司、云南玫里传说食品有限公司、昆明花好月圆食品有限公司、安宁玫瑰谷食品有限公

[①] 保山日报. 乡村振兴｜龙陵县勐糯镇"褚橙出山" ［EB/OL］. (2022 – 12 – 27). https：//mp. weixin. qq. com/s?__biz = MzIwNjY3Njg4NA = = &mid = 2247592987&idx = 5&sn = ef64b553f2fdc119720429f9c4fff4e0&chksm = 971edae0a06953f691d1edf21feebba053c22431d3225df2e66ce4da29bde9315e0d1c3c993d&scene = 27.

司等 14 家企业,培植扶持当地食用玫瑰合作社 40 家。在深加工项目及产品的研发方面取得了新的突破,采取"公司+合作社+基地+农户"的运行模式,解决收购、加工、销售问题。①

2. 加强与科研单位的合作,研发系列产品及鲜花分拣设备,增加产品附加值和节本增效

为缓解鲜花集中上市导致销售不畅的危机,以食用玫瑰专业合作社、农业企业为载体,依托云南省农业科学院、云南农业大学和昆明理工大学,与湖北扬子江乳业、湖南盐津食品有限公司、吉庆祥、冠生园、向阳、麦香园等科研单位和企业合作开发食用玫瑰系列产品,引进先进的食品加工技术,现已开发出玫瑰鲜花饼、玫瑰糖、玫瑰花酒、玫瑰酱、玫瑰含片、玫瑰浴盐、玫瑰香皂、玫瑰干花茶、玫瑰酵素、玫瑰鲜花饮品等十余种玫瑰系列产品。其中八街食用玫瑰协会加入了中国食品条码协会,与省内的昆明大华、嘉华、亚东和省外的湖南盐津铺子食品有限公司、武汉扬子江乳业有限公司等共计八家企业签订了食用玫瑰产品供货合同,部分产品远销北京、上海、广东等地。针对合作社每天收购的玫瑰花量大、人工无法完成分拣不敢收购的问题,2014 年,安宁市农业局与云南省农机研究所合作,研发了食用玫瑰鲜花分拣机,2017 年已在收购玫瑰合作社中推广应用 11 台(套),大大提高了分拣效率和质量,有效缓解了食用玫瑰集中上市期间劳动力紧张的问题。

3. 发展标准化生产,产品取得质量认证,提高玫瑰产品的质量安全水平

安宁市蔬菜花卉管理站制定了《安宁市食用玫瑰种植标准规程》,加大了生产技术培训和农产品质量监管力度,严把产品质量安全关,合作社、企业注册了"玫里传说""春玫思羽""颜美春竹"等商标,对食用玫瑰生产基地进行了"无公害"认证,对食用玫瑰鲜花瓣进行了"绿色食品"认证。

4. 力求实现一业兴带百业兴,一二三产业融合发展

随着安宁食用玫瑰花生产、加工、销售规模的进一步扩大,农业观光旅游业实现了新的突破。2013 年以来,通过每年举办以八街食用玫瑰花观

---

① 环球网. 云南安宁:乡村振兴路上幸福像"花儿"一样 [EB/OL]. (2021-06-11). https://baijiahao.baidu.com/s?id=1702252348340301017&wfr=spider&for=pc.

赏采摘为主题的"八街慢生活""芬芳之旅"等系列宣传活动,到八街旅游参观人数达到 5 万人次以上,带动第三产业增收 2000 多万元,实现了农村一二三产业互动发展、跨越式发展的新局面,成为农民增收致富的新型产业。

(三)经验启示

1. 以产业发展为"本",持续推动"固本强基"

始终坚持把产业振兴作为乡村振兴的重中之重的发展定位,依托传统农业产业,优化种植标准、提升产品质量。围绕玫瑰优势资源做强"观赏""食用"两篇文章,一方面,充分发挥云南鲜花交易的优势,引导鲜切花产业有序发展。另一方面,依托"八街玫瑰谷"不断优化本地食用玫瑰种植技术,全面推进八街食用玫瑰标准化发展,实现花卉产业提档升级。

2. 以园区建设为"体",加快形成"产业聚集"

以促进区域农业结构调整和农业产业升级为目标,奋力迈出园区建设助力地方产业发展新步伐。突出规划引领,谋篇布局形成区域聚集。按照产业发展规划,在街道北部片区规划建设将数字农业、农业服务、农业科技创新、涉农培训融于一体的三产融合发展的现代农业示范区;在集镇核心区规划建设集农特产品加工、销售平台搭建、产品业态研发、冷链物流运输于一体的绿色食品加工园区,在辖区内实现了产业区域互补。

3. 以农旅互补为"线",丰富串联"乡村业态"

始终坚持把农业、文化、旅游等产业有机结合,传承耕读文化,打造"农业+研学"基地。围绕生态底蕴、农耕文化,联合市级教育主管部门紧扣"教学相长"主题打造安宁市综合实践教育基地,先后建成摩所营村、相连村、凤仪村等 6 个实践区,通过农耕体验、农产品加工制作(玫瑰花糖、玫瑰花醋、玫瑰花饼、八街传统酱菜等)、研学教育等形式,让儿童及青少年亲身参与农业生产活动,在轻松愉快的氛围中完成农业知识科普教育。①

---

① 云南省农业农村厅农村社会事业促进处. 云南省农业农村厅办公室关于印发美丽乡村建设 11 个典型案例的通知[EB/OL]. (2023-04-23). https://nync.yn.gov.cn/html/2023/zuixin-wenjian_0423/398944.html.

三、砚山辣椒

(一) 基本信息

砚山县作为云南唯一的"全国辣椒产业十强县",充分利用土地资源和气候优势,以市场需求为导向,调整优化农业产业结构,培育和扶持辣椒产业,成为全县农业主导产业和"一县一业"示范创建的重点产业。全县着力打造融辣椒种植、生产、加工、贸易为一体的全产业链,积极筹划实施辣椒育苗温室建设、辣椒田间交易市场、辣椒烘干生产线以及辣椒"一村一品"专业村等项目,推进辣椒产业集群发展,全面提升辣椒产业价值含金量,助力辣椒产业提档升级。

(二) 主要做法

1. 建基地

采取公司(合作社)+基地+农户、公司+合作社+基地+农户、种植大户+基地等模式,规模化、标准化、专业化集中连片种植,打造一批高标准辣椒生产基地,建成规模化种植示范基地169个23.8万亩。实施"良种工程",采用统一供苗、统一供膜、统一规范化标准栽培技术、统一病虫害综合防治管理方式,建成辣椒标准化核心样板5204亩,集中育苗率40%以上,良种覆盖率95%以上。

2. 育龙头

积极向上争取项目资金,多渠道整合财政涉农资金,扶持培育壮大辣椒企业、农民专业合作社等新型经营主体,支持新型经营主体进行技术改造、扩能转型升级,完善仓储保鲜、冷链物流基础设施建设,推动辣椒产业加工业转型升级。目前,全县共扶持培育辣椒生产、加工经营型企业和农民合作社16家,获得产品出口认证5家,成功引进8条全自动智能化辣椒烘干生产线。

3. 创品牌

积极打造自主品牌,建设辣椒种质资源库,与州农科院等科研院所建立长期合作关系,打造辣椒产业优势品牌,完成辣椒品种登记9个,品种权申请3个。推进绿色食品和有机食品认证，打造地理标志农产品，获得绿色食品认证产品2个，"丘北辣椒"地理标志产品获农业农村部批准。依托县内华博、彝品香、天晟等辣椒加工企业打造辣椒品牌，先后培育了"华博牌""彝品牌""润辉""咪彩""云之辣""辣大伴""辣小明""滇辣"等企业品牌和产品品牌。

4. 拓市场

结合外部市场发展和需求，采取"以地生财，聚财投资"的方式，通过争取项目、筹集资金、筑巢引凤，建成稼依辣椒城和稼依辣椒专营市场，吸引全国各地辣椒经营者来砚山发展，初步构建了集种植、加工、贸易于一体的全产业链，形成"收全州、卖全国、销海外"的发展格局。①

（三）经验启示

1. 加大基地建设力度，实现规模化生产

实行"党建+合作社+公司+基地"发展模式，综合考虑耕地非粮化管理新要求，遵循辣椒连作障碍规律，统筹规划丘北辣椒、朝天椒、小米椒适宜区、次适宜区，把建设基地朝规模化方向发展作为把小辣椒这一优势产业做强做大，做成支柱"拳头"、产业"龙头"的重要措施来抓。②

2. 加大科技研发力度，提高产品产量

搭建科技平台，加强与云南大学、云南农业大学、云南省农业科学院、湖南农业大学等科研院校合作，开展辣椒资源收集与创新利用、功能基因挖掘与产业应用等研究，努力打造专业化、标准化、规模化良种繁育基地和工厂化育苗基地，解决种质端问题。

3. 抓好产销对接，扩大辣椒市场份额

紧盯国内外知名辣椒加工企业和调味品企业，主动对接老干妈风味食品、辣妹子食品、长沙坛坛香调料、中椒英潮辣业、晨光生物科技等企业精准招商。同时，培育和引导"育繁推一体化"企业和种业公司以技术为

---

① 文山州委办公室信息综合室. 砚山县构建全产业链推动辣椒产业驶入发展"快车道" [EB/OL]. (2021-11-04). https://www.ynws.gov.cn/info/1122/287743.htm.
② 韦庆明. 浅谈云南砚山县小辣椒产业的发展困难与对策 [J]. 农业工程技术, 2017, 37 (11): 20.

第十章 云南农村三产内部融合发展典型案例

抓手,从良种繁育、规模化种植、仓储保鲜、冷链运输,到精深加工、跨境电商、文化旅游休闲等供需两端协同发力,大力培育各链条端龙头企业,促进辣椒产业融合发展。

第二节 乡村产业链延伸融合模式

一、宣威火腿

(一)基本信息

宣威火腿,又称为"云腿"或"宣腿",因产自云南省宣威地区而得名,与江苏如皋火腿、浙江金华火腿并称"中国三大火腿",是云南乃至全国驰名农特产品,也是宣威最具特色的优势产业;有着超过1000年的历史,300多年的成名历史;相继获得"中华老字号""中国原产地域保护产品""地理标志证明商标""国家非物质文化遗产""中国驰名商标""中国火腿文化之乡"等荣誉及称号,品牌知名度和影响力大大提升。近年来,宣威市充分发挥资源优势,挖掘历史传承,已形成融生猪繁育、火腿生产、产品研发、商贸交易、旅游参观、文化体验于一体的火腿产业体系。

(二)主要做法

1. 做好生猪养殖,源头把控品质

要想制作出品质优良的火腿,必须从猪肉的源头做起,因此严格控制品质至关重要。宣威多次荣获"全国生猪调出大县"等称号,截至2023年已建成1038个规模化生猪养殖场,其中包括33个拥有万头猪的场所,50个拥有5000~10000头猪的场所,380个拥有2000~5000头猪的场所,以及575个拥有500~2000头猪的场所。仅2022年,全市的生猪出栏数量就达到311.5万头,生猪产业产值也达到70亿元。为了使火腿的口感更加出色,宣威经过14年的培育,成功研发出了宣威火腿最新优质猪种原料——宣和猪。2017年7月,宣和猪通过了国家畜禽遗传资源委员会现场审定，成为国内首个专门为火腿培育的新品种。全市积极研发宣和猪专用饲料，建成2家以上宣和猪专用饲料加工厂。[①]

2. 做优质量标准，强化老字号品牌

现代的火腿厂利用技术手段创建了低温发酵车间，完全模拟了宣威当地最适宜火腿制作的温度和湿度条件，使每个腌制步骤都得以标准化和精细化。加强宣威火腿生产企业质量标准监管，杜绝问题产品流向市场、流向餐桌。严格品牌标识使用管理，建立宣威火腿诚信生产经营黑名单制度，加强市场监管，提升消费者对宣威火腿品牌的认可度，维护好品牌声誉。依托"宣字牌"宣威火腿中华老字号品牌优势，采取并购、参股、战略合作等方式，积极引导现有22家火腿加工企业发挥优势、有机融合，推进产业重组、业务整合和价值重构，培育一批集生猪养殖、肉类联盟、火腿精深加工于一体的龙头企业。同时，加大招商引资力度，突出吸引大强企业，重点引进肉制品精深加工龙头企业，建设宣威火腿和猪肉制品精深加工生产线，引领宣威火腿和生猪产业转型升级。[②]

3. 加快园区建设，实现集约化发展

在推动火腿产业发展的过程中，宣威市意识到要解决火腿企业零散薄弱、就业机会不足的问题。因此，宣威市委、市政府成立了火腿产业服务中心，并在虹桥工业园区建设了高端食品产业园，以发展高端食品加工业为主，将火腿产业发展与帮助群众增收有机结合，实现"产地园区化、产品系列化、品质高端化、就业规模化"的目标。宣威火腿产业园占地600亩，拥有20万平方米的标准厂房和1万平方米的园区公共服务中心。此外，还建设了宣威火腿博览馆、高端绿色食品研发中心、农产品检验检测中心、产品交易展示中心、旅游服务中心以及电商直销平台等配套设施，如食堂、宿舍等公共服务设施。

4. 突出融合发展，文化赋能品牌

2011年，宣威火腿制作技艺被列入"国家级非物质文化遗产名录"。

---

① 央广网．宣威：火腿飘香万里 产业蓬勃发展［EB/OL］．（2023-08-25）．https：//www.sohu.com/a/714828657_362042．

② 宣威之窗．宣威市精准施策升级火腿产业［EB/OL］．（2020-11-25）．https：//news.xwzc.net/xwyw/18882.html．

宣威市目前建有2个非遗传习馆和1个宣威火腿制作技艺项目保护单位。这些非遗传承馆和文化馆的建设推动了宣威火腿独特制作技艺的保护、传承和发扬。在宣威火腿行业，共培育出国家级非遗传承人1位，省级非遗传承人1位，地市级非遗传承人2位，以及县市级非遗传承人7位。宣威持续举办宣威火腿美食文化旅游节，推动火腿美食与城市、文化、旅游融合发展。

5. 延伸产业链，富民惠百姓

在宣威的农村，家家户户都养猪、制作火腿，火腿情怀和火腿文化已经融入了这6075平方公里的山山水水之中。宣威火腿产业紧密地联系着种植业和养殖业，与餐饮服务、文化旅游等大市场形成产业链，已经成为农民增收致富的重要经济来源，也是市域经济发展的重要支柱。火腿的美味不仅仅传递着香气，还带来了"财气"。在全产业链推动火腿产业发展的过程中，就业增收形成了一种强大的"吸引力"。

（三）经验启示

1. 明确产业发展思路

出台了《宣威火腿生猪产业发展规划（2019—2030年）》和《宣威火腿产业发展"十四五"规划》，发布了《关于加快宣威火腿产业高质量发展的实施意见》和《加快推进宣威火腿原料优质"宣和猪"推广应用工作方案》等政策措施。在招商引资、土地保障、财政支持、金融服务、人才引进、产品研发、市场营销等方面给予重点支持，在产业规模化、组织化、专业化、绿色化、市场化等方面实现突破和提升。

2. 健全产业体系建设

完善标准体系，完成《中欧地理标志宣威火腿质量技术规范》的编制和申报工作，"宣威火腿"被列入中欧合作协议第二批清单；完成地理标志产品区域品牌价值评估；完成《宣威火腿生产技术规程》和《宣威火腿熟食标准》的标准制定。完善市场体系，组织企业做好火腿分类、分类包装、规范标识等工作，加强宣威火腿地理标志认证商标的使用和管理，推动火腿生产经营者切实履行品牌保护主体责任。完善原料保障体系，采取"龙头企业+合作社+专业村+农户"的发展模式，推动规模化养殖场和养殖户以及家庭农场建设，促进小规模散养向标准化、规模化养殖转变。

3. 加快园区聚集建设

在虹桥工业园建设高端食品产业园，发展以火腿为主的高端食品加工业。围绕"食、住、行、游、购、娱"六大要素，积极探索"文、旅、业"发展模式。深度挖掘宣威火腿的文化价值、商品价值和品牌价值，打造集火腿文化展示、企业生产加工、产品展示销售、检验检测、游客品尝体验为一体的高端食品产业园。按照统一规定建设标准化厂房，采取"边建设，边整合，边招商"的方式，引进火腿企业签约入驻，促进产业集聚发展。

4. 注重产品品牌培育

继续加强品牌培育，大力开展质量提升行动。积极培育各级农业产业化重点龙头企业，大力组织企业开展"三品一标"认证，努力打造云南"十佳名牌产品"、绿色食品"十佳企业"和"20强创新企业"。抓住云品入沪、消费扶贫等发展机遇，强化品牌宣传，重视市场开拓，销售区域不断拓展，销售份额逐年增加。

5. 加强利益联结机制

火腿产业的强劲发展带动了生猪养殖业的发展，推动了300万头生猪养殖基地的建设，促进了玉米、马铃薯等粮饲作物的发展，稳定了粮袋子，丰富了菜篮子，巩固了产业扶贫成果。全市33万户家庭中，生猪养殖户达21.8万户，占比超过66%。产业带动户均增收2.81万元，带动脱贫户3.6万户，户均增收4300元，实现产业帮扶全覆盖。①

二、蒙自过桥米线

（一）基本信息

2009年，蒙自被授予"蒙自过桥米线"地理标志认证商标，并被评为"中国过桥米线之乡"。2014年，"蒙自过桥米线制作技艺"被列入第四批国家级非物质文化遗产名录。2017年，蒙自又荣获"云南蒙自市特色美食

---

① 掌上曲靖. 用心打造宣威火腿金字招牌［EB/OL］. （2022-06-28）. https：//new. qq. com/rain/a/20220628A01YTB00.

城"称号。2018年，蒙自过桥米线品牌授权店诞生。2022年8月，蒙自荣获"国际（过桥米线）美食名城"称号。近年来，蒙自市着力推进过桥米线标准化、规模化、品牌化、产业化、国际化发展，以数字信息技术赋能产品创新，以日益完善的产业链条推动地方经济发展，不断擦亮"百年过桥米线"的亮丽名片。2022年，蒙自现有米线生产单位21家，日产量约100吨，年产值约1.6亿元。米线经营单位2356家，日营业额约270万元，年营业额约9.86亿元。

（二）主要做法

1. 坚持顶层设计，强化高位推动

一是着力强化组织领导。成立由市委书记、市长任"双组长"的蒙自过桥米线产业发展工作领导小组，设产业组、文旅组、市场组、招商组、就业组、保障组六个工作组，并通过市委常委会设立"米线产业中心"，事业副科级单位，编制5人，高位推动过桥米线产业发展。

二是着力完善政策支撑。先后印发《蒙自市促进过桥米线产业健康发展实施意见》《蒙自市推行链长制落实"六个大抓"实施方案》《米线产业实施方案》等政策文件，推出"一镇、一馆、一校、一园、一企、一平台、一节、一曲、一宴席、一标准"系列政策落实"组合拳"，加快米线产业融合发展，着力研发一批文创产品、打造一批节庆活动、扶持一批龙头企业，推动米线产业全链条发展。

三是着力规范生产端行业标准。出台《关于进一步规范过桥米线经营活动的通知》等文件，从设备、炊具、食材种类、烫制工艺等方面规范制定行业标准，把控产品质量，支持过桥米线产业健康发展。

四是着力强化市场端品牌保护。出台《品牌授权店管理办法》，评选出12家具有代表性的过桥米线品牌授权店，引导企业规范使用商标、标识，发挥品牌价值作用和带动辐射作用。

五是着力发挥行业端协会优势。组建"蒙自市过桥米线协会""云南过桥米线协会"，引导其当好企业利益的代言人、政府发展经济的合作人和政府促进产业发展的带头人，搭建好企业间交流服务的平台，企业与政府、企业与社会对话的沟通平台，维护市场秩序的保障平台；发挥好协会会员利益的代表性作用、协会服务的专业性作用和协会协调的权威性作用，助力过桥米线产业做强做大。

2. 坚持集聚发展，助力提档升级

一是建强特色小镇。投资4.96亿元，建设面积约276亩，建筑面积14.5万平方米，集特色餐饮、娱乐、旅游于一体的"蒙自过桥米线小镇"。同时，投资400万元在过桥米线小镇建设过桥米线文化展示中心，为做强过桥米线产业打牢坚实阵地。

二是全力招商引资。与绿地城投集团、福建万富集团等6家知名企业开展招商洽谈，其中，福建万富集团达成投资意向，拟计划投资2亿元对过桥米线产业进行提质升级和品牌打造。

三是加强产品研发。探索打造集湿米线、脱水蔬菜、浓缩汤、熟肉制品于一体的自热方便米线产业链，进一步推动米线向中高端方便食品发展。目前，云南品悦食品公司日产20万包过桥米线项目已开工建设，一期投入约3亿元。

四是深化校地校企合作。与红河学院联合培养一支产品食品研发、市场推广的高端人才队伍，实现产业链、创新链、人才链深度融合。蒙自天源酒店与红河学院共建"蒙自市过桥米线创意孵化示范工坊""校企共建红河学院云南米线产业学院实践教学与创新创业孵化基地""红河学院商学院（数字经济产业学院）实践教学基地"，实现优势互补、促进合作共赢，推动过桥米线产业创新发展。开展"过桥米线"研学活动，蒙自二小设计"我是过桥米线代言人""百年过桥情一城米线香"等研学课程，拥军小学开展"过桥米线制作技艺主题体验活动"等，获得良好效果。

3. 坚持品牌塑造，全面提质增效

一是加强文创开发。制定《中国·蒙自过桥米线国际美食名城形象标识暨文创综合类产品设计研发与实践方案》，完成有关形象标识、宣传标语、手工艺品、文化景观小品、文创类产品设计和制作等，提升蒙自过桥米线品牌知名度。

二是提升品牌能级。紧扣米线餐饮产业发展的前沿和热点问题，出版《金汤银线——国家非物质文化遗产蒙自过桥米线》一书，提升蒙自过桥米线产业的影响力、竞争力和美誉度，培育区域经济发展新的增长点。

三是扩大品牌宣传。举办蒙自过桥米线文化节，打造创意集市、创意手工艺品、伴手礼等创意活动，通过拍摄宣传片《百年经典 味道蒙自》，录制歌曲《甩米线》，创作歌舞剧《乡愁·桥之情》，打造主播探店等方式，借助学习强国、抖音、快手等平台，积极推介蒙自过桥米线品牌文化。

四是打响服务品牌。结合《蒙自市优化营商环境高质量推进"技能蒙自"建设实施方案》，建立"米线技能人才数据库"，筹备举办世界米制品暨过桥米线制作技能提升擂台赛，展示过桥米线传统制作技艺，提升过桥米线产业水平，打响"蒙自过桥米线制作"世界级品牌。[①]

（三）经验启示

1. 提升技能育人才，劳务品牌添动能

一是蒙自在全市率先推进"技能蒙自"建设。将过桥米线产业作为推进产业发展、助力乡村振兴的重要培训项目，大力开展过桥米线制作专项能力提升、网络创业（含"过桥米线"直播带货）、中式烹调师等各种培训，将过桥米线制作列入比赛工种，举办职业技能大赛，大力促进技能人才成长，推动行业技能水平整体提升。

二是开启全新的校地合作模式。2023年3月，蒙自市委、市政府与红河学院合作共建的国际米线产业学院揭牌。该学院在培养后备技术人才、制定过桥米线行业标准、品牌打造和传播推广、米线经营商业模式变革、品牌文化内涵挖掘塑造等方面深度发力，进一步提升蒙自过桥米线产业的品牌竞争力和市场影响力。同时，设置"云南米线产业经理"微专业，与企业建立订单班人才培养合作管理，培养输出高技能人才。

三是在米线原材料重要产区——草坝镇，蒙自市还建设集教学培训、政策宣传、劳务组织、权益维护等于一体的农业产业人才实训基地，以技能提升培训，让农业产业人才"技"赢未来，致富有"术"。

2. 落实政策优服务，劳务品牌强基础

一是在打造"蒙自过桥米线制作"劳务品牌中，蒙自市着力在优化服

---

① 红河改革.【红河实践】蒙自市举全市之力推动过桥米线产业高质量发展［EB/OL］. (2022-11-24). https：//mp.weixin.qq.com/s?_biz=MzU0NDEyOTM5Mw==&mid=2247507584&idx=3&sn=3bb5a2ed219f383ed202f3910cac9c04&chksm=fb02769ecc75ff88863c4eae70debdf4350bdec37a02e883b59c97b5b865bea8fbf70d2cc258&scene=27.

务上下功夫，积极做好线下公共就业服务，利用"建设者之家"（就业小站）平台，收集企业用工需求，做好求职登记，为过桥米线相关企业推荐400余人次；做好线上服务，通过蒙自人社微信公众号、抖音号等发布岗位信息，开发"蒙自就业"线上小程序，设置过桥米线专栏，开启企业和劳动者招聘、培训"直通车"。

二是在落实政策惠企方面，蒙自市通过"蒙商服"小分队和"技能蒙自"入企服务小分队，走访相关企业，收集企业用工培训等需求，点对点协调解决问题。落实各项助企纾困政策，向过桥米线相关企业发放稳岗返还补贴13家16.78万元，惠及职工524人。

三是在创业扶持方面，2022年以来，蒙自市向从事米线相关产业创业人员发放创业担保贷款70人900.7万元，带动就业299人。

3. 广泛宣传树形象，劳务品牌扩影响

一是蒙自市围绕米线餐饮产业发展热点，在《中国餐饮产业发展报告（2022）》蓝皮书上发表文章《蒙自过桥米线文化意蕴与品牌提升研究》、出版图书《金汤银线——国家非物质文化遗产蒙自过桥米线》，进一步展示了过桥米线的技艺，愈发提高了蒙自过桥米线的竞争力和影响力。

二是开展一系列活动扩大品牌影响力，成功举办国际（过桥米线）美食名城——蒙自·过桥米线节，创作了过桥米线主题歌曲《甩米线》，打造了舞台剧《乡愁·桥之情》，制作了非遗纪录片《一碗米线过桥来》，展现了过桥米线的悠久历史和从业人员技能形象。同时，积极选树劳务品牌代言人。①

三、龙陵紫皮石斛

（一）基本信息

保山市龙陵县紧扣打造"中国石斛之乡"的发展定位，坚持"绿色、生态、安全、健康"的发展理念，遵循"一县一业"示范县的发展思路，

---

① 蒙自人设．树一个品牌 兴一个产业——蒙自市打造"过桥米线制作"劳务品牌小记 [EB/OL]．（2023-06-05）．https://mp.weixin.qq.com/s?_biz=MzI0MDE3NTIzMQ==&mid=2650071673&idx=1&sn=031195652cd7ddab57f093218888a083&chksm=f11e9369c6691a7d48f0116fd8e3f12d18f73558cdc101cbbbf56a49f7dd035d0567facc4b3&scene=27.

深入挖掘地理和生态优势，从石斛种植、科研、加工、物流、餐饮、康养、观赏等全产业链条不断拓展完善，通过延伸产业链形成绿色高质量发展的"一产接二连三"的互动融合模式，龙陵紫皮石斛产业已逐渐成为全省乃至全国知名的县域特色支柱产业。

（二）主要做法

1. 做大"种植链"，提升规模"联农"

以壮大产业规模为着力点，扩大石斛种植广度，让石斛产业发展成果惠及更多群众。一是强领航。始终将石斛产业作为全县的富民产业来抓，制定《龙陵县石斛产业发展意见（2021—2025 年）》，每年细化《石斛产业实施方案》，成立县石斛协会、县石斛专家委员会和县乡村石斛产业工作领导小组，为产业高质量发展领航掌舵。二是抓规范。探索仿野生栽培、独横木栽培、床式栽培、地墒栽培等多种石斛种植模式，健全县、乡、村三级科技推广体系，制发《云南省地方标准紫皮石斛》《地理标志产品 龙陵紫皮石斛》等生产标准，推行石斛生产档案、质量认证和市场准入"三项制度"，建成 1 个石斛产品质量检测中心，促进石斛种植规范化、标准化。三是建机制。探索出"财政＋金融＋项目""政府＋企业（合作社）＋基地＋农户"等发展模式，构建起强有力的多方利益联结机制，实现"组织有作为、集体有收益、群众得实惠"，激活石斛产业发展动力。

2. 做强"加工链"，促进就业"利农"

以产品精深加工为发力点，挖掘更多岗位促进就业，拓宽群众增收路径。一是重培养。制定《龙陵县石斛产业技能人才素质提升三年行动方案（2022—2024 年）》和"技能兴龙"三年行动计划，开展比质量、比收入、比安全、比技术、比投入、争创优质石斛品牌的"五比一创"劳动技能竞赛，推动形成"培训—练兵—比赛—奖励—提升""五位一体"培养机制。二是优培训。开办龙陵县益民职业培训学校，通过技能培训、考试取证，培养一批石斛枫斗加工人才。截至 2023 年，累计培训石斛种植、加工等技术人员 10.1 万人次，1.5 万余人获得《国家中药材枫斗加工技术资格证书》，是全国唯一对枫斗加工人员进行规范培训并颁发证书的县。全县从事石斛枫斗、干条等初加工人员达 4.1 万人，年均加工枫斗 2500 余吨，人均增收 6000 元左右。三是广带动。成立专家基层科研工作站 1 个、石斛试验站1个，培育石斛产业规上企业9家（含国家级、省级农业龙头企业各1家），建成石斛精深加工生产线7条，研发石斛原液、石斛酒、石斛含片、石斛精粉、石斛冻干粉等30个系列100多个产品，带动稳定务工人员1700余人，人均年工资收入达5万元左右，季节性务工人员9000余人，人均工资收入1.6万元左右。

3. 做活"销售链"，拓展市场"惠农"

以促进产品销售为助力点，以销促产推进石斛产业提质增效，提升产业发展动力。一是创平台。建成全国最大石斛专用交易市场1个、石斛初级交易市场2个、石斛花卉交易展示中心3个，年均吸引石斛经营人员1000余人。在上海、浙江等省市建立加盟石斛销售连锁店、体验店（馆）等30余家。二是扩渠道。引导10余户企业、1000余户农户分别注册网站域名或利用第三方平台开设网店，在京东、天猫、淘宝等主要电商平台开设直营销售店，并在县职业高级中学成立电商实训基地，建成石斛电商直播基地15个，实现电商年均销售额2亿元。三是深融合。创新集餐饮、旅游、养生等功能为一体的"石斛＋N"发展模式，开发石斛餐饮、石斛伴手礼等文旅产品。建成石斛花卉主题公园及街区5个、乡村旅游示范点10个；打造石斛庭院经济示范点9个，培育示范户1100户，实现户均增收2000余元。①

（三）经验启示

1. 借生态优势，巩固发展石斛种植业

龙陵县独特的气候、降雨、海拔、生态环境等自然条件，为铁皮石斛的生长创造了"天然栖息地"。全县以国家紫皮石斛产业基地建设为抓手，引进紫皮石斛良种，优化种苗生产技术，大力推广紫皮石斛生产标准化、规范化种植，不断创新紫皮石斛林下经济模式，形成活树附生、段木盆栽、立体栽培、石堆栽培等多种林下栽培类型。开展石斛种植技术、病虫害防治、枫斗加工等方面的培训工作，提高种植户经营管理水平。倡导有机、绿色生产和森林认证，建成绿色有机基地3个，面积2177.7亩；建成紫皮石斛GAP基地1个，面积51.9亩。

---

① 保山要闻. 龙陵打造百亿元石斛产业［EB/OL］.（2024 – 01 – 11）. https：//baijiahao. baidu. com/s?id = 1787758205544378739&wfr = spider&for = pc.

2. 借机遇优势，培育壮大绿色加工业

龙陵县紧紧抓住云南打造"八大重点产业"、世界一流"绿色食品牌"，保山市打造世界一流"三张牌"的产业发展历史机遇，延伸石斛产业链条，提升其产品附加值，培育壮大骨干龙头企业，提高石斛加工转化能力，逐步形成"企业引领基地，加工带动产业"的发展模式。注册了元斛、古箐宝、极斛等企业品牌，开发出原液、冻干粉、枫斗、精片、石斛酒、保健品等 30 个系列 100 多个产品，获得药品 GMP 证书 1 个；申报石斛酒、精片等 16 个龙陵石斛"健字号"，30 个保健饮片率先列入《云南省基本医疗、工伤和生育保险药品目录》《上海市医保目录》，培育云南省绿色食品牌 10 大名品 1 个、20 佳创新企业 1 个。

3. 借文化优势，做精做强生态旅游业

龙陵县融合了多元文化，抗战文化、黄龙玉文化、温泉养生文化、民族民俗文化、侨乡文化在境内交相辉映。依托良好的生态环境和文化资源，围绕"龙陵石斛全产业链融合"的发展思路，规划在龙山镇建成中国·龙陵石斛专业化交易中心和石斛标准化种植示范园 10000 亩，在镇安镇建设以石斛花卉为主的生态花卉观光园 5000 亩；在龙山镇和镇安镇建设以石斛为主线，以温泉文化和非遗文化为特色，集石斛种植、研发、加工、科普、商贸、文化旅游、康养体验于一体的石斛产业集群区，形成"一心、两园、一区"的总体空间布局。①

第三节 乡村产业集群型融合模式

一、临沧茶叶产业集群

（一）基本信息

临沧不仅是世界茶树栽培起源中心和茶文化主要发源地，还是普洱茶

---

① 赵丽娜. 中国紫皮石斛之乡龙陵：借势打造石斛品牌 聚力夯实全产业链 [EB/OL]. (2022-02-08). https://www.longling.gov.cn/info/5649/164702.htm.

原产地,滇红茶、蒸酶茶诞生地,是中国最大的产茶大市、红茶生产基地和普洱茶原料基地,茶叶种植面积、茶叶产量均居云南第一位。近年来,临沧紧扣"绿水青山就是金山银山"发展理念,统筹推进茶文化、茶产业、茶科技和茶生态协同发展,全面推动茶产业高质量跨越发展。

(二)主要做法

1. 加强组织保障

临沧市成立了以市委主要领导为组长、市政府主要领导为常务副组长的茶叶产业发展工作领导小组,统筹全市茶叶产业发展,制定出台了《关于加快推进茶叶产业跨越发展的实施意见》《临沧市推进茶叶产业提质增效促进三产融合发展工作方案》《临沧市茶叶产业高质量发展工作方案》等相关政策文件,推进茶叶全产业链升级。颁布实施《临沧市古茶树保护条例》,制定出台《临沧市古茶树保护条例实施办法》和《临沧市锦绣茶尊古茶树保护实施办法》,对古茶树资源实行挂牌、立碑保护,严肃查处各类破坏古茶树资源行为。持续提升临沧茶叶产业知名度和美誉度,为茶叶产业高质量发展提供坚强的组织保障和政策保障。

2. 制定标准规范

制度出台《临沧市生态茶园建设技术规程》,加快推进生态茶园建设和绿色有机认证。围绕茶园管理、鲜叶分级、初制加工、原料验收、成品标准、产品包装等环节,对滇红茶全链条进行统一规范,实现一个标准生产、加工和定级,形成从基地到加工到商品的全流程标准监测。全面开展"全国绿色食品原料标准化生产基地"创建工作。截至2023年,全市有机认证茶园43.72万亩,绿色认证茶园30.77万亩,雨林认证茶园4.5万亩。全市共完成茶叶初制所规范提升3437户;全市有获得食品生产许可证(SC证)茶叶企业392户。

3. 加强品牌培育

打造国内外知名的"临茶"公用品牌,加快对"天下茶尊"和"红茶之都"两大产业主体形象品牌的系统策划,强化对"全国滇红茶产业知名品牌创建示范区""临沧普洱茶中国特色农产品优势区"和"最具茶文化魅力城市"的推广建设,加强对国家级非物质文化遗产代表性项目滇红茶制作技艺的传承，深化对中国重要农业文化遗产双江勐库古茶园与茶文化系统的挖掘，加大对勐库大叶茶、凤庆滇红茶、镇康马鞍山茶等地理标志产品的保护。打造国内外知名的企业品牌，支持鼓励茶叶企业开展企业品牌建设，推广使用"公用＋企业"双品牌战略或"子母品牌"并用的推广运作模式；加大品牌宣传推广，围绕"绿色、生态、健康、安全"的品质优势，叫响勐库、龙润、澜沧江、三宁、凤庆滇红茶、镇康马鞍山茶等"临茶"品牌。①

（三）经验启示

1. 紧扣价值链延伸，优化产业结构

一是突出生态有机生产元素，提升产业价值。建设标准化有机茶园，并在茶园中套种水果和花卉，进一步提高生产效益和经济价值。二是加快推进茶叶初制所和生产加工中心建设，夯实茶产业工业化发展基础。出台《全面规范提升茶叶初制所工作方案》，推进茶叶初制所规范化管理，统筹推动初制所茶叶质量技术标准一体化。三是全力打造醉临茶 O2O 电商平台，不断拓展产品宣传构建新渠道，进一步扩大"临茶"品牌影响力。2017 年 11 月"醉临茶"线下首店开业运营，更多线下门店选址和线上电商平台建设正在稳步推进。四是加大对第三产业规划建设力度，为产业融合发展打下坚实基础。规划布局精致度假民宿、民族茶事文化、农耕文化体验等项目建设，实现经济、生态、文化效益多赢局面。

2. 强化利益联结，多举措促进群众增收

一是企业与农户合作共建茶园基地，为茶产业共同利益体实现双赢奠定基础。一方面，企业通过建设基地确保原材料供应和质量稳定，同时通过规模化和集约化发展降低生产成本，为提升品牌影响力和实现可持续发展打下良好基础。另一方面，农民根据企业标准管理茶园，不仅提高劳动效率，而且稳定种植收入，还可以通过利益联结机制与企业共享生产、加工和服务创造的产业附加值。二是实行土地流转和原料保底价收购，增加

---

① 金台资讯. 临沧茶·尊天下｜打造世界一流茶产业 ［EB/OL］. （2022 - 07 - 04）. https：// baijiahao. baidu. com/s? id =1737416582032362185&wfr = spider&for = pc.

农民收入。由企业和全市各级部门反复论证土地流转价格的合理性，构建科学合理的"利益联结"机制，确保了农民对产业规模化发展的支持。实行标准化的有机茶叶鲜叶收购保底价，配套合理的蔬菜、水果、花卉套种，进一步提高农民的种植收入。三是加大用工力度，增加农民收入。直接聘用当地农民进行基地管理，并支付合理的劳动报酬。四是促进第三产业发展，增加农民收入。鼓励农户以"个体经营"的身份参与餐饮、酒店等行业，按照统一的服务标准和规范经营第三产业。同时，借助"醉临茶O2O电商平台"，鼓励农户快速将自己种养的农特产品或自己生产加工的特色商品推向市场，可以有效增加农民收入。

3. 充分发挥示范作用，带动全市产业融合发展

以临翔区茶产业融合发展示范园区建设为标杆，推动全市茶叶产业融合发展。示范区按照茶文旅融合发展理念，深入挖掘茶文化资源，加强茶山周边基础设施建设，推进茶园基地"景区化"，实现赏茶景、品好茶、聊农事、享民俗、忆乡愁串联，促进"茶地茶园"发展成为"景区景点"。进一步带动临翔区乃至全市范围内的水果、蔗糖、蔬菜、畜、渔、酒、药等特色食品，实现一二三产业融合发展，为临沧跨越式发展注入绿色优质新动能。[①]

二、普洱咖啡产业集群

（一）基本信息

普洱市依托得天独厚的自然资源优势，全力发展咖啡产业，普洱咖啡已经从商品化迈向了精品化阶段，成为中国种植面积最大、产量最高、品质最优的咖啡主产区和重要的咖啡交易集散中心。近年来，随着国家咖啡重点实验室、农业农村部云南小粒种咖啡良种繁育基地、中国热带农业科学院云南研究院、滇西南咖啡气象服务中心、云南农业大学热带作物学院

---

① 中华人民共和国国家发展和改革委员会农村经济司. 国家农村产业融合发展示范园经验做法（云南篇）——临沧市临翔区示范园（上）［EB/OL］. (2019-06-27). https：//www.ndrc.gov.cn/fggz/nyncjj/njxx/201906/t20190627_1144133.html.

第十章 云南农村三产内部融合发展典型案例

相继落户普洱，云南国际咖啡交易中心、普洱咖啡产品质量监督检验中心、普洱咖啡研究院先后成立并投入运营，加之 2021 年普洱成功获批筹建国家市场监管技术创新中心（咖啡质量基础与产业服务），普洱市现已成为全国咖啡科研、教学、服务保障机构最集中的地方，为咖啡产业发展提供了全面、坚实的科技服务保障基础。

（二）主要做法

1. 抓基础，建好第一车间

一是加强种质资源保护与利用。建立 1000 平方米种质资源和精品咖啡示范样本点，引进 84 个咖啡品种，积极开展 40 亩良种基因库的定植工作，为良种推广提供高品质种源。加强优良品种推广应用，目前普洱咖啡的主栽品种是经雀巢等渠道引进的 Catimor7963、P4 等卡蒂姆系列抗锈品种，在普洱市 10 县（区）广泛种植，占 85% 以上。为改变品种单一的状况，追求更高品质和更独特的咖啡风味，普洱各产区优良品种的更新改造正在加快推进，各个知名品种均有小规模试种，瑰夏、波邦等世界知名品种在普洱产区崭露头角。

二是推进标准化基地建设。编制完成《普洱市中低产咖啡园改造技术》《普洱市标准化咖啡园建设技术》《普洱市咖啡鲜果分级采收指导书》《普洱市咖啡种子种苗繁育监督管理措施（试行）》等行业指导书，推动产业转型升级与提质增效。通过加强农技培训，种植户鲜果分级采摘意识越来越强，部分企业采用糖度仪测量咖啡的成熟度后才开采，为咖啡生豆精品率的提升打牢基础。

三是强化科技赋能。通过引进格芙生物农业科技公司，实施测土配方施肥，提升基地管理水平。2022 年全市咖啡生豆精品率从 10% 提升至 15.87%，到 2023 年 9 月已达到 26.14%，特别是孟连县精品咖啡发展已走在全省前列，生豆精品率突破 56%。孟连天宇、班安、联斯达、来珠克等合作社和庄园的精品咖啡订单量占比已达 60%～70%，平均价格在每公斤 50～80 元，最高达到每公斤 200 元以上。截至 2023 年 9 月底，全市咖啡生豆均价为每公斤 35 元左右。

2. 强链条，做强精深加工

一是推进初加工技术研发，实现鲜果集中加工和环保达标双突破。

组织编制完成《咖啡鲜果集中加工厂建设指导书（试行）》，绿色环保咖啡鲜果集中加工厂建设取得新突破。引导院校及相关科研单位与本土企业加快科技研发，转变传统的技术路线，不断探索推广无水和微水加工方式，初加工技术越来越成熟。同时，污水经过进一步处理或沉淀分离后，可以再次作为田间肥料使用，实现循环利用。富民农业装备有限公司成长为国内咖啡机械制造知名企业，生产的咖啡加工设备辐射云南咖啡产区。

二是盘存量，鼓励支持本土企业挖掘新产能。注重本土潜力咖啡企业培育，加大多元化产品研发，延伸产业链，做好烘焙咖啡、咖啡浓缩液、冷萃咖啡、充氮咖啡、挂耳咖啡等多元化的终端产品布局与开发，迎合群众消费升级需求。

三是扩增量，深入开展招商引资到普洱落地生产线。引进的隅田川咖啡在普洱累计销售额达1.7亿元，与宁洱哈尼族彝族自治县合作新增产能2000吨。引进金客隆在木乃河工业园区进行精深加工生产线建设，一期新增产能5000吨。冷萃、冻干、花式咖饮得到新推进，2022年全市咖啡精深加工率从8%提升至20.29%。

3. 抓营销，拓展消费业态塑品牌

一是以"馆店"为载体促消费。积极拓展茶店、咖啡馆、咖啡烘焙工作室等业态，截至2023年底全市共有咖啡馆近247家，2023年全市新增咖啡馆40余家。"中国·普洱咖啡会客厅"入驻艾哲智造、咖啡匠盟、稻田小象等商户9户，签约22户；孟连县建成精品咖啡一条街，入驻企业14家。来珠克森林咖啡馆试营业，普洱本土品牌"幸也咖啡"已在思茅区开了6家店。普洱已成为全省除昆明外咖啡馆最多、分布最广的州（市）。

二是结合公园、景区打造夜市。举办了"山水童话夜市""520"主题茶咖夜市、入也原产地咖啡文化节，呈献普洱新生活方式，提升普洱城市整体形象。高山咖啡采摘节、乡村咖啡集市等活动正活跃于城市中心和产区。集市消费正在普洱拉开序幕，普洱咖啡消费氛围愈加浓厚。

三是突出展会活动做好品牌宣传。在上海举办了孟连精品咖啡推介会，在线上举办了6·18抖音好物节、京东大商超咖啡茶叶沙龙、淘宝直播招募发布会等消费活动,在普洱举办了第八届云南咖啡生豆大赛暨第十一届普洱咖啡生豆大赛,开展助力乡村振兴"咖啡之星"青年电商人才培育行动等比赛活动,正在筹备中国(普洱)国际咖啡博览会,进一步优化营销渠道,实现全媒体营销,不断扩大"普洱咖啡"品牌宣传影响力和知名度,推动"普洱精品咖啡"成长为一张靓丽的产业名片和"可以喝的"城市名片。

4. 建庄园,推动三产融合发展

一是加大统筹规划力度。围绕"一圈一带三廊道多庄园"区域发展主线,实施"四个一批"建设普洱精品咖啡庄园集群:依托南岛河咖啡农村产业融合发展示范园项目,由政府和区属国企主导建设一批;通过片区规划梳理出建设用地开展招商引资,由社会资本投资建设一批;对南岛河片区的北归、小凹子、天玉庄、大象等存量咖啡庄园在软硬件和服务上提档升级一批;对其他县现有存量庄园进行提升改造并在最具条件地区高标准建设一批。努力探索切实可行的精品咖啡庄园建设之路,推动形成一体化咖旅融合发展经济圈。

二是突出庄园特色主题。引导企业在建设精品咖啡庄园规划设计中,既要有共同的功能主题,又要有"服务咖啡、超越咖啡"的个性化特色,形成精品咖啡庄园集群的汇聚效应和马太效应。比如,"爱伲"向咖旅深度融合的世界级精品咖啡庄园方向发展;"北归"开发"航天咖啡"研学基地,提高普洱咖啡的段位和品牌美誉度,全力打造一站式精品咖啡品鉴庄园;"小凹子"基于庄主廖秀桂的经历,定位为"匠人精神"主题庄园,通过"一个匠人"汇集起"一批匠人",形成"聚匠联盟";"天玉庄"打造"有风小院",构建"亲密关系""爱人伴侣"为主题的家庭型精品咖啡庄园;"大象"成为人象和谐的精品咖啡全产业链体验庄园。

三是深化农文旅融合发展。建设一张普洱精品咖啡庄园数字地图,推动有条件的咖啡庄园申报 A 级旅游景区,设计推出"跟着咖啡去旅行"普洱咖啡之旅精品线路,发展"过夜"旅游、综合消费旅游项目,以咖啡加工体验、文化展示、研学培训为吸睛点,打造原生态、可视化、可体验、可采摘的生态咖啡种植园区和采摘体验区、研学教学区等,让每一个精品咖啡庄园都能够承接一站式体验咖啡从"种子"到"杯子"的过程。①

（三）经验启示

1. 全力推进生态咖啡园建设

通过以奖代补和鼓励示范户带动等方式，引导全市咖啡园实现有机化转换。共建成生态咖啡园 45 万亩，占全市咖啡总面积的 57.9%，且有 30 多万亩咖啡获得了 4C 认证，10 多万亩咖啡获得了 CP 认证，2.8 万亩咖啡获得了有机认证，2 万多亩咖啡获得了雨林联盟认证和 UTZ 认证。②

2. 加强标准体系建设

依托云南国际咖啡交易中心，与咖啡品质学会、精品咖啡协会合作，制定《云南咖啡质量等级评定标准》，构建完善的行业标准体系，引导企业和农户不断优化品种、改进加工方法、提高产品品质。

3. 强化龙头企业培育

按照"扶优、扶大、扶强"的原则，集中整合资金、技术等资源，推动中小企业向龙头企业集中，推进一般品牌向优势品牌聚集，形成带动能力强、效应大的龙头企业和龙头品牌，重点扶持打造爱伲、沃尔、北归、漫崖等一批优势咖啡企业，引导星巴克、雀巢、沃尔等国际知名企业入驻，加快提升咖啡产业的现代化发展水平。

4. 健全配套服务体系

国家咖啡重点实验室、农业农村部云南小粒种咖啡良种繁育基地、中国热带农业科学院咖啡创新中心、滇西南咖啡气象服务中心、云南省农业科学院咖啡研究中心先后落户普洱，云南国际咖啡交易中心和普洱市咖啡产品质量监督检验中心相继成立并投入运营，中国热带农业科学院云南分院落户普洱开工建设，云南农业大学热带作物学院入驻普洱，使普洱成为全国咖啡科研教学机构最集中的地方，为咖啡产业发展提供了全方位的配套服务。③

---

① 普洱日报. 普洱咖啡一路向好——普洱市咖啡产业发展综述 [EB/OL]. (2023 - 11 - 10). http: //www. yn. xinhuanet. com/20231110/576521bdae374d2580f986d3149155ec/c. html.

② 中国青年报. 云南普洱：有力推进咖啡产业实现规模化集约化产业化发展 [EB/OL]. (2021 - 04 - 16). https: //baijiahao. baidu. com/s?id = 1697183479225657735&wfr = spider&for = pc.

③ 中华工商网. 普洱打好"绿色食品牌"咖啡产业强劲发展 [EB/OL]. (2020 - 12 - 21). https: //baijiahao. baidu. com/s?id = 1686654885632788636&wfr = spider&for = pc.

第十章 云南农村三产内部融合发展典型案例

三、晋宁花卉产业集群

（一）基本信息

昆明市晋宁区是世界上温带花卉的最佳产区，凭借独特的地理和资源优势，自20世纪90年代以来，经过30多年的努力，花卉已成为该区最重要的农业优势产业和特色主导产业，是农民增收致富的主要途径。2018年，晋宁区被授予"云南省特色农产品花卉优势区"称号。2019年以来，晋宁区连续三年入选云南省"一县一业"花卉产业示范县和全国优势特色产业集群。2021年，晋宁区鲜切花种植面积和产量保持全国第一，已形成以玫瑰为主，康乃馨、满天星、多肉植物、绣球花为辅的产业发展格局。

（二）主要做法

1. 联农带农，构建花卉种植新体系

晋宁依托全区296家花卉产业相关企业、103个花卉农民专业合作社，广泛推广"公司+合作社+社员+基地+市场"的生产经营模式。近1/6的晋宁人正在从事花卉产业，花卉已成为晋宁人民走向共同富裕的重要途径。晋宁紧跟形势发展，着力培训新型职业农民，不断提高花卉产业大军的职业素养。近年来，共培训各类人员2万余人次，举办花卉生产技术、病虫害防治、采后处理、市场营销等培训班1200多期。在专业人才队伍的带领和推动下，晋宁花卉产业已经成为品种最齐全、农户参与最广泛、科技支撑最有力、群众基础最扎实、市场前景最广阔的"美丽产业"，超半数农村家庭靠种植鲜花奋斗出幸福生活。2020年8月，中宣部第三批次"走向我们的小康生活"主题采访团走进晋宁，充分展示了晋宁花卉联农带农富农的显著成效。

2. 建全链路，集合企业品牌势能

晋宁区主动应对形势发展变化，以现代花卉产业园为平台，培育经营主体，做强产业龙头，提升组织水平；围绕品牌效应，实施品牌战略，掌握话语权；围绕平台建设，智能信息主导，夺占发展高地；围绕破解难题，精准施策用力，建强发展主体；围绕服务保障，完善机构制度，增强发展活力。引入新主体，做大新平台，云南云天化现代农业发展有限公司、云南花匠铺科技有限责任公司、云南米花园艺有限公司、云南林奇花卉园艺有限公司、云南永茗花卉种植有限公司、云南艾蔷薇园艺科技有限公司等40余家高端花卉企业先后入驻晋宁，全力推动花卉产业快速发展。云南省农业科学院花卉研究所、云南省花卉技术培训推广中心、张福锁院士"云南晋宁花卉科技小院"、高俊平专家工作站等众多科研团队和科技企业先后进驻晋宁，为晋宁花卉品种升级换代提供技术保障，为晋宁花卉产业占据产业链制高点增强内力。如今，晋宁区注册有"晋宁玫瑰""晋宁绣球""晋宁康乃馨"3个地理标志证明商标，打造了"张良玫瑰""林奇玫瑰""云上俏绣球"等348个商标品牌，3个花卉产品获评云南省"10大名花"，3家企业获评云南省花卉领域企业标准"领跑者"殊荣。

3. 科技赋能，加快产业转型升级

加强科技研发，国家观赏园艺工程技术研究中心、国家磷资源工程技术研究中心、云南花卉从业者培训基地植物新品种测试中心、国家林草植物新品种昆明测试站、国际花卉新品种展示圃、中国农业大学张福锁院士工作站和科技小院落户晋宁。晋宁花卉产业的病虫害防治和水肥循环利用都发生了革命性的变化。晋宁花卉产业的无土基质栽培、绿色环保高效生产、环保调控、采后处理等技术得到广泛应用，成为行业标杆。晋宁花卉产业从标准化走向常态化，迈向专业化，实现品牌化。全区目前已培养各类花卉专业技术人才1626人，引入院士和专家团队建成全国首个"花卉科技小院"，国内首创"产研小院"新模式；引进花卉新品种367个，培育抗性强、耐低温月季种质资源并推广转化100余个。先后成立"中国农大—云天化花卉联合研究中心""晋宁区花卉产业科技特派团"，将花卉产业最新科研成果、生产技术等推广到生产一线。①

（三）经验启示

1. 推动种植业结构调整

随着昆明加快城市建设步伐，花卉生产基地南移，晋宁接替呈贡重点

---

① 开屏新闻. 有一种叫云南的生活｜晋宁——努力打造"世界级一朵花"[EB/OL]. (2023-07-13). https://www.ccwb.cn/web/info/20230713224751Q2JY04.html.

发展花卉产业。全区大力调整农业种植结构，设立蔬菜花卉办公室，专门负责全区蔬菜花卉产业发展的指导和服务工作。发布《云南省昆明市晋宁区花卉产业发展规划（2019—2023年）》，科学引导全区花卉产业发展。积极推进"一县一业"示范工作，促进花卉产业提质增效。花卉产业迅速成为全区最重要的特色优势主导产业和农民增收致富的主要经济支柱。

2. 推进产业提质增效

先后吸引云南省农业科学院花卉研究所在宝峰大春河建立国家观赏园艺工程技术研究中心资源保护育种平台，国家观赏园艺工程技术研究中心在宝峰小河口建立标准化技术平台，云南省花卉技术培训推广中心建立国家级玫瑰、杜鹃花、非洲菊、香石竹等花卉植物新品种试验站。同时，还建立了国际花卉优良新品种展示园、云南省花卉绿色高效种植技术示范基地、云南省花卉从业者培训基地、云天华集团公司国家磷资源研究与技术工程研究中心，专门研究花卉土壤监测与肥料施用。众多科技企业和研发中心进驻晋宁，为全区花卉产业的提质增效提供了技术保障。

3. 着力培育优质品牌

合作社连接着市场和农户两端，能够为农户提供市场信息、技术培训、业务指导和服务。晋宁区先后成立了一批"农字号"专业合作社，通过合作社将众多的小农户与大市场有效对接，形成一个有机的整体，提高农户抵御市场风险的能力。全区花卉产业从业人员达2万余户，5.5万余人，从事花卉生产技术指导服务专业技术人员1100人，经过新型职业农民培训认定的花农910人，花卉生产企业229家，其中：市级以上龙头企业3家；农民专业合作社75个，获得国家级、省级农民专业合作社示范社命名的分别有1家、3家。专业合作社的出现，不仅改变了全区传统种植模式，提高了农业比较效益，也培养了一大批懂技术、善管理、会营销的种田好手和市场能人，成为促进农村经济发展的重要力量。[1]

---

[1] 云南网. 年产40亿枝鲜切花！昆明晋宁唱响花卉产业的"春天故事" [EB/OL]. (2020-03-11). https://baijiahao.baidu.com/s?id=1660880319349542456&wfr=spider&for=pc.

第十一章
云南农村三产外部融合发展典型案例

第一节 农业多功能延伸融合模式

一、主要特征

农业多功能延伸融合模式是基于农业本身所具备的多种功能,并形成有效拓展。其以农业为基础,充分拓展农业本身所具备的生态、文化、社会等其他功能,与其他产业形成跨界融合,形成新业态和带来价值链的提升。这一模式在于充分、有效地拓展了农业本身所具备的多种功能,实现了农业资源的最优化调动与配置,为农业的发展带来了更多的资金投入切入点,形成了农业发展的多样化格局,为农民提供了更多的就业岗位和增收机会。这一模式具有拓展农业除经济功能以外的其他功能的作用,这也可以带来农业的生态、文化及社会等多重效益。农业除了提供基本的农产品供给保障外,还承担了发挥生态屏障作用及提供生态服务,传承与发展优秀农耕文化、乡村价值,以及提供就业保障等方面的职责,提升了农业的形象,让农业成为全新的朝阳产业。当然,农业多种功能拓展的过程中与其他产业可以说是密切相关的,可以说农业多功能延伸融合模式是农业与其他非农产业和要素之间相互作用、相互影响而形成,并共同发展的。农业将其本身所具备的文化、生态及社会等功能融入农业产业链,或者是其他非农产业中。例如,农业生产过程及其本身所构成的田园风光与村落建筑交相辉映,这不仅是优美的乡村景观,还能为农事体验提供场所。农产品加工上,在基于充分挖掘农业文化及乡村价值的基础上可形成富含当地乡村文化元素的产品,这些产品通过传承与发展乡村文化,让乡村文化"活"起来、"火"起来,不仅可以使得农产品获得更多的溢价空间,还能产出特色的乡村旅游特色纪念品,提升乡村旅游的品质。拓展农业生态功能,在提升农产品生态属性、绿色属性、安全属性等溢价条件的同时,还能优化农村的生态环境,提升农民的生活质量,形成"望得见山、看得见水、记得住乡愁"的乡村风情,为乡村旅游吸引更多的客源。此外,有优美宜居的农村作为前提,促进农业与大健康产业的融合形成康养农业。实现农业文化功能和生态功能的拓展必然为农民带来更多的就业岗位和增收机会,这就充分体现了农业的社会功能。通过农业多功能的拓展促进农业与其他产业的交叉融合,逐渐形成多种新型业态,不断丰富农业农村经济的内涵。

二、案例分析

(一)罗平油菜花海

罗平油菜海位于曲靖市罗平县,当地依托自身优良的生态环境,积极践行"两山"理论,加强生态保护和生态文明建设,建立生态补偿机制和生态环境损害赔偿制度,持续实施大气污染防治行动,加强农业面源污染防治。罗平最为出名的莫过于"油菜花海",每年2月至3月,正值罗平油菜花海绽放的时节,大量游客涌入观光、游览、拍照。罗平"油菜花海"于2015年被上海大世界吉尼斯总部认定并授予世界"最大的自然天成花园"称号。罗平以油菜花产业为基础,促进农业与旅游、文化及加工、生态、康养等产业深度融合,形成新业态,实现农业多种功能的有效拓展和产业间的深度融合。①

经济功能方面,罗平是我国重要的油菜生产基地和蜜蜂春繁和蜂产品加工基地。通过优化分布区域、品种改良、推行标准化生产,以及降低生产成本等一系列行之有效的措施促进油菜产业高质量发展。依托油

---

① 长风之旅. 当峰丛遇上油菜花,将成就怎样的美景[EB/OL]. (2021-03-29). https://baijiahao.baidu.com/s?id=1694991751513764473&wfr=spider&for=pc/.

菜花产业和罗平独特的气候环境及优良的生态条件，积极发展蜂产业。据作者调研掌握的数据，2022年，罗平种植油菜花约110万亩，加工菜籽油3.5万吨左右，副产物油枯近5万吨，实现菜籽油加工产值7亿元。养蜂5箱以上的农户达2000户，蜂蜜年产量2100吨，产值达2.4亿元。此外，罗平结合全县产业发展现状，因地制宜地探索建立了"生姜—油菜"及"烤烟—油菜"等多种栽培模式，实现了罗平油菜、生姜、烤烟三大农业支柱产业之间的有序协调发展，对当地推进乡村产业振兴发挥了重要作用。[1]

生态功能方面，油菜花经济本身就是一种生态经济，油菜花的种植可以体现土地使用与土地养护的有机结合。根据有关数据显示，油菜按每公顷产出1500千克菜籽测算，掉落的花瓣和菜叶，以及茎秆、果壳和饼粕等副产物全部还田相当于使用了300千克以上的尿素。这一模式不仅可以保持土壤肥力、改善土壤理化性质、增加土壤有机质含量，还有利于提升产量，更重要的是避免了化学肥料的过量施用对于生态环境的破坏。[2] 而且，油菜较大的叶面系数具有较强的呼吸作用，对于当地空气的净化、污染的防治等生态环境的保护也可起到积极的作用，形成对罗平乡村生态振兴的有力支撑保障。而且油菜花种植带来的良好生态环境创造的宜居、宜游外部条件为整个罗平旅游业的发展提供了强有力的支撑保障。

文化功能方面，充分利用油菜花海的景观作用，形成观光休闲农业，提升了油菜花产业的附加价值，并充分挖掘当地的古法榨油传统技艺来压榨菜籽油，并成功注册"依鲁"商标对罗平古法压榨菜籽油进行保护，该品牌成为中国首个传承非物质文化遗产的菜籽油品牌，成立"云南省非物质文化遗产菜籽油古法压榨技艺传习所"和菜籽油博物馆，盘活了农业文化遗产，让农业文化遗产走出"展柜"、走出"书本"，成为人们"看得到、摸得着、用得上"的技艺，有效助力罗平的乡村文化振兴。此外，罗平还将油菜花产业与蜜蜂养殖产业、当地特色的布依族文化、多依河、鲁布革小三峡及九龙瀑布等旅游资源进行深度融合，形成油菜花产业与其他

---

[1] 燕林祥,张朝莲,孔令瑷,等. 罗平县现代种业发展现状与思考[J]. 云南农业, 2021 (7): 33-36.

[2] 雷元宽,吴进明. 罗平县油菜生产综合效益分析[J]. 当代经济, 2013 (5): 82-83.

产业的融合发展、相互促进发展。①

社会功能方面，罗平通过油菜花产业每年吸引大量的游客前来观光游览，加之当地丰富的旅游资源和文化资源，让罗平享誉海内外。在此基础上，当地积极推进融健康运动、高端滨水运动、休闲度假、温泉养生、康体养老、护理疗养、医疗和体育旅游、绿色食品为一体的高端大健康产业发展。"一株"小小的油菜花，充分与其他产业有机融合，形成了丰富的业态，为当地农民带来了更多的就业岗位和增收机会，同时吸引了大量与之相关的外来人才的聚集，以及本地外出人员的返乡创业、就业，对普遍存在的农村"空心化"问题起到了解决作用，并有效促进罗平的乡村人才振兴。

（二）元阳哈尼梯田

元阳哈尼梯田位于红河州元阳县，是以哈尼族为主的各族人民充分利用特殊地理气候同垦共创的梯田农耕文明奇观，开垦的梯田随山势地形变化，其充分体现了以哈尼族为主的各族人民的勤劳与智慧。哈尼梯田是由森林、哈尼村寨、梯田、水系共同构成的农业生态系统，其规模宏大，气势磅礴，每年吸引着广大游客前来观光游览。2013 年哈尼梯田被列入世界遗产名录。在梯田中种植红米的同时还可养殖稻田鱼和稻田鸭，鱼和鸭的排泄物可以作为红米的天然肥料，从而避免人工施用化肥，鱼和鸭的活动还可以对稻田起到除草、松土的作用，一些危害红米生长的害虫则成为鱼和鸭的天然饵料。可以说，鱼和鸭成为稻田实现生态生产的"卫士"。反过来，稻草还可为鱼鸭起到遮阴蔽日的作用。稻、鱼、鸭三者形成相互依赖的共生体，以此来形成"稻—鱼—鸭"的生态立体生产模式。可以在收获营养价值丰富的梯田红米的同时，收获鱼和鸭。近年来，元阳按照"保护优先、适度利用"的原则，以一二三产业融合为导向，充分发挥生态经济效益，推进梯田红米的高产示范创建、"稻—鱼—鸭"的生态立体生产模式推广，促进"稻、鱼、鸭"生产的提质增效，并积极挖掘与传承当地

---

① 中国网. 云南罗平：布依文化魅力多彩依鲁菜籽油健康营养 [EB/OL]. (2018-06-24). http://travel.china.com.cn/txt/2018-06/24/content_53248423.htm.

的文化价值助力当地农旅融合发展，用实际行动充分践行"两山"理论，实现经济效益、文化效益及生态效益的"三丰收"。形成农业（种植业、畜牧业、渔业）与旅游业、文化产业等相互交叉融合。这一过程中在充分保障农业经济功能的同时，还充分体现农业的生态功能、文化功能和社会功能。

经济功能方面，元阳积极引入科研院所及农业企业，因地制宜地带动当地农民开展生态化的生产、乡村旅游业、农村电商，稳固"稻鱼鸭"立体生态种植养殖等新兴业态的发展，并积极促进集群化发展，不断促进当地农业农村经济的发展并提升农民的收入。目前已累计建成"稻鱼鸭"综合种养高产高效示范田4000公顷，直接和间接受益农户超过5万户，每亩综合产值由2000元上升至5600元，实现了"百斤粮、百斤鱼、千枚蛋、高产值"的综合经济效益。[①] 其中关键的梯田红米不仅营养价值丰富，还有效服务了国家粮食安全战略。在保障粮食安全的同时，还带给了农民养殖鱼和鸭的经济收益。这对当地乡村产业振兴发挥了极其重要的作用。

生态功能方面，哈尼族世世代代都对森林充满崇拜，有着极强的森林保护理念。最为显著的核心就是对"寨神林"的崇拜，除祭祀外其他时间采取"封山"的方式。正是源于这样人与自然和谐共生的理念，哈尼梯田的森林资源和水资源获得了良好的保护。在梯田修建过程中先把地势相对平缓的坡地改成旱地，在耕作一段时间后缓坡逐渐变平，且生地逐渐熟化，再根据灌溉条件进行改造，最终形成水田。修筑梯田往往选择从每年的冬季持续到次年春季，这一时期因为气候条件便于及时补漏。这样因地制宜修筑梯田的方式使人类活动与水资源及森林资源的保护能够有效协调。在水资源的利用上采取"刻木分水"的方法，科学灌溉、公平分配水资源。梯田采取的是传统牛耕，并采用来自森林中蓄积于水的腐质的"天然肥料"，以及牲畜的粪便、灶灰等农家肥，采取"冲肥"的方式流入田中。[②] 此外，在梯田中养殖的稻田鱼和稻田鸭的排泄物也是天然肥料。

---

① 胡昭，李会冬，邓青州.农业文化遗产"两山"转化：实践模式、现实困境与破解路径——以哈尼梯田农业文化遗产区为例 [J].农村经济与科技，2022，33（19）：20－23.
② 高云霞，朱秋菊.元阳哈尼族梯田文化与生态文明建设 [J].西南林业大学学报（社会科学），2017，1（3）：21－24.

文化功能方面，梯田本身就是具有哈尼族特色的世代相传的农耕文化，其蕴含了灿烂深厚的农耕文化精髓，在发挥壮美梯田景观吸引广大游客前来观光游览的基础上，深入挖掘哈尼族的节庆文化、民居文化、饮食文化、歌舞文化以及生态文化等特色民族文化。游客到来后通过游览观光哈尼梯田、领略由丰富森林资源所馈赠的云海和日出奇观，观看哈尼族特色歌舞，体验住宿蘑菇房，到梯田中捉梯田鱼，品尝由当地生态食材所烹制的长街宴等，近距离感受哈尼文化风情。而且哈尼梯田作为世界遗产，其主体是种植梯田红米并辅以稻田鱼和稻田鸭的养殖，通过产业链的延伸和与其他产业的融合，不仅提升了产业的价值链，还让"遗产"在开发中实现保护，促进其活态化发展，充分发挥农业文化遗产助力乡村文化振兴的作用。

社会功能方面，随着梯田农旅融合开发的推进，带动了当地餐饮、民宿等服务行业的蓬勃兴起，为当地农民提供了更多的在家门口就近就业的机会，提升了他们的收入，对于元阳县巩固拓展脱贫攻坚成果起到了极其重要的作用。

（三）腾冲银杏村

腾冲银杏村位于保山市腾冲的一个小村庄，曾是电影《武侠》的取景地。村内有1万余亩3万余株银杏树，其中树龄达到千年以上的有10余株，树龄达到数百年的有2800多株，有着"银杏第一村"的美誉。除此之外，当地还有江东花台仙山、龙川江峡谷、"鬼磨针"、石门古栈道等秀美风光和历史遗迹。每年从10月中旬至12月下旬，银杏叶变黄之后，众多的游客为一睹美丽的"金色"秋景，慕名而来观光、拍照、游览，当地以银杏资源为基础，积极发展乡村旅游业，形成了"以产业融合发展促乡村旅游，以乡村旅游带动群众增收致富"的发展思路，按照"公司＋合作社＋基地＋农户"的模式，农户将自家庭院打造为经营场所，种植各种生态蔬菜、利用自身手工艺技能特长发展江东刺绣产品、将自家庭院改造为颇具特色的民宿或者乡村美食饭馆等。让游客在观赏美丽的银杏秋景的同时，还能够体验当地乡村特色风情、品尝乡村特色美食、带走乡村特色伴手礼，全方位地感受当地怡然自得的乡村恬静生活，修心养性。实现游客精神需求和物质需求的全方位满足。通过有效的乡村旅游发展思路，银杏村先后获得了中国"最美乡村""中国乡村旅游模范村"等荣誉称号。让银杏村的"绿水青山"变为了带动当地农民增收致富的"金山银山"。以银杏树为基础的乡村旅游业在有效发挥经济功能的同时,还充分拓展了农业的生态功能、文化功能和社会功能。①

经济功能方面,银杏村经济功能最根本的体现即是将农业与旅游业进行深度融合,形成乡村旅游业这一新业态。曾经的银杏村由于缺乏地理区位优势、农村基础设施发展滞后,优势资源禀赋条件没有得到充分挖掘利用。全村建档立卡贫困人数一度达到2520人、占总人口的62.5%,相对贫困人口1440人、占35.7%,绝对贫困人口1080人、占26.8%,贫困面较大、贫困程度较深。当地依托银杏树这一资源优势,在国家扶贫政策的大力支持下,通过发展乡村旅游业带动农民增收致富,全村如期实现脱贫摘帽,步入了小康社会。这体现了乡村旅游业在促进农民增收、拓宽农民增收渠道、增加农民就业岗位、改善农村基础设施、提升农村卫生状况和整体环境、提高教育和医疗水平等方面发挥了重要作用。②

生态功能方面,银杏村通过将绿色发展与优美的生态环境有机结合作为发展乡村旅游产业的支撑点,在这一过程中有机融入生态性概念,既充分利用了银杏树资源优势,又在乡村旅游业的发展过程中促进了当地生态环境的保护。对银杏树资源的开发首先是强调了乡村旅游业的绿色属性,强调了乡村旅游业发展过程中人与自然相和谐的共建共享。而且银杏村的乡村旅游业发展还联动了附近优美的自然风光和历史遗迹,突破了银杏村单一景点的范畴,形成了生态旅游产业链,发挥了区域性旅游业对产业的整合作用及协同作用,实现旅游业与乡村生态振兴的相互促进、共同发展。既通过乡村旅游业来促进乡村生态振兴,又以乡村生态振兴来有效支撑和服务旅游业的发展。

文化功能方面,银杏村的乡村旅游业发展是在"两山"理论的指引下,赋予了乡村文化的全新内涵,充分体现了现代生态文化体系。而"两山"理论对于生态资源丰富地区能够将生态资源有效转换为经济资源的方

---

①② 董银丽,彭燕梅,瞿嘉安. 乡村振兴战略背景下旅游扶贫效应研究——以腾冲市银杏村为例 [J]. 保山学院学报,2019,38(6):89-95.

第十一章 云南农村三产外部融合发展典型案例

法,同样可对乡村特色文化资源进行充分挖掘利用与创新。通过良好生态环境形成的乡村旅游业来传承与发展江东刺绣产品等当地的特色乡土文化,同时形成文化效益和经济效益、生态效益相统一的生态文化式的经济发展模式。可以说,乡村文化的传承与发展可同乡村旅游业的发展形成相互促进、相辅相成的局面。因为当地特色的乡村文化资源能够有助于提升乡村旅游的品质。反过来,乡村旅游又对乡村文化资源起到传承、保护与发展的作用,让乡村文化能够不断推陈出新,并通过游客形成对于乡村文化的广泛传播,以此来增强不同区域及城乡之间的文化交流和文化认同。

社会功能方面,在银杏村乡村旅游业的发展过程中,农民通过将自家庭院改造成为经营场所,除了传统的种养殖业收益外,乡村旅游这一新业态的发展同样为农民带来了更多就业机会和增收渠道,让农民充分享受到"两山"理论所带来的多重效益。

(四)保山司莫拉佤族村

司莫拉佤族村位于云南省腾冲市,其在佤语中意为"幸福的地方"。但在过去由于历史、地理等原因造成基础设施落后、产业发展水平低,佤族同胞们长期生活在贫困中。自2012年起,在国家扶持政策的帮助下,村内开展了危房改造、道路硬化、美化绿化亮化等基础设施的提升改造,并建设了司莫拉礼堂、民族文化活动广场等设施,让村内的基础设施发生了质的改变。村党组织带领村民们借着国家帮扶政策的"东风",多方争取资金,结合司莫拉佤族村浓厚的历史文化,并充分挖掘当地的乡村文化价值,先后修建了民俗陈列馆、400亩梯田景观区、佤王府、观景台、景观栈道、前后寨门、休息亭等旅游设施。同时,村民们逐步调整优化种植结构,并逐步探索发展乡村旅游业,并在此基础上积极探索文化产业、旅游业、康养产业与农业的融合,培育形成"文旅农康产业"。村容村貌焕然一新,并且如期完成了脱贫攻坚任务,全村完全迈入了小康社会。2020年春节前夕,习近平总书记来到司莫拉佤族村考察时提出"让幸福的佤族村更加幸福"。三家村村党组织时刻铭记总书记的殷殷嘱托,带领村民们砥砺前行,不断做强、做优乡村旅游业。2020年6月,三家村村党组织采用"党支部+公司+合作社+农户"的模式,成立了"司莫拉幸福佤乡旅游专业合作社",聘请专业人士指导、组织村民外出参观学习,不断提升合作社的运营管理能力。合作社致力于将乡村变为景区,推进"幸福佤乡"综合开发,将司莫拉的7条巷道串联成游道,分别在巷道中植入乡土味的大米粑粑、富含当地特色的佤族绘画、佤族服饰、饮品茶艺等富含当地特色的新业态,打造"一巷一特色",并引导村民发展民宿、餐饮等服务业,带领村民吃上"旅游饭",实现了"支部有作为、集体有收入、群众得实惠",让每户村民都参与乡村旅游业的发展,共享乡村旅游业的发展成果。现今的司莫拉村已成为融自然景观、秘境体验于一体的司莫拉佤族风情园,从曾经的贫困村华丽转身成为旅游兴、产业旺、村庄美、农民富的乡村振兴样板村,被评为国家4A级旅游景区。以乡土特色文化为基础的乡村旅游业在给村民们带来经济收益的同时,还充分拓展了农业的生态功能、文化功能和社会功能。[①]

经济功能方面。司莫拉佤族村将文化产业、旅游业、康养产业与农业的融合,培育形成"文旅农康产业"这一新业态,跳出农业的范畴来看农业农村和发展农业农村。对于司莫拉而言,通过形成融合化发展的乡村旅游模式对当地的农村产业结构进行了优化调整,激发了农村经济的活力。在乡村旅游业发展的作用下,对农村产业发展进行优化布局,对旅游产品和农村经济结构进行科学和系统的规划,增加了农村二产、三产的份额,丰富了农村经济的结构,盘活和充分利用了农村的各种资源,避免了对农村资源的浪费,实现了对农村基础设施的有效改造。

生态功能方面。司莫拉佤族村按照"两山"理论的指引,因地制宜地选择发展路径,促进农村经济与生态环境的和谐发展,并为游人带来放松身心和娱乐休闲的精神享受。该村在首先打造优美宜居生态环境的前提下,进而充分保障乡村旅游业的持续稳定和健康发展,这正是司莫拉佤族村培育和发展"文旅农康产业"这一新业态的根本之路。司莫拉佤族村生态化的乡村旅游发展方式是将农村各种资源直接转化为经济效益,让当地的农村经济结构更加合理及全面,农村内部的经济体制形成相互协调、相

---

① 腾冲发布. 腾冲司莫拉:一个留住乡愁又有奔头的地方[EB/OL]. (2023-04-13). https://m.thepaper.cn/newsDetail_forward_22684872.

互呼应，并随之带来生态效益、文化效益和社会效益，从而实现农业生态功能的有效拓展。

文化功能方面。司莫拉佤族村将传承与发展当地特色的佤族文化融入了乡村旅游业发展中，不仅优化了农村的物质空间，还对于促进民族文化的传承与发展起到了极其重要的作用，让当地"沉睡"的佤族文化随着乡村旅游业的兴起而"活起来"，让佤族文化资源被充分挖掘和利用，让其传承被赋予了全新的内涵。通过乡村旅游对民族文化的传播和弘扬，形成文化效益与经济效益的相互影响及相互统一。这主要体现在通过对民族文化的充分挖掘和利用来丰富当地乡村旅游产品内容，提升了乡村旅游业的质量；乡村旅游能够对民族文化的传承、保护、发展与更新起到推动作用，促进不同区域、不同民族之间的文化认同。

社会功能方面。司莫拉佤族村通过发展乡村旅游业增加了当地的就业岗位，提高了农民的收入水平，改善了当地落后的生活面貌，对于缩小当地农村与城市间的经济差距起到了重要作用。此外，由于以往存在的"农村贫穷落后、干农活赚钱少"的观念导致了大量农村劳动力向城市的非农行业转移，造成了农村"空心化"的问题。当地乡村旅游业的发展带来了农村经济的繁荣，这就吸引了大量外出农民的返乡创业和就业，有效解决了农村"空心化"的问题，为乡村人才振兴奠定了基础。

（五）南涧樱花谷

南涧无量山镇位于无量山脉深处，自然环境优美，生态保护良好。当地充分利用生态资源优势，探索形成了茶、樱花、旅游融合发展的模式，促进当地农业产业的发展，增加农民收入。当地以市场需求为导向，按照"有主体、有基地、有加工、有展示、有品牌、有文化"的标准，参照先进地区茶庄园的发展经验，结合无量山优美的自然生态景观，融入传统茶文化及当地的彝族文化等元素。建成乌龙茶示范园1500亩，标准化茶叶加工厂厂房1万余平方米，并配置了先进的加工设备，将茶庄园建设成集乌龙茶标准化种植及加工示范、乌龙茶产品展示、茶文化体验、樱花谷樱花茶园游览观光等于一体的精品示范茶庄园。茶庄园内种植冬樱花3万余株，春樱花2000余株。逐步形成了茶园发展的多样性，更形成了可供观赏游览的优美景观,并配套了品茗室、景观餐厅、观景台、步行栈道等旅游接待设施。成功注册了省著名商标和"无量山樱花茶谷"旅游品牌。每年冬季是樱花盛开的时节,鲜艳的樱花与翠绿的乌龙茶树及无量山的自然风光交相辉映,共同构成了全国独树一帜的樱花茶园景观,吸引了大量游客前来游览、品茶。同时体验当地彝族人民的"南涧跳菜"、陈德剪纸等非遗文化,以及茶的制作技艺等。以这一景观为核心,划定了无量山樱花谷、灵宝山国家级森林公园、无量山茶庄园的"一谷两园"景区。随着游客的大量进入,还带动了南涧餐饮、住宿等服务行业的蓬勃发展。此外,在旅游业快速发展的同时,当地还十分注重生态效益的提升。樱花茶园已建成了茶园喷灌水利设施,生产过程中完全按照有机茶的标准进行生产,生产所需的肥料完全使用豆粕等有机肥,茶园生产运行达到较先进的水平。而茶叶加工则使用液化气和电力等燃料,具有较高的清洁化程度,所生产出的茶产品通过了有机认证,品质在全国乌龙茶产品中排名前列,茶产品已打入上海、广东、山东等地中高端市场,为当地带来了可观的经济收入,促进了农民群众的增收致富。[①] 2022 年,带动了全镇农户规范化种植茶园26735.3 亩,创办了组织化的农民茶叶专业合作社 13 个,标准化茶叶初制所 8 个,加工大户 20 户,吸纳周边农户就近务工 8000 户。[②] 以茶、樱花、旅游融合发展为基础的樱花茶园观光休闲农业在给当地带来可观经济收益的同时,形成了"茶生态、茶经济、茶旅游、茶文化"的融合,充分体现了农业的生态功能、文化功能和社会功能的拓展。

经济功能方面。当地的樱花谷休闲观光农业以产业融合为发展路径,为当地乡村产业的振兴奠定了坚实的基础,形成了当地绿色发展的新动能。其中,以乌龙茶的种植生产为主线,形成了全产业链的融合模式。首先形成了乌龙茶的专业化、适度规模化、特色化、标准化生产,并完善基础设施建设,形成了高品质的乌龙茶产品的有效供给,发挥了农业的经济功能。在此基础上,创新性地形成了"乌龙茶产业+休闲观光"模式,推

---

① 云南日报. 南涧"花茶旅"融合发展促农增收 [N/OL]. 2017 – 08 – 28. http://country. cnr. cn/gundong/20170828/t20170828_523922425. shtml.

② 茶美玲,杨绍祖. 云南南涧:做好茶文章,点燃民族团结进步"新引擎" [EB/OL]. (2022 – 11 – 18). https://www.yiduocha.com/news/show – 27164. html.

进乌龙茶产业与旅游业进行深度融合，加之樱花树的种植，拓宽了休闲观光农业的发展空间，提升了乌龙茶产业的附加价值。

生态功能方面。樱花谷的发展以"绿色发展"理念为指导，形成天人共美、相生共荣，满足人们对于美好生活的向往，让人们走进无量山山脉，亲近自然，体验绿色、环保、健康的休闲生活，这体现了新时期人们的健康生活方式，也是实现农业经济发展与生态环境保护相协调的体现。尤其是樱花与茶树形成相得益彰的作用，在发展乌龙茶产业的同时，也进行了植树造林。实现茶产业和休闲观光农业经济效益，以及生态效益的"双丰收"。而且乌龙茶产业的有机种植生产和加工不仅将对生态环境的影响降至最低点，形成经济发展与生态环境相和谐，还提高了乌龙茶产品的品质，进而在激烈的市场竞争中占据优势。

文化功能方面。樱花谷休闲观光农业依托樱花茶园景观和无量山自然生态环境，不以乌龙茶产品的产出作为唯一目标，其中注入的茶文化及当地的民族文化、非遗文化等元素形成了樱花谷休闲观光农业的灵魂，让休闲观光农业富含文化元素，构建起具有当地文化特色的休闲观光农业体系，形成对樱花谷休闲观光农业的有效支撑，并且对于当地文化资源的挖掘以及传承发展起到重要作用。例如，让外界、让更多的人熟悉和认知彝族人民的"南涧跳菜"。还有依托乌龙茶产业发展，并结合休闲观光农业对于中华传统茶文化进行传承，这都体现了文化元素的注入，更是南涧樱花谷三产融合模式带来的文化功能拓展。

社会功能方面。樱花谷休闲观光农业的发展不仅通过乌龙茶产业的全产业链发展来带动当地农民的就业和增收，还通过旅游业带来的餐饮、住宿等服务行业扩大了带动就业和增收的范围，实现一个乌龙茶产业联动服务行业，让当地更多的农民吃上"旅游饭"。

三、三产融合的契合点

农业多功能拓展模式是在以市场需求为导向的引导和现代农业发展理念及技术的支撑下，充分挖掘并有效利用农业农村的多种资源，通过积极拓展农业的多种功能来促进农业和农村各产业之间实现分工细化，扩大农业的外延并丰富农业的内涵形成新业态及新模式，通过促进农村三产融合的发展拓展农业经济的增长点和生产门路，创造出更多的就业岗位。可以说，通过拓展农业的多功能性来促进农村三产融合发展的契合点就在于有效并充分地拓展农业除经济功能以外所具备的生态功能、文化功能及社会功能。从一定角度来看，推行这一模式需要充分挖掘当地所具备的各种文化价值，以及丰富多样的自然资源。云南多样性的气候带来了极其丰富的生态资源，26个民族长期以来各自形成了灿烂多彩的文化资源。这些也形成了不同区域农业生产和地形地貌的多样性，以及多样性农耕文化特色，都是云南拓展农业多功能、促进农村三产融合的契机。从经济功能上看，云南特殊的地理气候条件塑造了丰富多样的农业景观，农业生产过程中形成的景观可作为一种服务产品。各区域农村的田园风光各不相同，区域特色性明显，农村田园风光可作为经济资源加以充分有效的利用。而且一些农村就毗邻有名的风景名胜区或是自然保护区，例如，大理洱海附近的农村，哀牢山自然保护区等，这些都为乡村旅游业的发展提供了强大的支撑和发展的契机。此外，这些区域所生产出的农产品可以此为基础申请国家地理标志，这对增加农产品的知名度、提升农产品的美誉度、市场影响力及区域竞争力都具有较强的作用；从生态功能上看，一些地方将生态环境治理、农业生产发展与旅游业的发展有机融合。例如，通过发展循环农业来实现对资源的可持续性利用，发展有机农业来促进农业生产与生态环境保护的有机协调等。而创意农业、体验农业又具备农业生产与农事体验以及农业景观的功能。但是这些功能的发挥需要有一个优美宜居的农村生态环境，这对于优化农村生态环境和提升农民生产生活环境本身就是一个新的要求。也可以说农业生态功能的有效拓展与农业经济功能二者之间是相互影响、相辅相成的；从文化功能上看，云南26个民族在长期的生产生活过程中，因地制宜地充分发挥自己的聪明才智，创造出了各具特色、丰富灿烂的农耕文化，以及源自生产生活，并依托农业、农村和农民传承至今的服饰文化、饮食文化、节庆文化、歌舞文化、民居文化和各种手工技艺等。这些丰富多彩的文化只有在农村这样一个特定的环境中，以生产、生活、生态作为载体才能真正做到保存、传承、发展。而只有推进农村三产融合才能培育出新的农村文化产业，形成新的业态，打造农村经济新的增长极。农业产业与文化产业的融合在有效保存、传承、发展文化,让文化"活起来"的同时,还赋予了农业农村发展更丰富文化内涵;从社会功能上看,农业多功能延伸融合模式带来的农村三产融合形成的新业态能够吸引更多的外出人员返乡创业就业,还能让更多的人投向农业发展,让农业成为朝阳产业,为乡村人才振兴奠定基础。

第二节 特色小镇引领模式

一、主要特征

首先,特色小镇的建设其本质在于促进农村三产融合发展。特色小镇的建设是基于当地的特色产业,以文化传承作为纽带、以实现绿色生态发展作为目标,将农村的农业、加工业、销售业、旅游业及文化产业等全部或部分进行融合发展而成的新型小镇,该发展模式更多出现在城郊区域或城镇区域。其主要在于发展特色产业、挖掘乡村文化价值、开发乡村旅游业。特色小镇对其发展的主要产业具有明确的定位,对乡村文化形成较好的传承与发展,并对自然资源进行合理、有效的保护性开发。特色小镇的建设具备通过创新推动农村经济高质量发展的作用,以及实现生产、生活、生态的城乡发展一体化,并提高居民收入水平和加快城乡融合发展。特色小镇建设与发展的目标与乡村振兴战略的目标是一致的。

其次,特色小镇引领模式下的农村三产融合是实施乡村振兴战略的关键路径。农村三产融合是为了实现农业高质量发展、农村生态环境优美、农民收入持续增加。所以培育新型农业产业体系、形成完善的城乡融合机制、培育一批能够为农业农村发展起到关键核心作用的人才、实现对农村文化的传承与发展是实现乡村振兴战略的必然路径。特色小镇是实现城乡融合发展的关键纽带,本身具有产业培育与发展、人才引入、文化传承等方面的优势,通过特色小镇来引领农村三产融合能够打造特色产业并延伸其产业链,深入挖掘农村文化价值、形成发展所需各方面人才的聚集,有效辐射带动区域经济发展。特色小镇发挥其在业态、趣味、成本等方面所具备的优势，吸引资本、人才等要素聚集，引导城市消费下乡。而且特色小镇需要按照城镇化的要求提升农村基础设施建设水平，缩小城乡基本公共服务水平的差距，为农村发展营造良好的环境，进而培育新型农业经营主体、构建农业社会化服务体系，不断发展壮大农业农村经济。

最后，特色小镇为农村三产融合发展提供机遇。农村三产融合发展是一个多维度的体系，需要有一个有效的载体，而特色小镇能够把农村的生态资源、文化资源等在空间上形成有效聚集，起到承担农村三产融合发展过程中的载体作用。特色小镇以实现农村三产融合发展为着力点和目标，以构建特色产业体系为基础，以实现特色产业发展与生态环境保护相协调为原则，以传承与发展特色文化为根本，形成农村与特色小镇的联动发展，不断消除城乡二元结构体制，调整并优化农业产业结构，助推当地乡村产业振兴。[①]

二、案例分析

（一）弥勒太平湖森林小镇

弥勒太平湖森林小镇所处的红河州属于石漠化问题较为突出的地区，小镇的建设按照绿化、美化、彩化及香化的理念，着力进行生态修复和治理，形成人与自然和谐的生物圈，按照"生态产业化、产业生态化"的发展方式，建设一二三产业融合发展示范区，以及"生态、健康、度假"特色的康养目的地，助力乡村振兴。太平湖森林小镇以改善石漠化生态状况为目的，发展森林康养产业，推动农村经济发展和生态文明建设。以森林康养和休闲作为切入点，建成湿地涵养区、珍稀动物保育区、林下花海体验区、大地艺术展示区、体育康养体验区、森林木屋酒店、湖景餐厅等。

（1）滨水湿地涵养区。通过湖滨湿地来对流域污染物进行截流，并恢复陆水生态交错带功能，以及维持湖泊清水稳态。湖中种植了大量挺水植物，不仅起到美观作用还具备修复功能，沿湖修建的环湖步道可为游览者

---

① 李广. 特色小镇促力乡村振兴路径研究 [J]. 菏泽学院学报，2019，41（3）：15 – 18.

提供可漫步的森林步道。湿地涵养区和沿湖步道在为游览者提供景观功能和休闲功能的同时，还共同起到了涵养水源、保护生态环境、防控洪水、防治土壤沙化、调节大气组分、为水生动物提供栖息地的作用。

（2）林下花海体验区。通过开展石漠化地区生态—经济复合型林草空间优化配置，种植环境适应能力较强的植物，并建成适宜有效的水肥系统，形成结构丰富且高效增值的林分结构配置模式，提升植物配置多样性水平，构建起良性的植被土壤生态系统。而且一年四季均有鲜花盛开，吸引着众多游客前来游览观光。

（3）珍稀动物保育区。弥勒太平湖森林小镇建成后，吸引来了大量动物安家栖息。例如，上千只白鹭鸶等各种水鸟为小镇添加了一道亮丽的风景。通过生物链和食物链形成了各物种之间的共生，并与小镇中的生态环境共同组成了一个完整的生态系统，特色建筑、各种植物、湖水、珍稀动物，自然景观与人文景观相互之间形成紧密联系，共同组成了一个可持续性发展的自然生态链，促进了石漠化向森林化的转变。

（4）大地艺术展示区。为提升小镇的国际化发展水平，小镇内采用西南地区典型的林下花海植被和红河州特有的珍稀植物共同构成了壮美的大地艺术景观，实现植被艺术化。以国际皇家玫瑰庄园为基础，配套建成国际会议培训中心、影视摄影基地等，共促园区生态文明建设。太平湖森林小镇通过每年举办国际生态艺术节，吸引众多艺术家来进行创作，作品与非遗文化、屯田文化、水利文化、民族文化等众多文化元素相融合，赋予了太平湖森林小镇更多、更丰富的文化内涵。大地艺术展示区树种的选择是将植物生态学、土壤学、经济学等多学科的理论方法进行交叉结合，在保障生态修复的同时兼顾经济发展，根据石漠化地区的地质条件、微地貌现状、气候特征等条件，合理搭配植被，让石漠化治理更加科学化，促进资源优势转化为经济优势。

（5）体育康养体验区。在优美宜人生态环境的基础上，太平湖森林小镇还推进体育产业与康养产业的有机融合，以国际垂钓赛事为核心，依托半程马拉松赛道、环湖骑行赛道等设施，引入滑翔伞、热气球等低空项目，并开发了水上运动、山地运动等休闲体育运动项目，在大力发展高原特色休闲康体运动的同时，还为游客提供了丰富多样的休闲运动内容。

(6) 森林木屋酒店。太平湖森林小镇内还建设有独栋木屋别墅和房车露营地，向不同需求的游客提供多样化的服务，让游客体验到最为古朴、自然的居住环境。

(7) 湖景餐厅。太平湖森林小镇内建成的湖景餐厅在品味弥勒卤鸡、当地特色美食的同时还可观赏湖中美景，给予游客不一样的用餐体验。[①]

太平湖森林小镇以绿色发展为理念，以生态为核心，以全域康养旅游为载体，推进产业融合、文旅和康养一体化发展，并重视山水林田湖等自然景观，为三产融合提供自然空间和生态支撑，并延伸产业链，形成集生态修复、石漠化治理、环湖截污和湿地保护的发展模式，营造出良好的生态环境。为石漠化地区的生态修复治理和经济发展，以及农村三产融合发展提供了一个参考借鉴模式。其不仅起到了对石漠化地区生态环境治理的作用，保护了当地的森林、水体等资源，还维护了生物多样性，促进生态良性循环与发展，实现人与自然和谐发展，提升人民群众的身心健康水平，而且还带动了当地服务行业的发展。可以说，太平湖森林小镇以森林资源为基础发展休闲康养产业，形成特色小镇引领当地三产融合发展，对于促进乡村产业振兴和农民就业增收具有重要作用。

（二）建水西庄紫陶小镇

建水紫陶兴起于元末明初，因其精湛的制陶技艺而闻名，位列中国四大名陶之中，建水紫陶涵盖了书法、绘画、雕刻、镶嵌、烧制、磨光等工艺，不仅具有很强的实用价值，还具有较高的审美价值，具有较高的传统艺术属性，故为古往今来的消费者们所喜爱。西庄镇是建水紫陶的重要产地，且有着众多名胜古迹和人文景观，旅游资源丰富。当地还有彝、傣、哈尼、壮等15个少数民族，以及新房、阿瓦寨、荒地等10个传统村落，其中，团山村于2015年被列为首批"中国乡村旅游创客示范基地"。新房村的黄氏宗祠、关圣宫、倪学全民宅等建筑被列为第二批中国传统村落的保护建筑名录。碗窑村保存有商品经济萌芽时期以手工业工场为中心的形

---

① 李甜江，王世超，巩合德，等. 石漠化区域森林康养模式研究[J]. 内蒙古林业调查设计，2021，44（1）：98-101+104+13.

态，以及一大批清代和民国时期的民居、古陶瓷生产区、古庙及古戏台等各类建筑。依托紫陶产业建设的西庄紫陶小镇占地面积3.46平方公里，由核心区龙窑生态城及团山景区、乡会桥、双龙桥等三个组团组成，2017年通过"国家一流特色小镇"省级审核，2019年被云南省人民政府命名为21个云南省特色小镇之一。西庄紫陶小镇被誉为"五彩紫陶之都、修身养性之地"，小镇有着被列入世界纪念性建筑遗产的"云南最精美的古民居群"西庄团山民居，其由汉族青砖四合大院、彝族土掌房和汉彝结合的瓦檐土掌房三类建筑组成，构成了具有文化底蕴的古村落集群、法式风格的米轨火车，以及景色优美宜人的泸江河田园风光带。龙窑生态城依照国家4A级景区的标准进行打造，融合了生产、生活、生态，已发展为文旅综合体。分为记录了建水紫陶发展历史的紫陶博物馆、售卖各式紫陶产品的百工坊商业街、具备高规格接待的星级酒店、可亲手体验制作紫陶乐趣的紫陶泥浆乐园、繁华都市中的充满惬意的紫陶社区、色彩斑斓的五色土地质公园，以及风景秀美的生态公园等7个功能区，且各具特色。形成了紫陶产业发展、历史文化传承、游览观光、休闲养生、技艺体验、生态保护、社区生活等多领域的融合模式。西庄紫陶小镇作为当地全域旅游的衔接点，与燕子洞、文庙、朱家花园等著名景点形成相辅相成的效应，每年吸引着大量游客前来旅游观光。此外，建水美食也极具特色，例如，用古井水制成的豆腐、土陶气锅鸡、草芽过桥米线等特色美食也广受大众喜爱。

西庄紫陶小镇是集紫陶产业、特色城镇、人居环境、特色文化等为一体的一个空间，形成生产、旅游和社区的融合，以人为本是小镇的底色。小镇开发建设坚持产业、文化、旅游，以及生产、生活、生态"三生融合"协调发展。小镇以原住居民为主，传统村落保存较为完整。随着时代的发展，生活和工作压力也在不断加大，人们对于节假日到宁静之地享受慢节奏的安逸生活日益向往，而具有浓厚古朴气息的小镇是人们理想的选择。西庄以紫陶产业的发展为主线，据此形成了一个特色小镇，农民不仅融入特色小镇的建设过程，还充分分享到了特色小镇所带来的各种效益，提高了农业的附加值，形成了城乡统筹发展和区域经济社会协调发展。首先，小镇在发展过程中，充分把握了自己的底色，将田园风光、特色文化、农村生活作为吸引游览观光者的根本，充分挖掘利用民居建筑、休闲体验、特色饮食、民俗文化等乡村文化价值，形成了城乡之间的文化交流，也带动了农民思想观念的现代化转变，激发其内生动力，形成了农村区域产业发展体系。其次，小镇的开发建设带来了农村人居环境的有效改善。通过改善当地的居住环境、公共基础设施和服务、景观环境等，并引导农民增强环境保护意识，以此来促进小镇的生态化发展。最后，形成吸引人才回流的契机。小镇的开发建设为农民提供了大量就近就业的工作岗位，这对于吸引外出务工人员返乡创业就业起到了重要作用。外出务工人员具备敏锐的信息观念、政策导向性观念及创业创新的观念，且具有相对较高的素质，具备培养为新型职业农民的潜质，也就是成为紫陶产业发展的后继人才，让历史悠久的紫陶制作产业得以不断传承和发展，让紫陶文化延续。①

（三）剑川木雕艺术小镇

剑川木雕历史悠久，具有浓厚的民族文化特色，剑川木雕种类多样、造型独具特色、制作技艺精湛，是白族传统文化技艺的体现，产品具备较高的实用价值、艺术价值和收藏价值，受到社会各界的广泛喜爱。其起源最早可追溯到4000多年前的新石器时代晚期，考古人员通过对剑川海门口遗址的考古挖掘，发现大量海门口先民木制品加工制作的遗迹，汉唐南诏至两宋时期木雕技术已发展成熟，石宝山石窟的众多图案纹样都与木雕相关工作，至明清时期剑川木雕艺术则发展到了一个高峰期，剑川木雕在2011年被国务院公布列入第三批国家级非物质文化遗产保护名录。基于此建立的剑川木雕艺术小镇以国家级非物质文化遗产剑川木雕产业为核心，融入了白族原乡文化魅力，充分展示了剑川木雕文化和白族文化，多姿多彩的白族民间艺术，以及非物质文化遗产滇戏等特色文化元素的融入，让小镇的文化氛围更加浓郁。旅游区规划总面积3.2平方公里，依托优越的地理区位优势，打造融木雕历史文化、木雕产品商业会展、木雕产品拍

---

① 刘洁婷. 新发展理念视阈下建水西庄紫陶特色小镇的培育路径研究［J］. 红河学院学报，2022，20（6）：18-21.

卖、木雕博物展览、木雕技艺体验、休闲度假、健康养生、电子商务营销、木雕市场交易、木雕加工制造、木雕制作技艺传承、木雕艺术品文化创意、白族民俗旅游为一体的高品质木雕艺术旅游小镇，2022年剑川县木雕艺术小镇景区被列为国家4A级旅游景区。小镇由木雕文化广场、风水古塔、中心月湖及景观九孔桥、园林景观大道、园林水系、核心商业区、木雕产品展示交易区、民俗院落区和木雕博物馆、木雕大师馆等体现木雕艺术特色的建筑群落组成，并与当地特色的白族民居建筑相融合。对于当地群众而言，小镇也是一个富含生活气息的美丽家园。此外，小镇内的黑陶、布扎、刺绣等工艺品以及各式新鲜的高原特色生态农产品营销、白族传统美食、特色民宿等业态也在不断发展。小镇的建设和发展充分体现了农业、民族文化与旅游业的深度融合，同时，还形成了对附近传统白族村落民居的盘活与振兴，并与剑川古城、沙溪古镇、石宝山、满贤林、千狮山等著名景点共同组成有效带动区域经济的增长极。①

  剑川木雕艺术小镇的建设和发展充分体现了以下几个方面的成效。第一，有效促进当地经济发展。剑川充分挖掘木雕产业潜力，拓宽产业门类，将其打造为当地的重要支柱产业。截至2021年，全县木雕产业从业人员超过2万人，全县木雕行业产值达到4亿元以上，占比全县工业总产值的比重达到10%以上。②全县木雕专业生产企业在10家以上，其中，有国家一级文物古建维修资质的企业有2家，个体经营户1500多户，此外，还有7000多人外出到全国各地从事木雕工艺。木雕产品除了在省内、国内销售外，还远销欧美等100多个国家和地区。③小镇的建设和发展充分体现了对木雕产业的高质量发展的促进和提升。第二，对民族特色文化起到传承与发展的作用。剑川木雕是白族文化精髓的体现，不仅是对中华优秀传统文化的弘扬，也体现了现代核心价值理念。剑川木雕文化蕴含了丰富的乡土特色文化、价值观念、匠艺精神等。小镇的建设融入了丰富的白族文

---

① 剑川木雕艺术小镇旅游景区. 剑川木雕艺术小镇（国家4A级旅游景区）[EB/OL]. (2022-10-26). http://www.jcwcatarea.com/.
② 云南新闻广播. 定了！剑川木雕产业未来这样发展[EB/OL]. (2022-07-21). https://www.163.com/dy/article/HCQT1J550530JKSL.html.
③ 殷志勇. 试析剑川木雕助力乡村振兴的有效路径[J]. 民族音乐，2021 (6): 80-81.

化资源和木雕艺人对传统木雕制作技艺的坚守，体现了白族世世代代传承的匠艺精神。木雕文化中的礼乐文化对人们的社会关系起到规范约束作用，能够转化为良好的社会风范，引导人们恭敬和谦让、明辨是非，以促进社会的和谐。木雕中蕴含了富贵吉祥、福禄寿喜等吉祥之意，体现出人们对于祥和生活的向往。小镇正是这些美好、朴素白族文化传承与发展的载体。第三，对乡村振兴起到重要作用。小镇的建设是融合了生产与生活，引领并推进木雕产业实现三产融合，从木雕的生产、加工到销售，凸显了木雕产业的高质量发展，为乡村产业振兴奠定了基础。小镇建设中融入了白族特色文化元素不仅丰富了小镇的文化内涵，也是对白族特色文化的传承与发展，体现了乡村文化的振兴。小镇带动了剑川文旅产业的发展和剑湖周边基础设施的完善和生态环境治理，以良好的生态环境促进旅游业的发展。小镇为木雕技艺人才提供了展现自身技能的良好平台，特别是涌现出中国工艺美术大师段国梁、国家级传承人段四兴、6 名省级传承人等高端木雕技艺人才，这些木雕技艺人才是剑川实现乡村振兴的一支重要人才队伍。[①]

（四）周城扎染之乡小镇

周城村是全国最大的白族自然村，具有浓厚的白族文化特色，素有"中国白族第一村"和"白族扎染艺术之乡"之称。周城扎染最早起源于秦汉时期，南诏时期的《张胜温画卷·蛮王礼佛图》中两位武士头戴小团白花的蓝染布官套，就展现了古代扎染工艺的存在。到了元、明时期，扎染取得了较大的发展，绞缬已成为具有浓郁特点的民族织染工艺。到了清代大理一带扎染作坊林立，所生产的"大理红布""喜洲布"成为热门的产品。20 世界 30 年代后是周城扎染发展的黄金时期，全村共有 300 余户从事扎染业，所需的原料蓝靛由村民自己种植，故扎染的生产成本较低且制作工艺精美。而且周城村人多耕地少，扎染业的发展为当地富余劳动力解决就业及增加收入起到了重要作用。

---

① 吴剑熔．一"剑"双雕 让指尖绝技转化为指尖经济［EB/OL］．(2023 – 10 – 23)．http：//zgxczxzz. com/index. php?m = Archives&c = IndexArchives&a = index&a_id = 50340.

如今，周成村扎染已发展成一项传统民间工艺，也是当地白族同胞生活中必不可少的一部分，也是一种广受消费者所喜爱的特色民俗工艺品，既有集体经营也有个人经营。1996年周城村被文化部社会文化司授予了"白族扎染艺术之乡"的称号。2006年云南大理的白族扎染技艺被文化部列入国家级非物质文化遗产。2007年云南大理周城的张仕绅被确定为扎染国家级传承人，作为国家级生产性保护示范基地的璞真扎染厂更是周城扎染行业的发展典范。这是对于扎染文化价值的肯定。扎染产品充分体现了白族文化和艺术的内涵，传统的扎染纹样主要以几何纹样构成，结构严谨。现在的扎染创作也取材于自然界中动植物的形象，具有较高的经济价值和艺术价值。周城扎染的艺术设计理念源自白族同胞生活、生产所形成的民族文化，而且现今的扎染艺术已广泛在文创产品、服装设计、家用纺织品等领域广泛应用。文创产品作为承载地域文化的实用产品，周城扎染制作的文创产品是按照不同的花纹运用不同的扎花方法对图案进行设计组合，具有浓郁的白族文化特色，而且在设计制作上将传统设计理念与现代审美要求相融合，设计出更加丰富的图案，并将其应用在帆布包、书签、茶杯垫等产品上。周城扎染除了应用于传统的白族服饰纹样外，还被现代服装设计所广泛应用，其应用于服装设计主要是通过扎染工艺对天然面料的染色与缝扎，使得服装呈现出特色纹理效果，并且在现代化学颜料发展的作用下，扎染的色彩变得更加多元。周城扎染应用于家用纺织品体现了扎染产品与室内空间的融合，现主要应用于门帘、桌布、床品、抱枕和家居装饰摆件等。周城扎染体现了传统民间手工艺与现代文化的完美融合，并始终呈"活态化"发展，这既保护和传承了民族传统文化，又服务于现代文化的发展。①

周城村在推进农村三产融合发展过程中，以扎染产业为主线，将白族特色文化来打造扎染特色产业，形成具有民族特色性的发展之路。其主要经验做法体现在以下几个方面。第一，深挖民族特色文化资源。周城村深入挖掘白族扎染传统工艺并与现代文化元素相结合，让扎染既有古朴的民族文化特色，又具有现代文化元素，让扎染这一古朴工艺形成"活态化"

---

① 王越. 大理周城扎染传统纹样的传承与创新应用研究［D］. 大理：大理大学，2022.

发展。同时，周城村所在的喜洲镇又是著名的旅游景区，扎染产业与旅游业相辅相成、相得益彰，形成以扎染为主线、白族文化为特色、以旅游业为辅助的发展模式。第二，周城村为了实现扎染产业的生态化发展，近年来在逐步改变扎染生产的粗放式生产模式，通过种植板蓝根作为传统扎染的天然环保植物染料，让扎染回归原始古朴生态的生产方式，这对于扎染产业的可持续性发展有着重要意义，并形成产业融合对接，同时促进绿色生态转型发展。第三，不断强化对传统民族文化的保护。周城璞真扎染博物馆已成为展现扎染产业发展的一个品牌，馆内对扎染产业发展的历史、制作工艺，以及扎染精品等进行了详细介绍和展示。同时，还可为游客提供现场扎染制作体验和制作工艺传授，以及出售扎染纪念品和开展扎染学术研讨等。第四，充分盘活村内的其他非物质文化遗产和遗迹遗址等。周城村有非物质文化遗产 10 类 37 项，其中有 4 类为国家级非物质文化遗产，还有白族的本主庙、古戏台、广场街道等遗迹遗址。依托这些丰富资源，正在逐步探索形成"非遗＋旅游""白族民俗＋旅游"等模式，让周城村成为著名景点喜洲古镇旅游业中的关键一环，增强游客对于白族文化的体验感，更好地传承与发展白族特色文化。

三、三产融合的契合点

首先，特色小镇通过某一特色产业来引领当地的农村三产融合。特色小镇是特色产业发展的平台，特色产业又是特色小镇建设的核心所在。特色小镇对于特色产业的发展可以起到延长产业链、提升价值链的作用，能够促进农村一二三产业融合，这也是实现乡村产业振兴的必然要求。村镇的特色产业基本与农业相关联，以特色小镇作为平台构建起的特色产业体系，对于农村的产业组织强化、生产技术发展、产业结构优化、产业空间布局，以及增强产业间的关联性都有着极强的促进作用。特色小镇能够不断优化产业的组织结构，并提升产业集中度水平，促使产业形成规模效应和范围经济，并高效利用土地资源，促进生产、生活、生态的空间协调，不断延伸产业价值链，促成特色产业的三产融合，这也是特色小镇引领农村三产融合的契合点所在。

其次，以乡土文化为切入点。在社会经济高速发展的时代，乡土文化气息更为人们所崇尚，而底蕴深厚的农耕文明对于赋能特色小镇的建设，并提升农村三产融合的质量具有较强的作用。特色小镇的发展模式之所以区别于一般的小城镇，就是因为将文化内涵植入其中，用文化创意来进行表达，这也是特色小镇避免同质化竞争的一大根本。特色小镇对于乡土文化发展也有着促进作用，其能够形成向外界展示乡土特色文化价值的重要窗口，有助于增强对乡土文化的自信。再次，以实现农村生活的富裕为切入点。特色小镇的建设能作为带动村镇区域经济增长的新增长极，形成城市与乡村的联结点，将城市产业和文明向乡村输送，吸纳农村劳动力就近就业，尤其是让更多的农民参与二产和三产的发展，形成多元化的增收渠道，并开阔农村居民的视野，增强他们发展的内生动力。而且，特色小镇作为创新产业发展的载体，其围绕特色产业衍生出更多的产业发展新业态和就业需求，这都为有能力的外出人员提供了新的发展机遇，从而吸引更多的外出人员返乡创业就业，这也是实现农民增收、农村生活富裕作用的体现。

最后，有助于建设美丽、生态、宜居的农村。特色小镇是按照合理的规划要求，做到"多规合一"，在有限的空间范围内实现对土地的高效利用，形成生产、生活、生态的相协调统一，对于农村的建设和发展可以起到示范引领作用。在"多规合一"的理念下，形成对县、乡土地利用的总体规划、村庄土地利用规划和农村建设规划，提升规划所发挥的作用，改善并提升乡村环境。特色小镇具备特色产业发展优势、生态优势，以及文化优势，在此基础上可以形成对乡村旅游业发展的支撑，促进美丽、生态、宜居的农村的建设。

第三节 田园综合体模式

一、主要特征

田园综合体是通过依托农村的自然生态环境及生产，形成现代农业、乡土文化、乡村旅游、田园社区等多种功能和多种业态综合运营和发展的乡村社会系统，其基本目标就是实现乡村产业的振兴。而推进农村三产融合发展的一种模式即是田园综合体模式。其具备以下几个方面的特征。第一，田园综合体是以"农"为根本的。其发展过程除了农业的发展外，还需要完善基础设施、培育产业、进行新老社区开发和建设等。农业作为根本主线，形成适度规模化、现代化发展，这就需要以土地制度改革作为根本要求予以保障。对于农民而言，需要提升其技能水平以适应现代农业的发展，以及获取更多的就业和创业的机会，进而得到更多的收益。但是农村产业的发展受到技术水平和管理水平的限制，与城市工商资本的竞争处于劣势地位，要形成有效的利益联结机制才能充分保障农民的权益。而且田园综合体需要形成新的业态并产出新的产品，以此来增强市场竞争力，这就需要更多的具备技术和管理理念的"新农人"的加入来释放其活力。第二，田园综合体旨在实现农村一二三产业融合发展。田园综合体模式与传统的农业园区并不相同，其改变了以往以单一产业生产或者是以农业生产作为核心的方式，在具备相应条件的地区，将第一产业与第二产业和第三产业，以及各种分散资源进行充分融合。第一产业发展中形成种养结合、循环生产，充分利用各种农业生产以及生活中的废弃物，形成生态环境的友好循环。第二产业改变以往农产品的规模化加工方式，形成个性化定制加工和精深加工，让所产出的产品更具有特色性。第三产业形成文化和旅游的融合，例如，文化创意产品和服务，提供多元化的餐饮、住宿、文娱、体验等服务。其还能与第一产业相融合形成新业态，满足消费者多样化的需求。实现传统农业产业链的延伸，形成"农业+"的产业链模式。第三，具备生态综合涵养的作用。农村有着优质的生态环境，能够产出绿色安全的生态产品，田园综合体旨在形成生产、生活、生态的统一协调，是实现绿色发展理念的生动实践。而田园综合体所带来的农村一二三产业融合模式体现了在农业产业发展得好的前提下，又保护好和利用好自然生态景观，体现了对于循环经济的应用和对生态理念的尊崇。第四，做到对乡土文化的传承与发展。我国的乡土文化源于农村，田园综合体模式则起到了传承和发展乡土文化的作用，其能够为乡土文化提供广阔的传承平台和发展空间。田园综合体在农业生产、农村民俗、农民生活的基础上汇集了农村文化和地域传统文化，通过体验农业的方式促进农业农村与文化形成有机融合。还能充分利用生态资源建设休闲观光设施，构成优美宜人的田园、山水和农耕文化景观，打破原有的单一农业生产活动界限，向休闲农业方向发展。同时，充分挖掘乡村价值，用文化来赋能田园综合体，实现农业、文化、旅游融合一体化发展。①

二、案例分析

（一）景迈山田园综合体

景迈山位于云南省普洱市澜沧拉祜族自治县，因其特殊的地理气候条件造就了得天独厚的茶树生长环境，区域内有着悠久的茶树种植历史，以及丰富的茶文化资源，古茶林文化景观充分体现了人与自然和谐共生，每年吸引着大量游客前往，是著名的旅游胜地，先后获评全国重点文物保护单位、全球重要农业文化遗产、国家森林公园、国家4A级旅游景区等。2023年9月17日，在第45届世界遗产委员会会议上，景迈山经过审议正式申遗成功。澜沧县以"两山"理论为指引，依托景迈山活态的人文和生态系统，以茶产业为主线，以发展生态化茶产业为主导，在有效保护生态环境和生态文化的基础上，传承与发展当地的特色民族文化，推进茶旅融合发展模式的建立，致力于打造田园综合体。其具体做法主要体现在以下几个方面。第一，做好景迈山茶产业田园综合体打造的顶层设计。澜沧以国家有关生态旅游示范建设区的要求，以"茶叶+文化+旅游"的生态产业为发展方向，编制了《景迈山田园综合体规划》，对古茶树林、特色古村落、民族特色文化等优势资源禀赋条件进行了充分的挖掘、整合和利用。对景迈山的古茶树林进行有效监测、合理管理、充分利用、永续传承及宣传展示等方面进行了全面、系统、科学的谋划。为景迈山茶产业田园综合体的可持续性发展提供了科学保障。此外，当地还结合实际，制定了相应的村规民约来提升群众对于景迈山的保护意识。第二，茶叶种植方面，在良好的生态环境、丰富多样的生物资源等外部条件的加持下，积极

---

① 丁元. 乡村振兴战略下构建田园综合体模式的探索与思考［J］. 农业经济, 2019（11）：24-25.

促进茶产业的提质增效。与茶树套种的主要是落叶植物，叶片掉落后就成为天然的有机肥，10~15米放养一蓬茶树，形成植物多样性与立体空间，茶树花开后吸引昆虫授粉，构成昆虫良好的繁衍平台。阳光一样杨广可通过修整茶树与茶树之间的行距照射茶树之间的土地，有利于微生物和矮草的生长。茶叶采摘则采取春秋采摘、夏季留养。从而让茶树得以恢复树势，达到茶树可持续利用的目的。这一模式下所生产出的茶叶是纯天然的绿色生态产品，有效提高了茶叶的品质。第三，茶叶初制、加工及贮藏方面。制茶坊采用全钢架结构和透明玻璃外墙，融入了傣族、布朗族等世代与茶为伴的民族的民居特色元素。整个制茶坊与茶园融为一体，素有中国最美茶厂之称，从外部可清晰看到茶叶制作和储藏的全过程。建有中国第一座利用现代化科技手段实现普洱茶后发酵可控的专业窖藏。第四，茶文化方面，将我国传统的茶文化与当地民族特色相融合，主要是云南主要种植茶叶的布朗族、傣族、拉祜族、佤族等民族，在长期生产、生活中形成的茶文化，以及当地少数民族特色的生态文化、艺术文化、手工艺文化等。例如，布朗族茶树种植的传说、国家级非物质文化遗产之一的傣族织锦技艺等。实现了促进特色民族文化与茶产业的有机融合发展，并据此创作出了富含民族文化和生态文化特色的茶道表演艺术。第五，改善景迈山的基础设施建设。景迈山茶林文化景区通过增加资金投入，对旅游交通设施、游客步行道等进行了新建及改造升级，并加装旅游标识标牌，进行综合性的旅游环境整治，着重保护和利用了翁基、糯岗、芒景上寨、芒景下寨、芒洪5个少数民族传统村落，建成了一批特色民宿，促进当地乡村旅游业的发展。截至2022年末，景迈山茶园面积达7万多亩。其中，古茶树2.8万多亩，生态化标准种植的茶树4.2万多亩，完成有机茶园认证1.9万亩，还有1.5万亩茶园正处于转型期。2022年茶叶总产量为2185.48吨，其中古树茶448.05吨、生态茶1737.43吨，人均收入超过1.5万元，占农民总收入的95%以上。景区共计接待游客21.16万人次，旅游综合收入达到1.1亿元。①

---

① 张丕生，蒋绍平. 茶文旅融合发展的景迈山实践 [J]. 中国生态文明，2023（Z1）：100-102.

景迈山田园综合体的建设体现了以下几个方面的经验做法。首先，树立生态发展理念。田园综合体的建设在坚持人与自然和谐发展的基础上，以可持续发展为理念，在特定的空间内形成生产、生活、生态的结合。也就是将茶叶生产空间、村民居住空间和旅游空间进行复合，形成三产融合；景迈山田园综合体充分体现了"生产+生活""生产+生态""生活+生态""生产+生活+生态"复合空间的模式。其次，构建"农文旅"发展模式。当地以茶树种植为基础，茶叶加工为支撑，结合自然生态资源和历史文化资源，发展乡村旅游业，以"茶产业+文化+旅游"的方式优化田园综合体内三产融合的水平，为田园综合体的发展注入新的活力、新的内涵，推动茶产业的转型升级。再次，强调游客的体验感。景迈山田园综合体的打造过程中通过改善交通基础设施、建造游客步行道，以及将在保护的前提下，以少数民族传统村落为依托，发展特色民宿。让游客近距离游览和欣赏优美的茶山自然风光的同时，充分领略当地特色民族文化。茶山自然风光与当地特色民族文化二者的结合，让游客在其中领悟"天人合一"的境界。体验感的增强也提升了景迈山乡村旅游业的档次。而对于当地的特色民族文化而言，田园综合体的打造也是对其活态化发展的促进，让特色民族文化得到更好的传承与发展。最后，打造田园综合体促进乡村振兴。景迈山田园综合体充分依托古茶树资源和当地的生态理念和生态环境来高质量地发展生态茶产业，所产出的茶产品为生态产品，有效保障了食品质量安全，促进乡村产业振兴。以"两山"理论为指导下形成的生产、生活、生态相结合的生态化发展方式带来了乡村生态的振兴。注入了民族文化特色的乡村旅游业让当地的乡村文化"活起来"，实现乡村文化振兴。田园综合体的打造以及茶产业的高质量发展必然吸引更多的人才投身农业农村，尤其是让更多农民返乡创业就业，为乡村人才振兴奠定了基础。在当地形成村规民约，以及吸纳更多的农民参与田园综合体的发展，必然需要基层党组织的坚强领导，这对于组织振兴起到了关键作用。

（二）丘北普者黑田园综合体

丘北普者黑位于云南省文山州，是典型的喀斯特地貌，还汇聚了壮族、彝族、苗族及瑶族等众多少数民族，民族文化底蕴深厚。当地结合特有的资源禀赋条件，按照田园综合体建设的思路，积极打造集自然景观、田园风光为一体的、世界一流的旅游康养胜地。主要从以下几个方面着手。第一，做好顶层设计和政策保障。牢固树立绿色发展的理念，结合民族生态文化，制定了针对普者黑景区的保护条例和环境卫生保护制度。做到在保护生态环境的前提下来实现经济的发展。同时，编制了《普者黑国家级风景名胜区总体规划》《普者黑国家湿地公园总体规划》和《云南普者黑旅游度假区总体规划》，明确了景区的发展方向、性质、各功能区的划分、发展的内容，以及对于生态的保护措施等。以此来不断推进融合发展，形成生态环境保护、农村基础设施建设、产业发展等协同发展的新局面。第二，强化生态治理的力度。做好景区内的水源保护，进行环湖截污治污，防止生活和生产污水向湖中排放，并开展河道治理，建造拦污栅、沉沙池以及出水堰等，河道中清理出的淤泥用于垫田作肥。结合畜禽养殖发展沼气工程，实现污染物的再利用，有效解决了当地的生活能源问题。植被的修复带来了众多优美的景观，也对景区起到了保持水土、涵养水源及净化水质等生态作用。种植的草莓、葡萄等有机农作物不仅起到美化环境的作用，还为休闲农业的发展提供了基础，形成"农业+文化+生态"的发展模式。[1] 例如，玫瑰庄园田园综合体已形成了集玫瑰花种植、产品加工、休闲观光、农事体验等于一体的农旅融合示范基地。第三，深入挖掘与利用民族文化资源。当地充分挖掘少数民族特色的节庆文化、民俗文化，及非物质文化遗产等资源。例如，彝族"花脸节"、苗族"花山节"、壮族"祭竜节"、僰人"跳乐"等，并将其融入旅游发展建设，提升普者黑旅游的文化内涵和品质。第四，发展多种新型业态。康养产业方面，联合科研机构推进大健康产业的发展，逐步探索形成"中医药+旅游"的大健康产业发展模式，并打造一批康养小镇。体育产业方面，结合当地多样化的民族体育赛事活动，培育体育旅游产品。研学活动方面，结合当地喀斯特地貌、生物资源、民族文化资源等，培育、形成多样性的科普研学旅

---

[1] 王大力，吴映梅，陈国鹏. 丘北普者黑景区水上旅游活动安全管理探析 [J]. 文山学院学报，2015，28（3）：88-91.

游产品，充分发挥农旅融合下的科普效应①。

丘北普者黑田园综合体的建设体现了以下几个方面的经验做法。首先，坚持"宜业""宜居"。结合当地生态环境条件以及民族特色文化资源，按照"以农为本"促进农业多种功能充分有效拓展的发展方式，将生态和文化理念融入贯穿产业发展的全过程，积极改善农村基础设施条件，开展生态化和绿色化的产业发展，并深入挖掘当地特色文化价值，推进产业形成可持续性发展，实现生态环境更加优美、产业更加兴旺发展、特色文化更加繁荣，让当地更加"宜业""宜居"，让农民的收入持续增长，幸福感和满足感不断增强。其次，实现多个方面的有机融合并形成新业态。在政府层面的顶层设计的引导下，推进农业产业、农村生活、生态景观、旅游服务业等要素形成资源的聚集、功能整合和深度融合。逐步发展成为集生产、生活、生态于一体的田园综合体，构建起以市场为导向的，具备生产、经营管理、服务提供、生态保护等支撑体系，实现农业生产、旅游观光、文化传承与发展、康养体验、科普教育等多方面的有机融合，形成了一系列适宜当地发展的新业态。最后，充分践行"两山"理论。普者黑有着优美的自然风光，而这优美的自然风光来自生态环境的良好保持。当地没有采取以牺牲生态环境为代价来换取经济的发展的方式，也没有因为保护生态环境而放弃经济发展，反而以此为基础实现多个方面的有机融合并形成新业态，用新业态来发展生态旅游业，带动了农业的增效、农村的发展和农民的增收。既保障了普者黑"绿水青山"的生态环境不被破坏，还带来了造福当地人民的"金山银山"，实现了经济发展与生态环境保护相协调，让"绿水青山"与"金山银山"二者相统一，这是对"两山"理论的充分、有效践行。

（三）弥勒东风韵田园综合体

弥勒东风韵原为大型国有农场，后经转变发展思路，推进三产融合发展，并融入文化元素，现已成为融葡萄、百合和玫瑰等花卉种植、森林公

---

① 普者黑景区. 打造世界一流山水田园旅游康养胜地——普者黑［EB/OL］.（2021-10-25）. https：//baijiahao. baidu. com/s?id=1714582103842299342.

园景观、湖滨湿地风光、葡萄等农产品加工、休闲度假于一体的田园综合体，每到节假日都吸引众多来自各地的游客。2020年9月被评为国家4A级景区。建设理念方面，东风韵田园综合体以高端为定位，发挥规划先行的作用，引入国内知名团队进行策划和设计，以市场需求为导向，不断提升和完善田园综合体的整体规划，形成"田园+文旅+康养"的发展模式，其中以文化艺术作为核心，多种新型业态协同发展。生态环境保护方面，田园综合体的建设中最大限度保存了所在地的原始地貌，注重对于生态环境的保护，没有建设内容的地块不动土破坏，充分保障生态环境。施工建设过程中做到不突破生态底线，提升水库水体环境、建设环湖景观道，强化生态环境治理，不断提升水土保持能力。在修复和治理自然生态的同时，还在充分尊重地形地貌和生态环境的前提下，因地制宜、顺应自然并借助山水积极建造人工生态景观，建成了艺术花海景观、湖滨景观带，以及酒店和双创园等，并增加绿化面积。文化元素融入方面，充分挖掘当地文化资源，东风国有农场文化并将其作为切入点，与现代文化元素相结合，塑造了东风韵的品牌形象，扩大品牌影响力，形成农垦文化、创业文化及现代艺术文化的有机融合，让东风韵更富有文化内涵。同时，引入艺术名家开设工作室或建立教育实践基地，结合产业发展开发出200余款文创产品。园区建设方面，东风韵的主体建筑群都是由红砖砌成，展现了云南红土高原的特性，其标志性建筑万花筒艺术馆的设计既像"酒瓶"又像"熊熊烈火"，内部则采用中式瓦窑与西式穹顶相结合。这一标志性建筑体似是当地久负盛名的阿细跳月文化，又似是亲友欢聚畅饮后留下的各式酒瓶，这样的设计充满了原生态艺术的真诚，又展现了现代艺术元素。① 2017～2022年，东风韵累计接待游客500万人以上，并为当地提供了600多个就业岗位。②

弥勒东风韵田园综合体的建设体现了以下几个方面的经验做法：第一，发挥规划引领的作用，形成合理发展。以规划引领来构建生产、生活、生态的三生统一协调，以及一二三产业融合发展，围绕葡萄等生产、

---

① 丁惠玲，孙之淳．文旅型康养小镇考察研究［J］．合作经济与科技，2021（11）：6-7．
② 云南日报．弥勒·东风韵探索康养文旅融合发展之路［EB/OL］．（2022-05-12）．
https://www.yn.gov.cn/ztgg/jjdytpgjz/ynjy/202205/t20220512_241951.html.

以及生态环境等资源，融入文化元素，打造集葡萄等作物的农业生产、农产品加工（红酒酿造）及销售、康养度假、休闲观光等于一体的田园综合体。第二，完善配套基础设施，并提升从业人员素质。围绕田园综合体的打造，着力提升相应的配套基础设施水平，例如，开展道路、供水、旅游停车场、游客综合服务中心、污水处理及酒店等餐饮住宿的建设，并开展人员培训，提升从业者的基本素质。第三，延伸葡萄产业链条，提升产品附加值。一产上，发挥自然资源条件优势推进葡萄产业种植端发展的提质增效，产出优质的鲜食葡萄和红酒生产所需的葡萄。二产上，继续稳步提升葡萄的精深加工，即红酒、葡萄酒、葡萄汁等系列产品的生产。三产上，形成以田园为核心的生态康养产业。充分依托现有的良好自然生态环境，发展田园生态康养度假产业，并通过融入养生、生态、康复等元素与养生养老产业结合，充分发挥农业的社会功能。第四，充分挖掘农耕文化并融入现代文化元素。按照"用文化赋能产业发展"的思路，在充分挖掘当地的历史文化资源、民族文化资源的基础上，融入现代文化元素，实现传统文化与现代文化的结合，让传统文化"活起来"，实现"现代化"发展，有效保护、传承与发展传统文化。第五，融合并形成新型模式。东风韵采取的农业、旅游、文化、康养相结合的发展模式，是通过将农业与旅游业、文化产业、康养产业相融合，构建起"农、文、旅、康"一体化协调发展的体系。各产业之间相互协调、相互促进，让东风韵的发展同时收获经济、生态、文化及社会四重效益。

（四）楚雄"太阳谷"田园综合体

楚雄"太阳谷"与楚雄市区相邻，具备楚雄市"绿肺"的功能。开发之前区域内存在大量荒山荒坡，以及植被严重受损的矿山区域，严重影响到了"太阳谷"作为楚雄市"绿肺"所具备的应有功能。"太阳谷"田园综合体的建设结合了该区域所具有的资源禀赋条件，充分挖掘当地深厚的彝族文化资源和内涵，利用优美的自然景观和田园风光等优势，以可持续发展为思路，以市场需求为导向，追求一种返璞归真、人文关怀、回归自然的设计方式，推进彝族文化和乡村旅游业的深度融合，打造集田园景观、彝族文化、亲近自然等为一体的田园综合体，促进楚雄旅游业发展实现转型升级。总体规划方面，在保障当地生态环境的前提下，将水库改造为"太阳湖"，作为田园综合体的公共绿心，并围绕其布设了多种产业，构成田园乡村示范区、生态康养小镇、大健康产业区、可满足人们运动需求的体育公园、风景秀丽的森林公园、休闲农业区、颐养区七大功能区，涵盖了生态饮食、田园及自然景观、健身健康、特色文化体验、康养住宿、房车露营等内容，并将禅修文化和彝药文化融入其中，整个田园综合体既是旅游景区，也是农业园区，还是生活社区，可提供游览观光、休闲度假、农业生产、康养旅居等方面的服务，能够满足城市居民对于田园生活的向往和需求。具体的建设内容方面，旅游线路的设计充分体现了绿色生态和休闲康养的理念，形成休闲康养和运动康养的结合。建成了果香湖、薰衣草森林等景点与太阳湖共同组成了田园综合体内的休闲旅游景点。彝药养生园、健康疗养中心、体育训练基地等构成了田园综合体内的康养型景点。自行车环线、健康休闲步道、养生步道、田园步道及林间步道等将各板块串联起来，能够满足游客对于不同层次景观的体验需求，做到了"看得见山山水水、找得到记忆中的乡愁"，并对彝族文化形成了有效的传承与保护，让古老厚重的彝族文化更好地服务当地的乡村振兴战略。①

楚雄"太阳谷"田园综合体的建设体现了以下几个方面的经验做法。第一，以文化和生态作为发展主题。"太阳谷"田园综合体的建设从始至终贯穿着生态修复、治理和保护的主题，以及彝族传统文化的主题。生态方面，实现了对荒山荒坡，以及矿山区域的生态修复和治理，让荒山荒坡变成了植被丰茂的"绿水青山"，更变成了能够为当地农民群众带来增收致富的"金山银山"，这就是"太阳谷"显著的生态标志。文化方面，厚重的彝族特色文化资源的融入，让"太阳谷"休闲农业的发展富含较多的文化元素，并有效保护、传承与发展了彝族特色文化。文化和生态两大主题为"太阳谷"田园综合体的建设进行了充分的赋能。第二，突破传统田园综合体的打造模式。"太阳谷"田园综合体的建设不同于其他具备良好自然生态环境条件的田园综合体，其面临的自然生态环境是荒山荒坡，以

---

① 云南省城乡规划设计研究院."三产融合发展"下田园综合体的发展途径——以楚雄"太阳谷"田园综合体为例［EB/OL］.（2019-10-19）. https：//ynghy.cn/h-nd-664.html.

第十一章 云南农村三产外部融合发展典型案例

及植被严重受损的矿山区域。可以说是面临较差的发展基础,不具备先天优势。而"太阳谷"的建设则以当地的实际情况为出发点,以对荒山荒坡、矿区的治理为前提,通过厚重的彝族特色文化为切入点,在发展休闲农业的同时,还注重健康、养生养老等产业的发展。形成"生产、生活、生态"的融合共生,构建起"农业+文化+旅游+生活"的发展模式,打造集乡村旅游业、文化产业、大健康产业、体育产业、生态产业、养老产业等于一体的复合功能田园综合体,促进城乡融合发展。这一发展模式可称为"山地田园综合体"模式,并可为云南其他地方田园综合体的打造提供一定的参考。第三,形成多产业的融合互动。首先转变发展理念,"跳出农业"来看农业发展,以田园综合体的打造为载体,引导乡村旅游、文化、大健康、体育、生态、养老等多种产业融合发展、互动发展,让各产业之间"抱团发展"、相辅相成、相得益彰,取得多产业融合互动发展的成效,改变了传统的"单个产业"闯市场而"势单力孤"的局面。有力带动生态环境的不断优化、文化的传承和发展,以及农业的增效、农村经济的繁荣和农民的持续增收。

三、三产融合的契合点

首先,通过田园综合体所具备的较强综合功能来实现融合。田园综合体本身包含农业农村属性、地域特征属性,以及农业多种功能的属性。在特定的外部条件作用下,通过带动、引导当地的特色产品、文化资源、生态资源与其他产业发生有机融合。而这一过程中的融合又是基于"生产、生活、生态"的统筹。生产方面通过田园综合体发展所催动的农业农村发展新业态(主要是农文旅融合),并优化产业结构来形成融合。生活方面在城乡互通、要素融合,以及农村基础设施改善方面来形成融合。生态方面在保护农村生态环境,形成可持续性发展上来进行融合。其次,通过由内到外的方式来实现融合。以地域本质属性作为依托,挖掘并应用特色文化资源和生态环境资源以作为田园综合体内景观打造的基础,促进各产业的互动和融合,吸引消费者聚集以构筑农业农村发展的综合平台,这也是田园综合体的基本功能。具体而言田园综合体即是以农业生产为基础,并立足产业发展特点,拓展农业的多种功能,激发农业农村的内生动力,延伸产业链条。先从农业农村的内部融合开始,在此基础上,农业农村再与其他进入的养老、大健康、艺术、旅游、体育等产业进行外部融合,形成众多的新业态,这些新业态成为田园综合体内农业农村发生融合的契合点。再次,通过多元化的方式来实现融合。田园综合体的打造和发展也是一二三产业的产业链条在其中的延伸并融合过程,而在这一过程中不仅只是产业的融合,还包括产业发展所需资金投入的融合、人力资源聚集的融合、经营管理方式的融合,以及对土地功能属性的融合。所以,人力资源、资本、土地资源、经营管理理念等多种要素的多元化融合是农村三产融合的契合点。具体表现是在农业产业发展的基础上,融入特色文化资源和生态资源,以促进产业的融合和功能的拓展,保障农业生产和田园景观(农村生态环境)、田园生活的地域特征,以多元化的方式实现融合。最后,依托城乡统筹的基本趋势为切入点。传统的农业农村发展往往只是单一产业,即农业的发展,在城乡二元结构体制不断被打破、城乡统筹障碍逐渐被消除的当下,"农村"这一概念逐渐演变为"乡村","乡村"则是一个产业融合的空间概念和载体,并通过田园综合体这一连接城市与乡村两端空间的综合体,在乡村这个特定的空间内形成产业融合的契合点,但这一过程并非一蹴而就的,是一个逐渐发展的过程。所以,随着城乡一体化进程的加快,在统筹城乡发展时,借助田园综合体的作用能够促进农村三产融合发展。[①]

[①] 林亦平,陶林. 乡村振兴战略视域下田园综合体的"综合"功能研究——基于首批田园综合体试点建设项目分析[J]. 南京农业大学学报(社会科学版),2020,20(1):109-116.

第十二章
以产业融合推动云南乡村振兴的协同对策

第一节 协同动力：形成农业经营主体与农村三产融合的"互利共生"

农村三产融合是乡村振兴的一个重要环节，而农村三产融合则需要以农业经营主体作为基础，通过农业经营主体推进农村三产融合可以通过适度规模化所取得的效应，以及内部和外部融合形成的多元化经营，获取二产和三产增值所带来的利益。这就需要农业经营主体与农村三产融合"互利共生"，形成协同动力。

一、优化农业产业组织模式深化农村三产融合发展程度

首先，增强农民专业合作社作为中间组织的作用。继续强化农民专业合作社作为种植和养殖大户、家庭农场以及小农户与农业龙头企业之间桥梁的作用。在农村三产融合过程中，引导和鼓励农民加入合作社，形成"吸附式"融合，让农民获取合作社所带来的"抱团取暖"的效益，增强其参与融合的能力，形成生产环节的融合。当农村三产融合发展到一定阶段，提升农民专业合作社的组织化水平，获取"互利共生型"融合带来的效益。可以结合当地实际情况采取合作社与龙头企业的联合、合作社与村的联合、合作社与合作社联合等不同模式，逐渐补齐农村三产融合过程中的短板、增强优势，围绕农业产业链全链来构建"链融合"，当融合发展

到一定阶段，可推动发展较为成熟的联合社围绕供应链协同发展，以形成空间上的融合，即"层融合"，具备提供农资销售、产品生产及销售、小额金融服务等功能。其次，创新主体融合模式。构建"农业企业＋农民专业合作社＋农民＋N"的农业产业联盟体系。可结合当地实际，借鉴浙江生产、供销、信用"三位一体"改革，构建新型农民合作经济组织体系的模式，按照以农业龙头企业为龙头带动、以家庭农场为基础、农民专业合作社等农业产业组织为纽带的"农业联合体"模式，形成"抱团取暖"，实现各种资源要素共享、市场信息互通、产业链各环节分工协作、适度规模化经营、互利共赢等功能。改变以往各农业产业组织"单打独斗"的局面，形成强大合力，有效对抗市场风险和自然风险，增强市场竞争力，进而深化农村三产融合发展程度。①

二、完善利益联结机制稳定农村三产融合发展成效

首先，形成以农民利益为中心的利益联结机制。发挥农村基层党组织的协商参与、价值引领等作用，增强农民对农村三产融合发展项目的参与权和利益共享权，突出农村三产融合发展过程中农民的主体地位。以契约精神为基础进行平等的协商合作，可采取股份合作、订单式生产、吸纳就业、生产托管、中长期租赁等方式构建起利益联结模式，形成风险和利益的共同体。农民与农业企业共同商定农产品市场价格同订单收购价格之间的平衡点，而农业企业可采取报低价格收购、利润返还、二次分红等方式，形成双方更加紧密的利益联结，保障"互利共生"的长久性，并破解订单农业履约难的问题。更有效地保障农民更多地分享农村三产融合所带来的红利。要让利益分配尽可能地向位于生产前端的农民倾斜，以股权作为联结双方的纽带，推进资源转化为资产、资产转化为资金、资金转化为股金，单一的一产发展拓展为三产融合发展。其次，健全和强化利益分配监管机制。云南的三产融合还处于不断发展的阶段，这就需要政府职能部

---

① 傅琳琳，黄祖辉，朋文欢. 农村产业融合经营主体"互利共生"的机理与推进路径［J］. 南京农业大学学报（社会科学版），2022，22（6）：69—77.

第十二章　以产业融合推动云南乡村振兴的协同对策

门通过产业支持、财政扶持等一系列政策对融合主体进行引导,并编制正面和负面清单,对融合主体进行有效监管。保障好各主体的利益,尤其是处于弱势的小农户群体的利益,形成平等互利、合作共赢的发展局面,促进云南农村三产融合发展成效的稳定持久。①②

三、以城乡统筹协调夯实农村三产融合发展基础

首先,促进城乡产业融合并形成以城带乡的发展格局。以满足城乡居民多元化的需求为导向,积极拓展产业的多种功能,将旅游业等服务型产业融入产业链,并推动数字经济与传统产业的深度融合,拓宽产品的市场空间。鼓励城市的加工企业及流通企业积极参与农村三产融合,形成农村产业从生产到加工,再到流通和消费的全产业链条。同时,打通农业科技服务的"最后一公里",着力解决农业融资难的问题,形成强大的辅助链条。其次,充分依托东西部协作机制带来的机遇。利用好"沪滇协作"等机制带来的帮扶机遇,获得从东部地区转移出的技术和产业,以及帮扶资金等带动云南农村经济的发展。可发挥产业融合园作为产业链延伸的载体作用,引入具备实力的农业企业,通过有效的政策扶持、技术支撑及配套支持,为其营造良好的经营环境和综合性保障,让到农村发展的企业能够获得必要的支持,把产业链的主体留在县一级,带动区域范围内产业链的持续延伸,形成对区域协调发展的有效支持。最后,不断促进城乡公共服务的均衡化。城乡公共服务的均衡化是促进城乡统筹协调、夯实农村三产融合发展基础,产业链中各环节不是单纯地累积起来,而应该是相互补充、相互协同的共生关系,要形成各种生产要素的有效联动,形成相互间发展的新动能、新契机。要逐步形成城乡"水、电、路、网"等基础设施的一体化发展,结合产业链上各主体的发展需求,积极完善城乡融合发展的基础设施和配套服务。③

---

① 傅琳琳,黄祖辉,朋文欢.农村产业融合经营主体"互利共生"的机理与推进路径[J].南京农业大学学报(社会科学版),2022,22(6):69-77.

②③ 卢京宇,郭俊华.三产融合促进农民农村共同富裕:逻辑机理与实践路径[J].农业经济问题,2023(11):105-117.

四、形成有效的要素供给以保障农村三产融合持久发展

首先,优化要素供给的政策措施。在以国内大循环为主体、国内国际双循环格局下,农产品的消费特性也在不断升级,且与对农业经营主体的扶持政策紧密相关。这就需要扶持政策既具有普惠性又要体现出差异性,以便针对不同类型和发展层级农业经营主体形成精准施策,形成人力资源、资金、资源及技术等要素的优化配置,体现出最优化的政策效应。其次,构建良好的外部发展环境。严格落实好国家农村土地改革的精神,以及各项金融支农、惠农政策。鼓励一部分合适的地区逐步探索房屋和宅基地使用权的抵押,不断盘活农村"沉睡"的资源。在严格执行国家有关农地保护政策的前提下,充分有效保障好农村三产融合发展所需的土地,最大限度地解决困扰农村三产融合发展的用地问题。同时,充分发挥具备"三产融合"功能的现代农业园、示范园、科技园等园区的聚集效应、辐射效应和示范效应,形成对区域内农村三产融合的有效带动。最后,转变发展观念以更好地适应市场需求。以市场为导向,优先保障具备较强市场竞争力和较大发展潜力的农业产业发展的要素供给。农业经营主体要通过不断创新,在更加广阔的领域发挥农村三产融合的效应,以产出更多高品质的产品适应市场需求。①

第二节 协同主体:培育农业经营主体作为农村三产融合的核心力量

在推进农村三产融合发展的过程中,要积极、充分、有效地发挥农民的作用,新型农业经营主体的带动作用虽然较为重要,但是农村三产融合发展作为农业农村发展的趋势,其主要的核心力量依然是各类经营主体,

---

① 卢京宇,郭俊华. 三产融合促进农民农村共同富裕:逻辑机理与实践路径 [J]. 农业经济问题,2023 (11):105-117.

第十二章 以产业融合推动云南乡村振兴的协同对策

在这一过程中各类经营主体将起到不可忽视的作用。

一、夯实农村人才队伍的建设

首先,加强人才队伍的培育。通过先进技术和理念的培育,以及先进技术的引入,培育新型职业农民。而新型职业农民的外延不仅只是局限于传统的种植业和养殖业的范畴,应该是适应农业全产业链环节,具备复合型功能的从业人才。这就需要引入返乡创业就业的农民工、退伍军人、农创客、乡贤、回乡大学生、农业职业经理人等群体来参与农村三产融合,以此为基础培育一批掌握先进技术、先进理念以及具有"三农"情怀的新型职业农民。其次,开展行之有效的培训,培育一批新型职业农民。根据实际生产过程中对于农技的需求,进行不同层次、不同渠道、不同形式的现场实操培训、线上线下培训。对文化水平相对偏低的农民侧重于使用农业生产技术的培训,尽可能让其取得立竿见影的效果。对初中及初中以上文化水平的农民,可进行有一定深度的农业生产技术培训,将其培育成农业生产的骨干力量。对文化水平较高的退伍军人、回乡大学生等群体可将其作为重点培育对象,提升他们的农业生产技能及经营管理能力,将其逐渐培育成"土专家""田秀才"。最后,聚合农业技术力量资源。持续培育农业经营主体需要对农业科研力量进行有效整合,形成农业类高等院校及职业学校、科研院所协同发力。引导科研力量与农业企业、农民专业合作社等深化农业科技合作,将最新的农业技术和农机装备,以及新品种等应用到农业生产的最前沿,提升农业生产的科技含量。推动信息化技术与农业生产的种植和养殖端、加工端、销售端进行深层次的融合,提升经营主体生产、加工、流通的信息化发展水平。

二、推进小农户衔接新型经营主体

在今后一段时间内,占据相当数量的小农户依然是我国农业中的主要组织形式,在农村经济发展中依然将发挥着应有的作用,农业经营方式也是小农户家庭经营与一定规模化的新型经营主体并存的。而推进小农户与一定规模化的新型经营主体的衔接，形成新的经营体系将是一项重要任务。首先，对小农户的主体性要予以充分尊重。要强化农民作为农业生产经营中的主体作用，增强小农户在农业生产经营中主动性和创造性的发挥。其次，在推行适度规模化农业发展的同时也要兼顾小农户的发展，形成针对小农户的有效扶持政策，提升小农户从事农业生产经营的能力。再次，构建多元化的农业生产经营社会化服务体系。这一体系不仅要具备服务于适度规模化经营的主体，也要能够服务小农户。通过构建农业生产的全过程的服务体系，形成小农户与现代农业发展及市场的纽带，促进适度规模化经营主体与小农户形成相互协同，提升农业生产效率。小农户与现代农业的有效衔接能够促进价值转化为财富收益，加快农村三产融合发展。此外，这衔接过程还有利于实现农业生产与需求的对称。最后，这一衔接过程需要提升农民经济组织化水平。可通过农村集体经济的发展来激发小农户的积极性，促进小农户的市场参与水平和竞争力水平。通过农民合作组织将产业链上的个体小农户组织起来，在农民合作组织的作用下形成分工和协作。通过构建农业产业化联合体带动小农户共同发展并衔接大市场，让小农户共享农业现代化发展的成果，更加紧密与小农户的利益联结。①

三、引导农业经营主体参与乡村治理

首先，要通过多种途径探索农业经营主体参与乡村治理的方式。要将农业经营主体吸纳到农村基层党组织的发展中，逐步通过多种形式在产业链各环节发展党组织，这是引导农业经营主体参与乡村治理的重要方式。对于经营主体而言，能够通过农村基层党组织及时有效地获取各种政策信息。在各类农业经营主体中发展党组织有利于增强对其的政治引领，将党和政府的各种惠农政策更好地宣传扩散，且能够将农业经营主体在发展过程中的想法、诉求及建议等反馈给党组织，对于各类扶持政策的健全和完善能够起到积极作用。其次，结合当地实际推进农业经营主体更好更多地

---

① 吴军. 新型农业经营主体与乡村治理结构优化研究 [D]. 成都：西南财经大学，2021.

参与乡村公共服务事项。农业经营主体具备开展金融服务、基础设施建设、促进乡土文化发展等功能。政府职能部门要结合当地实际需求形成相应扶持政策，更好地激发农业经营主体参与乡村公共服务的动能。大部分时候，政府职能部门对提供公共产品服务的农业经营主体给予信贷方面的优惠政策。在乡村提供公共产品服务的过程中，政府职能部门和农业经营主体各自发挥自身的优势特长并相互补充，在一定程度上补充了农村集体经济组织的功能，这充分体现了农业经营主体在乡村公共服务中所具备的重要作用。最后，要广泛吸纳各类农业经营主体的经营者加入乡村各类组织。这一过程重点吸纳各类新型农业经营主体的负责人，这类人员大多是乡村经济发展的精英人才，吸纳其加入村两委、村民代表大会、乡村理事会等各类组织，甚至是成为基层人大代表、政协委员等，通过多渠道的方式参与乡村治理。①

第三节 协同引擎：现代农业发展方式推进"三链同构"

现代农业具备促进农村三产融合发展的作用，而农村三产融合发展又是现代农业的体现。推动农村三产融合发展需要发挥"三链同构"的整合效应，即纵向上延伸产业链，横向上拓展产业链，空间上形成融合链。农业产业链的纵向延伸是通过农业科技创新，并且将科技创新成果广泛推广应用，强化农产品的精深加工，拓宽农业产业范围，提升产业链内部组织的规模化水平；产业链的横向拓展是农业产业跨界与其他产业形成融合发展并形成新业态，丰富农村产业的发展内涵，促进农业产业链的纵深发展。是突破了第一产业的范畴，与第二产业和第三产业形成融合；融合链是农业产业的横向发展与纵向发展相融合，实现农村产业第一产业、第二产业和第三产业的叠加融合。"三链同构"是现代农业发展的必然趋势，也是农村三产融合发展的必经之路。

---

① 吴军. 新型农业经营主体与乡村治理结构优化研究[D]. 成都：西南财经大学，2021.

一、促进农业产业链纵向延伸

首先,对于云南农业产业链纵向延伸而言,推进农产品的精深加工依然是首要措施。虽然云南的新鲜果蔬、鲜切花等农产品具有错季上市的优势,但根据国内外市场发展的趋势来看,经过精深加工的农产品不仅能有效提升其自身的价值,还能扩展市场空间,升级产业链的发展层级。由于受到传统农业产业结构的制约,现阶段,云南农产品的供应上存在着结构性过剩的问题,农产品销售收益偏低,工业基础较之发达地区薄弱,加工技术发展滞后,这对于云南农业经济效益产生不小的影响。而解决这一问题的关键在于提升科技创新能力,强化科技创新的支撑力度。在脱贫攻坚期间,云南和全国同步解决了困扰农民几千年的贫困问题,但这并不意味着云南农业已经变强,因为现阶段农民的收入中很大一部分还是依靠出售初级农产品。然而,一方面,随着我国人民群众生活水平的不断提升,对于农产品质量的需求也越来越高。另一方面,在通往共同富裕的道路上,农民的增收如果依然靠出售初级农产品显然是行不通的。在这一背景下,提升创新能力并依靠科技创新,尤其是对于农产品精深加工的科技创新就显得尤为重要,政府职能部门、农业企业等要不断提升对于农产品精深加工的重视程度,结合云南农产品生产实际,以市场需求为导向,提升云南农产品精深加工的科技创新能力,强化科技创新对云南农产品加工的支撑力度。同时,打造试验基地,加强农产品精深加工的实践研究。对于具备一定实力的龙头企业要树立并强化科技创新的理念,政府职能部门要扶持农产品精深加工技术试验基地的发展,尤其要重点扶持具备前沿性科技创新实力试验基地。此外,还要不断优化农产品的原材料品种选择,政府职能部门要与高等院校、科研院所等机构密切合作,开展农产品的原材料品种优化选择,生产企业要从源头上把控好农产品质量安全的关卡。

其次,促进农业与其他生产性服务业的融合。针对现阶段和今后一段时间内农村存在的"空心化"问题,可通过发展田间作业服务,包括代种代收、大田托管等方式,解决劳动力缺乏的问题。农民专业合作社及农业

第十二章 以产业融合推动云南乡村振兴的协同对策

企业可结合自身情况开拓此项业务，也可发挥农业的社会化服务功能，也可成立专门性的农业社会化服务组织。针对农业生产过程还可发展农业生产资料供给服务，例如，供给种子、种苗、地膜、复合肥等农资。这也是农业的产前端和产中端融合的一个重要环节。但这一过程中为保障双方权益就必须要让供给方与需求方结成紧密的利益共同体。例如，可吸纳供给方参股农民专业合作社等①。

最后，构建并优化农产品流通体系。重点推进农业与物流业的融合，促进冷链物流业的发展，尤其是要保障好生鲜农产品的保鲜、防腐、贮藏、运输等。要引导和扶持社会化服务组织和农业经营主体参与冷链物流业的建设和发展。同时与农村电子商务紧密连接，用信息化技术赋能农产品的销售，这就需要在加强农村数字基础设施建设的前提下加快发展农村电商平台，将信息化技术的价值应用到农业价值链当中。依托京东、天猫等电商平台或其他从事农产品销售的电商平台开展"互联网+农产品"的模式，通过电商平台促进农产品线上线下销售的一体化推进，促进生产端与销售端的融合发展。②

二、推进农业产业链的横向拓展

（一）以农业文化功能为切入点的横向拓展

围绕文旅产业的融合促进农村三产融合。云南有 26 个民族聚居，各民族在长期以来的生产及生活中形成了丰富多彩的特色民族文化，这些特色民族文化包含服饰文化、饮食文化、特色民居文化、交通文化、农耕文化、歌舞文化、节庆文化等。这些都为农旅融合发展创造了极其有利的基础条件。可通过农民专业合作社、农村集体经济组织等实现农村内部产业的融合，为农民创造新的就业和增收机会，并有效促进农业农村发展的机会成本的降低；围绕农业与文化体育产业的融合促进农村三产融合。广大农村地区有着丰富的自然资源和文化资源，每年吸引着大量的消费者，这

---

①② 姜峥. 农村一二三产业融合发展水平评价、经济效应与对策研究［D］. 哈尔滨：东北农业大学，2018.

为开展农旅体融合发展奠定了基础。在具备相应条件的地区可以此为切入点开展融合，引导和鼓励文化和体育企业参与农业与文化体育产业的融合，以此形成一定的规模；围绕城市近郊以都市农业的发展促进农村三产融合。在现阶段农家乐等形式的基础上，继续将农民的生产生活与服务业进行融合，在充分保障农民权益的基础上，引导企业和社会资本参与都市农业的发展，不断提升其发展层级。

（二）以农业生态功能为切入点的横向拓展

围绕农业生态环境保护、修复及美化促进农村三产融合。对农村现有的优质生态环境进行有效保护，对之前因各种原因被破坏的生态环境进行修复和改善。在对农村生态环境进行保护和治理的过程中，通过园林设计理念对农村环境进行美化，在有效改善农村生态系统的同时让农村变得更美更宜居，进而吸引更多的外部资源流向农业农村，促进农业与康养、文旅等产业的融合并形成新业态；围绕农业资源的可持续性利用促进农村三产融合。推进农业资源的可持续性利用，就必须打造农业农村发展过程中的循环产业，以及通过培育新业态，将不利的自然条件转变为有利的自然条件。这一方式对于资源禀赋条件相对较差的地区而言是推进农村三产融合的重要路径；围绕农业碳汇功能促进农村三产融合。在我国现阶段已启动碳排放权交易的探索过程中，也为农村三产融合发展提供了新的路径。[①]

（三）以农业社会功能为切入点的横向拓展

围绕养生养老产业来促进农村三产融合。现阶段我国已步入老龄化社会，养老产业的发展迫在眉睫。而生态环境宜人的农村地区具备发展养生养老产业的基础。围绕城镇化进程下农民动迁安置来促进农村三产融合。在城镇化进程不断加快发展的背景下，城市近郊土地的征用和农民的动迁安置已成为一种常态。应对这一局面可引导农民转岗就业，如从事服务

---

① 姜峥. 农村一二三产业融合发展水平评价、经济效应与对策研究[D]. 哈尔滨：东北农业大学，2018.

业、民族文化产业、手工业等,为农民提供到企业的就业机会,间接促进农村三产融合发展。①

三、打通空间上的农业产业融合链

首先,基于农业产业链的纵向延伸和横向拓展,吸引并聚集更多的人才,形成多元化主体融合的动力。有效解决现阶段绝大部分农民在应对风云莫测的市场变化时的困境,发展壮大多元化的农村三产融合发展主体。将资金、土地资源、文化资源、生态资源、创新技术等要素进行聚合并有效整合,激发农村三产融合发展各主体的内生动力,并打破产业间的壁垒,形成叠加效应。其次,持续用三产融合的叠加效应来提升产品附加价值。先进技术是价值链提升的先决条件,通过产学研合作,用先进技术(优质品种、生态复合肥、农机装备、信息技术、经营管理理念等)赋能各参与主体,促进其实现集约化、生态化、专业化及智能化发展,不断提高各参与融合主体价值增值,提升农产品的质量和数量,构建起种植端生产体系的价值增值,形成种植端发展的优势。在加工端和销售端,基于农业产业链纵向延伸的效应,实现农产品的精深加工能力的不断增强,以及农产品冷链物流设施建设的不断完善。结合地方特色培育一批"土字号""乡字号"的绿色生态农产品品牌,增强农产品的市场竞争力,赢得更多的消费者,构建起加工端生产体系的价值增值链。在构建电商平台的基础上,形成实体经济与虚拟经济的融合发展,推动各方跨界合作以及资源的有效整合,聚集乡村发展的新动能,形成加工端和销售端发展的优势。最后,用乡村生态价值和文化价值来赋能产业链。基于农业产业链的横向拓展的效应,在深入挖掘乡村生态价值和文化价值的基础上,构建农文旅融合一体的新业态,发展休闲观光农业、创意农业,打造集旅游观光、农事体验、康养旅居、农业科普等为一体的三产融合园区。同时,培育一批掌握先进农业技术和农业发展理念的新型职业农民,拓宽农民通过

---

① 姜峥.农村一二三产业融合发展水平评价、经济效应与对策研究[D].哈尔滨:东北农业大学,2018.

二产和三产就业增收渠道,让农民获取更多产业链延伸、价值链提升所带来的收益。

第四节 协同保障:形成多元化保障

国家和省从政策层面形成了多方面的政策保障,有效支撑了农村三产融合发展,各地基层也结合自身资源禀赋条件制订了相应的实践方案。但是上下必须形成联动和协同,既要遵循来自政策层面的顶层设计的要求,又要充分体现出当地的特色化,这一过程就必须有效保障关键要素,并充分发挥基层党组织的引领作用,达到多元化的协同保障。

一、遵循顶层设计的政策性保障

首先,将产业融合作为发展重点。将工业化发展理念和互联网技术等融入产业发展,加快构建现代农业三大体系,加快农业与生态、旅游、文化、科普、康养等产业的有机融合,形成精准农业、循环农业、智慧农业、有机农业、设施农业、休闲农业、创意农业、康养农业等新业态。并且推进全产业链的构建,这一过程中要广泛应用科技创新成果,实现农业内部的重组,农业产业链条的延伸,以及一产和二产、三产形成交叉等多样化的产业融合模式。其次,以经营主体为根本。积极培育具备发展潜力的龙头企业、农民专业合作社、家庭农场等经营主体,发挥其带动作用和引领示范作用。以此作为农村三产融合发展的支撑点,吸引外来资本更多地进入农村,形成工业、商业、农业的协作发展,拓展农村产业融合的边界。同时,鼓励和扶持优秀经营主体的负责人积极开拓进取,吸引更多的小农户与现代农业发展相衔接。再次,有效的政策支撑保障。在国家和云南有关农村三产融合发展政策的引导下,优化审批及市场进入手续,有效降低制度带来的交易成本,在人力资源配置、财税政策、金融信贷、农业保险、土地使用、关键技术、信息等方面给予政策倾斜,引导多元化的市场主体参与农村三产融合。营造优良的外部环境,逐步探索发展农业产权交易，构建信息共享平台，促进农业科技创新技术成果的转化应用及推广普及。改善农村公共基础设施建设，继续推进高标准农田的建设。最后，持续健全完善利益"双绑"机制。农村三产融合发展在于对农业产业链和价值链的重构，其中产生的融合增值收益必须让农民共享。这就要求按照"发展依靠农民、发展为了农民"的模式，让农民与农民专业合作社形成稳固绑定，农民专业合作社与龙头企业形成稳固绑定，各利益共同体之间结成紧密的利益联结机制，让参与农村三产融合发展的各方均能够共享发展成果。[1]

二、形成关键要素的有效性保障

首先，聚焦农村三产融合发展的要素需求，并完善要素供给体系。农村三产融合发展需要人力资源、财税、金融、保险、土地、技术、信息等关键要素的有效保障。而发展过程中要不断创新发展思路，增强关键要素的保障能力，破除融合过程中要素保障的制约因素。尤其在农地使用过程中要在合法、合理、合规的前提下，更好地适应农村三产融合发展用地的需求，优先保障农村三产融合发展所需的用地，但要严厉打击以开展融合为名随意乱占农地和违规使用农地的行为。同时，要不断推进农村宅基地改革，有条件的地方可逐步探索集体经营性建设用地入市的模式。并与土地整理、农村基础设施建设等相结合，盘活农村现有土地资源。在具备相应手续且不改变土地原有使用性质的基础上，可满足经营主体依法使用农村集体建设用地、四荒地、闲置宅基地等发展农村三产融合的需求。其次，在农村发展中按照"多规合一"的原则进行通盘考虑。在编制各类农村建设和产业发展的规划过程中，要按照"多规合一"的原则，形成对农村土地使用、农村产业发展、农村人居环境整治、农村生态保护利用、农村文化传承与发展的统筹考虑。逐步形成覆盖面广、共享程度高、城乡一体化发展的格局。同时，有效保护农村的资源、资产，营造良好的农村三产融合发展的环境。促进农村三产融合的可持续性发展、稳定性发展。再

---

[1] 江泽林. 农村一二三产业融合发展再探索［J］. 农业经济问题，2021（6）：8-18.

次，聚焦管理体制要素完善。在国家关于"放管服"改革深化的前提下，将国家及云南出台的有关政策与各地方的实际情况相结合，制定符合当地农村三产融合发展所需的扶持政策，更好地完善要素供需体制。尤其要破除多头管理带来的体制机制不畅的困局，逐步实现统一的归口管理，构建起科学、合理、完善、高效的管理机制，增强要素管理对农村三产融合的保障作用。最后，强化应对外部风险的保障能力，有效应对外部风险。有效应对外部各种风险的能力决定了农村三产融合发展的可持续性。一方面，可通过土地、技术及劳动力入股及订单式生产等方式，不断建立健全风险共担机制，形成利益共享和风险共担。另一方面，要加强农田水利等基础设施的建设，并加快实施农业保险政策，提升经营主体的抗自然风险能力，为农村三产融合发展保驾护航。

三、发挥基层党组织引领作用

云南在开展农村三产融合过程中，可借鉴山东高密的"四社共建"模式，发挥基层党组织的引领作用，形成"供销社+社区（行政村）+农民专业合作社+农村信用社"联动促进农村三产融合发展。首先，共建合作组织。社区（行政村）党组织要积极推进当地农民专业合作社的创办，积极吸纳种植、养殖大户和家庭农场等加入，并逐步纳入供销社经营服务体系，引导供销社经营服务体系向农村延伸。在具备一定基础的地区可探索组建村级供销社，形成试点并发挥带动效应。其次，强化农业科技服务能力。鼓励科研院所、高等院校等机构拓展服务领域，开展多样化的农业科技服务，提升农民综合技能。培育各类农业经营性服务组织，为农民提供多方面的服务。在农业农村部出台的《关于引导农民合作社规范有序开展信用合作的通知》《农民合作社开展信用合作试点暂行办法》等文件允许的范围内，探索引导农民在开展生产合作的同时开展信用合作。最后，开展集约化的特色产业生产。在农村土地制度改革的基础上，基层党组织要积极引导农民开展土地流转，形成集约化和适度规模化经营。供销社要结合农业服务内容，以农民专业合作社为载体，根据当地特色产业发展需求，提升农业社会化服务能力。以供销社来链接农业龙头企业发挥产销带动的作用，村集体组织、农民专业合作社等可用土地、农业生产设施等入股，合作共建农产品交易市场、农产品加工及仓储冷链物流设施等设施，构建新型农产品流通体系。

第五节 协同基础：打造产业公地实现技术共享

产业公地指可以向若干产业提供创新技术基础，其具有公共属性，相关产业均可共享这些共性技术。在农村三产融合发展的过程中本身就要求打破空间界限，促进生产要素跨区域和产业部门流动。在农村产业发生融合的过程中，技术共享能够带来各产业间人力资源、生产组织模式、基础设施等生产要素的流动。所以，打造产业公地实现技术共享是加快推进云南农村三产融合发展的协同基础。

一、推进农村基础设施发展的技术创新和应用共享

首先，着重完善与农村三产融合发展相关的基础设施，为农村三产融合发展打造良好的外部环境。强化对农村土地用途的统一规划，做到规划先行。农村三产融合的是以农业产业作为根本，这就需要加快高标准农田、河流水库等基础设施建设，推进农业的适度规模化生产和机械化生产。同时，农业与加工业融合的农产品加工业，以及农业与文化、旅游等业态融合的乡村旅游业是农村三产融合发展的一大重点方向，对于农民增收有着重要作用，这就要求在开展与之相关的农村道路、环境整治、厂房设施、冷链仓储物流、交易市场等基础设施的建设时，形成充分、合理的农地使用规划。其次，可参照工业化发展的理念，探索形成园区化、集群化、特色化、精神化的农村三产融合发展路径，积极建设农村三产融合发展示范园，补齐园区基础设施方面的短板，打造农村三产融合发展的平台和示范样板，成为可供复制和推广普及的模式。但这一过程中要杜绝出现低水平的重复建设。再次，对于发展基础较好的农村可开展通信基础设施类的基础设施建设，为农业农村现代化带来的精准农业和智慧农业等参与

农村三产融合发展奠定基础，促进传统农业到现代农业的转型升级。而且，通信基础设施的建设对于农村信息化发展也具有重要作用。[①] 最后，要强化对于农村基础设施建设的资金导向功能。按照"坚持农业农村优先发展"的原则，在坚持财政资金投入为主的同时，也要积极吸引社会资本投向农村的发展建设，促进农村三产融合发展过程中对于城乡公共基础设施建设的一体化进程的推进，促进农业农村资源的合理化、集约化和高效化利用。

二、促进农村三产融合关键技术的创新与共享

农业与其他产业形成跨界融合通常是一个被动接受的过程，体现在外部先进技术和理念打破产业界限，融入农业产业，形成技术要素的创新发展和扩散，进而促使农业产业实现变革与创新。所以，要着重从以下几个方面入手。首先，要充分发挥技术和扩散对农村三产融合发展的作用。农业企业要以多个产业技术重合的产业公地作为技术要素的创新发展和扩散的突破点，降低推进农村三产融合发展的技术成本。而且在技术成本和技术难度较低的领域更利于向各经营主体扩散，对适度规模经济的发展有重要作用。各地在开展技术扩散传播的同时要与社会性、生态性紧密结合。其次，要结合云南省目前正在推行的科技特派队以及乡贤等主体的作用。在科技特派队和乡贤的带动作用下，促成相同类型农民寻找农村三产融合发展的信息并参与其中。现阶段，由于农民与农产品价值链的关联还不紧密，产业链延伸较短，产品价值链有限。所以要不断增强农民与价值链和产业链之间的紧密结合程度，尽可能将农村三产融合发展带来的增值留在当地，留给农民，降低农业企业对农民利益的冲击。此外，在农村三产融合发展过程中，不可忽略农民自身文化水平的差异性，降低其对农民因技术接受过程慢而导致的对其积极性的影响，尽可能地降低关键技术创新和扩散的影响。最后，有效发挥制度和投资对农村三产融合发展的作用。农

---

① 李姣媛，覃诚，方向明. 农村一二三产业融合：农户参与及其增收效应研究[J]. 江西财经大学学报，2020（5）：103-116.

村三产融合发展有着多个层面的配套政策支持，而农业科技园、特色小镇等又吸引了大量的民间资本。这些配套政策需要有相应的运营方案来付诸创新实践。所以，鼓励和引导经营主体要以农业农村为根本，创新发展模式，用科技来赋能发展，不断提升产品附加值，发挥现代产业的作用有效促进农村一二三产业的深度融合，以及多元化的产业协调发展的大农业产业形态。①

三、二产和三产公地可借鉴企业组织管理创新的模式

第二产业方面，可通过联合发展、兼并、企业资产重组以及上市等方式，形成农产品加工类企业的适度规模化、集约化、标准化发展。企业发展过程中可采取"总部＋基地"的发展模式，鼓励涉农企业在靠近原材料生产地的村镇建立生产及加工基地、厂房等设施，以便于就近获取加工所需的原材料，降低生产成本，同时还可为农民提供更多的就近就业岗位。而营销总部则选择建在大城市或其他交通较为便利的位置，让生产出的产品能够更快捷、便利地输出。第三产业方面，可引入互联网技术来对涉农服务载体和模式形成创新升级，实现产业链前端、中端及后端更加紧密的衔接，发挥互联网技术在农产品供给端与需求端之间的中介作用。② 此外，还要依托物联网技术促使农村的生产、生活、生态及文化等方面的功能进行融合，不断延伸农业产业链、有效拓展农业的多功能性，形成更多的农村新业态、新模式，提升农村三产融合主体的组织化水平，用互联网来赋能农村三产融合发展，不断推动农村三产的界限变得更加模糊，提升农村三产融合发展的效益。

---

① 李冰. 农村社群关系、农业技术扩散嵌入"三产融合"的路径分析 [J]. 经济问题，2019（8）：91-98.

② 孔祥利，夏金梅. 乡村振兴战略与农村三产融合发展的价值逻辑关联及协同路径选择 [J]. 西北大学学报（哲学社会科学版），2019，49（2）：10-18.

参 考 文 献

［1］阿弗里德·马歇尔. 经济学原理［M］. 廉运杰, 译. 北京: 华夏出版社, 2005.

［2］艾伯特·赫希曼. 经济发展战略［M］. 曹征海, 潘照东, 译. 北京: 经济科学出版社, 1991: 39 - 40.

［3］安延. 基于交易成本理论的林产品物流网络优化研究［D］. 长沙: 中南林业科技大学, 2014.

［4］曹冰雪, 李瑾, 冯献, 等. 我国智慧农业的发展现状、路径与对策建议［J］. 农业现代化研究, 2021, 42 (5): 785 - 794.

［5］曹祎遐, 耿昊裔. 上海都市农业与二三产业融合结构实证研究——基于投入产出表的比较分析［J］. 复旦学报（社会科学版）, 2018, 60 (4): 149 - 157.

［6］曹祎遐, 黄艺璇, 耿昊裔. 农村一二三产融合对农民增收的门槛效应研究——基于2005—2014年31个省份面板数据的实证分析［J］. 华东师范大学学报（哲学社会科学版）, 2019, 51 (2): 172 - 182 + 189.

［7］曹哲. 我国农村一二三产业融合发展的基本样态与创新路径研究［J］. 西南金融, 2022 (7): 30 - 41.

［8］柴青宇. 黑龙江省农村产业融合发展水平评价及其路径选择研究［D］. 哈尔滨: 东北林业大学, 2021.

［9］陈龙. 新时代中国特色乡村振兴战略探究［J］. 西北农林科技大学学报（社会科学版）, 2018, 18 (3): 55 - 62.

［10］陈俊红, 孙明德, 余军. 北京市乡村旅游产业融合度测算及影响因素分析［J］. 湖北农业科学, 2016, 55 (9): 2433 - 2437.

［11］陈曦. 农村三产融合发展评价研究［D］. 长春: 吉林大

学，2022.

[12] 程艳. 云南省乡村人才振兴实现路径研究——基于农村家庭结构演变之维度 [D]. 昆明：昆明理工大学，2022.

[13] 崔鲜花，朴英爱. 韩国农村产业融合发展模式、动力及其对中国的镜鉴 [J]. 当代经济研究，2019（11）：85-93.

[14] 崔鲜花. 韩国农村产业融合发展研究 [D]. 长春：吉林大学，2019.

[15] 崔振东. 日本农业的六次产业化及启示 [J]. 农业经济，2010（12）：6-8.

[16] 丁惠玲，孙之淳. 文旅型康养小镇考察研究 [J]. 合作经济与科技，2021（11）：6-7.

[17] 丁元. 乡村振兴战略下构建田园综合体模式的探索与思考 [J]. 农业经济，2019（11）：24-25.

[18] 数字经济驱动制造业产业链韧性提升研究 [D]. 长春：吉林大学，2023.

[19] 董银丽，彭燕梅，瞿嘉安. 乡村振兴战略背景下旅游扶贫效应研究——以腾冲市银杏村为例 [J]. 保山学院学报，2019，38（6）：89-95.

[20] 杜宇星. 孝义市农村一二三产业融合发展研究 [D]. 太原：山西农业大学，2018.

[21] 冯伟，石汝娟，夏虹，等. 农村一二三产业融合发展评价指标体系研究 [J]. 湖北农业科学，2016，55（21）：5697-5701.

[22] 傅琳琳，黄祖辉，朋文欢. 农村产业融合经营主体"互利共生"的机理与推进路径 [J]. 南京农业大学学报（社会科学版），2022，22（6）：69-77.

[23] 傅玮韡，王自立，路春燕，等. 中国种植业生产集聚的时空演变特征 [J]. 北方园艺，2022（1）：143-150.

[24] 高云霞，朱秋菊. 元阳哈尼族梯田文化与生态文明建设 [J]. 西南林业大学学报（社会科学），2017，1（3）：21-24.

[25] 龚勤林. 区域产业链研究 [D]. 成都：四川大学，2004.

[26] 郭秀慧. 以产业融合推进乡村振兴的路径研究 [J]. 农业经济, 2023 (5): 47-49.

[27] 韩振兴, 朱涛, 牛文静, 等. 山西运城苹果产业集群集中度和竞争力分析 [J]. 中国果树, 2021 (3): 91-97.

[28] 郝汉, 辛岭. 农村三产融合发展的国际经验及其对我国的启示 [J]. 农业经济, 2023 (12): 107-109.

[29] 郝华勇. 特色产业引领农村一二三产业融合发展——以湖北恩施州硒产业为例 [J]. 江淮论坛, 2018 (4): 19-24.

[30] 郝武峰. 产业链视角下我国农村一二三产业融合发展研究 [D]. 北京: 中共中央党校, 2021.

[31] 何立胜, 李世新. 产业融合与农业发展 [J]. 晋阳学刊, 2005 (1): 37-40.

[32] 后小仙. 产业结构的演化论分析 [J]. 生产力研究, 2008 (8): 109-111.

[33] 黄文举. 论产业集群 [J]. 贵阳师范高等专科学校学报（社会科学版）, 2005 (1): 45-48.

[34] 黄晓雯. 乡村振兴视角下农业碳汇发展分析 [J]. 农业开发与装备, 2022 (11): 10-12.

[35] 黄祖辉. 准确把握中国乡村振兴战略 [J]. 中国农村经济, 2018 (4): 2-12.

[36] 胡汉辉, 邢华. 产业融合理论以及对我国发展信息产业的启示 [J]. 中国工业经济, 2003 (2): 23-29.

[37] 胡昭, 李会冬, 邓青州. 农业文化遗产"两山"转化: 实践模式、现实困境与破解路径——以哈尼梯田农业文化遗产区为例 [J]. 农村经济与科技, 2022, 33 (19): 20-23.

[38] 姜长云. 推进农村一二三产业融合发展新题应有新解法 [J]. 中国发展观察, 2015 (2): 18-22.

[39] 姜长云. 日本的"六次产业化"与我国推进农村一二三产业融合发展 [J]. 农业经济与管理, 2015 (3): 5-10.

[40] 姜长云. 完善农村一二三产业融合发展的利益联结机制要拓宽

视野［J］. 中国发展观察，2016（2）：42-43+45.

［41］姜长云. 推进农村产业融合的主要组织形式及其带动农民增收的效果［J］. 经济研究参考，2017（16）：3-11.

［42］姜长云. 推进产业兴旺是实施乡村振兴战略的首要任务［J］. 学术界，2018（7）：5-14.

［43］姜峥. 农村一二三产业融合发展水平评价、经济效应与对策研究［D］. 哈尔滨：东北农业大学，2018.

［44］江登斌. 试论农村多元经济融合［J］. 经济问题，1994（8）：10-12+17.

［45］江泽林. 农村一二三产业融合发展再探索［J］. 农业经济问题，2021（6）：8-18.

［46］蒋永穆，陈维操. 基于产业融合视角的现代农业产业体系机制构建研究［J］. 学习与探索，2019（8）：124-131.

［47］今村奈良臣. 把六次产业的创造力作为21世纪农业产业［J］. 月刊地域制作，1996（1）：89.

［48］靳晓婷. 乡村振兴视角下产业融合理论与实践研究［M］. 北京：中国经济技术出版社，2020：4-5.

［49］康晓梅. 乡村振兴战略下农村三产融合路径研究［J］. 农业经济，2023（10）：66-67.

［50］孔祥利，夏金梅. 乡村振兴战略与农村三产融合发展的价值逻辑关联及协同路径选择［J］. 西北大学学报（哲学社会科学版），2019，49（2）：10-18.

［51］匡远配，夏玉莲，尹宁，等. 乡村振兴视角下产业融合理论与实践研究［M］. 北京：经济管理出版社，2020：20-21.

［52］数字经济驱动农业产业链升级的机制分析［J］. 中国集体经济，2024（3）：22-25.

［53］李冰. 农村社群关系、农业技术扩散嵌入"三产融合"的路径分析［J］. 经济问题，2019（8）：91-98.

［54］李凤. 云南省农村三产融合对农民增收的影响研究［D］. 昆明：云南农业大学，2022.

[55] 李广. 特色小镇促力乡村振兴路径研究 [J]. 菏泽学院学报, 2019, 41 (3): 15-18.

[56] 李国胜. 论乡村振兴中产业兴旺的战略支撑 [J]. 中州学刊, 2020 (3): 47-52.

[57] 李怀军. 云南农产品加工业发展现状浅析 [J]. 锦绣·下旬刊, 2020 (3): 18-24.

[58] 李姣媛, 覃诚, 方向明. 农村一二三产业融合: 农户参与及其增收效应研究 [J]. 江西财经大学学报, 2020 (5): 103-116.

[59] 李品上. 多功能视角下吉林省现代农业发展水平评价 [D]. 长春: 吉林大学, 2019.

[60] 李乾, 芦千文, 王玉斌. 农村一二三产业融合发展与农民增收的互动机制研究 [J]. 经济体制改革, 2018 (4): 96-101.

[61] 李生梅, 陈宗颜. 青海省农业产业结构调整与农业经济增长关系的实证分析 [J]. 青海农林科技, 2010 (3): 43-45+70.

[62] 李甜江, 王世超, 巩合德, 等. 石漠化区域森林康养模式研究 [J]. 内蒙古林业调查设计, 2021, 44 (1): 98-101+104+13.

[63] 李芸, 陈俊红, 陈慈. 农业产业融合评价指标体系研究及对北京市的应用 [J]. 科技管理研究, 2017, 37 (4): 55-63.

[64] 李源峰. 乡村振兴战略下中国城乡融合发展研究 [D]. 武汉: 武汉大学, 2019.

[65] 李玉磊, 李华, 肖红波. 国外农村一二三产业融合发展研究 [J]. 世界农业, 2016 (6): 20-24.

[66] 李治, 王东阳. 交易成本视角下农村一二三产业融合发展问题研究 [J]. 中州学刊, 2017 (9): 54-59.

[67] 李治, 王一杰, 胡志全. 农村一、二、三产业融合评价体系的构建与评价——以北京市为例 [J]. 中国农业资源与区划, 2019, 40 (11): 111-120.

[68] 梁树广, 马中东. 农业产业融合的关联度、路径与效应分析 [J]. 经济体制改革, 2017 (6): 79-84.

[69] 梁伟军. 农业与相关产业融合发展研究 [D]. 武汉: 华中农业

大学，2010.

［70］梁伟军. 产业融合视角下的中国农业与相关产业融合发展研究［J］. 科学·经济·社会，2011，29（4）：12－17＋24.

［71］梁亚婷. 云南省发展外向型经济发展路径研究［J］. 产业创新研究，2023（15）：25－28.

［72］林亦平，陶林. 乡村振兴战略视域下田园综合体的"综合"功能研究——基于首批田园综合体试点建设项目分析［J］. 南京农业大学学报（社会科学版），2020，20（1）：109－116.

［73］罗其友. 农业的多功能性与农业功能分区［J］. 中国农业资源与区划，2004（1）：46－50.

［74］罗文标，程功. 产业融合中的供应链构建［J］. 科技进步与对策，2005（9）：70－72.

［75］刘国斌，李博. 农村一二三产业融合发展研究：理论基础、现实依据、作用机制及实现路径［J］. 治理现代化研究，2019（4）：39－46.

［76］刘海洋. 乡村产业振兴路径：优化升级与三产融合［J］. 经济纵横，2018（11）：111－116.

［77］刘红峰，邓家飞，刘惠良. 农业强国视域下农业高质量发展水平测度及其驱动因素研究［J］. 湖南农业科学，2023（8）：89－95＋100.

［78］刘洁婷. 新发展理念视阈下建水西庄紫陶特色小镇的培育路径研究［J］. 红河学院学报，2022，20（6）：18－21.

［79］刘稚. 云南与东盟各国经贸合作的现状与发展思路［J］. 东南亚，2003（3）：5－12.

［80］卢京宇，郭俊华. 三产融合促进农民农村共同富裕：逻辑机理与实践路径［J］. 农业经济问题，2023（11）：105－117.

［81］芦千文. 农村一二三产业融合发展研究述评［J］. 农业经济与管理，2016（4）：27－34.

［82］马健. 产业融合理论研究评述［J］. 经济学动态，2002（5）：78－81.

［83］［美］迈克尔·波特. 国家竞争优势［M］. 李明轩，邱如美，

译. 北京：华夏出版社，2002：68.

[84] 孟凡钊，董彦佼. 乡村振兴背景下农村产业融合的现实意义和实现机制 [J]. 农业经济，2022 (6)：12-14.

[85] 苗静. 内蒙古 33 个牧业旗市产业结构演进研究 [D]. 呼和浩特：内蒙古农业大学，2018.

[86] 闵薇. 浅析云南特色文化产业的发展 [J]. 中国商贸，2015 (8)：115-116+119.

[87] 缪智宇，陈嘉. 基于多元回归的农村劳动力转移因子研究——以云南省为例 [J]. 新农业，2022 (7)：76-77.

[88] 念延辉，李昕怡. 河南省农村一二三产业融合发展国内外经验借鉴及启示 [J]. 现代商贸工业，2019，40 (9)：48-49.

[89] 欧小琼. 重庆市农村一二三产业融合水平评价与发展研究 [D]. 重庆：重庆工商大学，2020.

[90] 普素文. 云南省农特产业发展的 SWOT 分析及对策研究 [J]. 现代商贸工业，2020，41 (20)：3-4.

[91] 钱琳刚. 对云南省农产品品牌发展的思考 [J]. 商业经济，2019 (4)：96-98.

[92] 秦嗣毅. 产业集群、产业融合与国家竞争力 [J]. 求是学刊，2008 (5)：59-63.

[93] 产业链视角下农村特色产业发展研究 [D]. 苏州：苏州科技大学，2016.

[94] 任国翠. 大庆市农村一二三产业融合发展水平评价研究 [D]. 大庆：黑龙江八一农垦大学，2020.

[95] 沈冉. 湖北省农村一二三产业融合及其经济效应的研究 [D]. 武汉：华中农业大学，2020.

[96] 申孝忠. 内生发展与六次产业 [R]. 北海道：第四届东亚农业研讨会报告资料，2010.

[97] 史敦友，段龙龙. 供给侧改革视域下农村产业融合发展模式比较研究——以四川省为例 [J]. 农业经济，2019 (1)：40-42.

[98] 室屋有宏. 六次产业化的现状与问题——振兴整个地区的"区

域六阶段"的必要性 [J]. 农林金融, 2013 (5): 302-321.

[99] 舒尔茨. 改造传统农业 [M]. 梁小民, 译. 北京: 商务印书馆, 1999: 25.

[100] 宋洪远. 智慧农业发展的状况、面临的问题及对策建议 [J]. 人民论坛·学术前沿, 2020 (24): 62-69.

[101] 宋晓华, 尹德斌, 李慧. 产业振兴视域下农村产业融合的创新模式 [J]. 农业经济, 2022 (10): 43-45.

[102] 宋媛. 云南构建高质量农业产业体系调研报告 [J]. 新西部, 2022 (Z1): 18-24.

[103] 苏毅清, 游玉婷, 王志刚. 农村一二三产业融合发展: 理论探讨、现状分析与对策建议 [J]. 中国软科学, 2016 (8): 17-28.

[104] 孙中叶. 农业产业化的路径转换: 产业融合与产业集聚 [J]. 经济经纬, 2005 (4): 37-39.

[105] 谭丹, 洪贤泰. 湖南省农村一二三产业融合度评价研究 [J]. 全国流通经济, 2019 (33): 140-143.

[106] 谭明交. 农村一二三产业融合发展: 理论与实证研究 [D]. 武汉: 华中农业大学, 2016.

[107] 汤洪俊, 朱宗友. 农村一二三产业融合发展的若干思考 [J]. 宏观经济管理, 2017 (8): 48-52.

[108] 万俊毅. 发展乡村特色产业, 拓宽农民增收致富渠道 [J]. 农业经济与管理, 2022 (6): 19-22.

[109] 王大力, 吴映梅, 陈国鹏. 丘北普者黑景区水上旅游活动安全管理探析 [J]. 文山学院学报, 2015, 28 (3): 88-91.

[110] 王梅红, 张文政. 乡村全面振兴背景下高素质农民培育问题研究 [J]. 农业科技管理, 2023, 42 (4): 40-43.

[111] 王继华, 伏成秀. 云南建设农业强省的对策思考 [J]. 社会主义论坛, 2023 (8): 14-16.

[112] 王俊. 吉林省农村一二三产业融合发展问题研究 [D]. 长春: 吉林大学, 2021.

[113] 王俊飞. 欧盟农业多功能性的发展与演变 [J]. 世界农业,

2014（12）：138-142+183.

[114] 王乐君，寇广增. 促进农村一二三产业融合发展的若干思考[J]. 农业经济问题，2017，38（6）：82-88+3.

[115] 王琪延，徐玲. 基于产业关联视角的北京旅游业与农业融合研究[J]. 旅游学刊，2013，28（8）：102-110.

[116] 王伟. 农村三产融合发展的内生动力研究[J]. 中国商论，2018（33）：168-169.

[117] 王昕坤. 产业融合——农业产业化的新内涵[J]. 农业现代化研究，2007（3）：303-306+321.

[118] 王越. 大理周城扎染传统纹样的传承与创新应用研究[D]. 大理：大理大学，2022.

[119] 魏哲. 广州市农村一二三产业融合发展研究[D]. 广州：仲恺农业工程学院，2019.

[120] 韦庆明. 浅谈云南砚山县小辣椒产业的发展困难与对策[J]. 农业工程技术，2017，37（11）：20.

[121] 吴海峰. 乡村产业兴旺的基本特征与实现路径研究[J]. 中州学刊，2018（12）：35-40.

[122] 吴军. 新型农业经营主体与乡村治理结构优化研究[D]. 成都：西南财经大学，2021.

[123] 夏锦文，章仁俊. 产业平衡增长和不平衡增长理论述评[J]. 石家庄经济学院学报，2005（4）：90-95.

[124] 肖昊明. 广西农村一二三产业融合度测量及对策研究[D]. 南宁：广西大学，2021.

[125] 肖卫东，杜志雄. 农村一二三产业融合：内涵要解、发展现状与未来思路[J]. 西北农林科技大学学报（社会科学版），2019，19（6）：120-129.

[126] 谢艳乐，祁春节. 农业高质量发展与乡村振兴联动的机理及对策[J]. 中州学刊，2020（2）：33-37.

[127] 熊爱华，张涵. 农村一二三产业融合：发展模式、条件分析及政策建议[J]. 理论学刊，2019（1）：72-79.

[128] 熊小林. 以居民消费升级为导向深化农业供给侧结构性改革[J]. 宏观经济研究, 2018 (5): 34-46.

[129] 熊琬莹. 乡村振兴推动农村共同富裕的内在逻辑及现实路径[J]. 学校党建与思想教育, 2022 (24): 91-93.

[130] 许红. 农村一二三产业融合: 理论分析、实践探索及对策建议[J]. 开发研究, 2020 (4): 110-117.

[131] 徐丽华. 重塑云南农产品加工业 RCEP 价值链地位[J]. 社会主义论坛, 2022 (7): 37-39.

[132] 亚当·斯密. 国民财富的性质和原因的研究[M]. 郭大力, 王亚南, 译. 北京: 商务印书馆, 1972: 6-7.

[133] 杨怀东, 张小蕾. 现代农业发展的耦合协调性研究——基于湖南省农村产业融合分析[J]. 调研世界, 2020 (3): 44-51.

[134] 杨淑艳. 中国从业人员总体分布情况分析[J]. 价值工程, 2010, 29 (20): 130-132.

[135] 杨雪, 史修艺, 李玉琴, 等. 农业生产性服务与农村三产融合的协调度测算[J]. 北方园艺, 2019 (16): 161-169.

[136] 杨晓霖. 云南省绿色发展水平测度及时空演变研究[D]. 昆明: 云南师范大学, 2022.

[137] 燕林祥, 张朝莲, 孔令瑗, 等. 罗平县现代种业发展现状与思考[J]. 云南农业, 2021 (7): 33-36.

[138] 叶艳萍, 王卫清, 樊建麟, 等. 云南省高原特色农业产业集群竞争力的现状及演进——基于 16 州 (市) 37 个农业产业 2002—2017 年数据分析[J]. 湖南农业科学, 2020 (4): 91-96.

[139] 尹贺. 吉林省农村一二三产业融合发展路径研究[D]. 长春: 吉林财经大学, 2021.

[140] 殷志勇. 试析剑川木雕助力乡村振兴的有效路径[J]. 民族音乐, 2021 (6): 80-81.

[141] 于佳禾. 吉林省农村三产融合发展研究[D]. 吉林: 东北电力大学, 2022.

[142] 于刃刚. 三次产业分类与产业融合趋势[J]. 经济研究参考,

1997 (25): 46-47.

[143] 余燕玲. 河北省农村一二三产业融合发展研究 [D]. 石家庄: 河北师范大学, 2021.

[144] 元宽, 吴进明. 罗平县油菜生产综合效益分析 [J]. 当代经济, 2013 (5): 82-83.

[145] 曾福生. 发展新产业新业态破解农民增收困境 [J]. 湖湘论坛, 2017, 30 (5): 80-83+2.

[146] 曾雄旺, 张子涵, 胡鹏. 新型农业经营主体融资约束及其破解 [J]. 湖南社会科学, 2020 (1): 97-102.

[147] 张红宇, 刘玫, 王晖. 农村土地使用制度变迁: 阶段性、多样性与政策调整 [J]. 农业经济问题, 2002 (2): 12-20.

[148] 张绘. 实现西部乡村产业高质量发展的机遇与挑战 [J]. 人民论坛, 2022 (23): 50-53.

[149] 张杰. 加快创新和产业融合发展是关键 [N]. 社会科学报, 2017, 12 (28): 2.

[150] 张来武. 产业融合背景下六次产业的理论与实践 [J]. 中国软科学, 2018 (5): 1-5.

[151] 张丕生, 蒋绍平. 茶文旅融合发展的景迈山实践 [J]. 中国生态文明, 2023 (Z1): 100-102.

[152] 张睿, 韩影. 产业融合视角下农村人才队伍建设研究 [J]. 农业经济, 2023 (9): 96-97.

[153] 张睿莲. 美美与共 交往交融——生物多样与文化多元的云南 [J]. 今日民族, 2021 (10): 1-2.

[154] 张书慧, 刘晓倩. 乡村振兴助力共同富裕: 逻辑关系、道路羁绊与路径选择 [J]. 当代经济管理, 2023, 45 (5): 10-17.

[155] 张义博. 农业现代化视野的产业融合互动及其路径找寻 [J]. 改革, 2015 (2): 98-107.

[156] 张永金, 李志刚, 冯稚进. 云南省农业信息化发展成果 [J]. 云南农业, 2017 (2): 52-53.

[157] 赵放, 刘雨佳. 农村三产融合发展的国际借鉴及对策 [J]. 经

济纵横, 2018 (9): 122-128.

[158] 赵霞, 姜利娜. 荷兰发展现代化农业对促进中国农村一二三产业融合的启示 [J]. 世界农业, 2016 (11): 21-24.

[159] 赵艺葳. 孝义市农村一二三产业融合发展研究 [D]. 太原: 山西农业大学, 2021.

[160] 郑红梅, 高波, 李婧媛, 等. 加快云南省特色农产品精深加工业高质量发展的思考 [J]. 农业展望, 2021, 17 (5): 54-57.

[161] 郑媛榕. 福建省农村一二三产业融合度评估及影响因素分析 [J]. 内蒙古农业大学学报 (社会科学版), 2020, 22 (2): 77-84.

[162] 植草益. 信息通讯业的产业融合 [J]. 中国工业经济, 2001 (2): 24-27.

[163] 钟钰, 巴雪真. 农业强国视角下"农民"向"职业农民"的角色转变与路径 [J]. 经济纵横, 2023 (9): 38-47.

[164] 宗锦耀. 以农产品加工业为引领 推进农村一二三产业融合发展 [J]. 农村工作通讯, 2015 (13): 19-22.

[165] 周易. 四川省农村三产融合发展水平研究 [D]. 成都: 四川师范大学, 2022.

[166] 周振华. 信息化与产业融合 [M]. 上海: 上海人民出版社, 2003.

[167] 周振华. 论信息化中的产业融合类型 [J]. 上海经济研究, 2004 (2): 11-17.

[168] Boehije M, Schrader L F. The Industrialization of Agriculture: Questions of Coordination in the Industrialization of Agriculture [M]. Great Britain: The Ipswich Book Company, 2000.

[169] Chaniotakis L E. Innovative Agri-Food Value Chain Financing in Greece [M]. Food Security and Sustainability, Springer International Publishing, 2017.

[170] Curran C S, Bro Ring S, Leker J. Anticipating Converging Industries Using Publicly Available Data [J]. Technological Forecasting & Social Change, 2010, 77 (3): 385-395.

［171］Devendra S. Technological Guideposts and Innovation Avenues［J］. Research Policy, 1985, 14 (2): 61 – 82.

［172］Duysters G, Hagedoorn J. Technological Convergence in the IT Industry: The Role of Strategic Technology Alliances and Technological Competencies［J］. Research Memorandum, 1998, 5 (3): 355 – 368.

［173］Fai F, Tunzelmann N. Industry – specific Competencies and Converging Technological Systems: Evidence from Patents［J］. Structural Change and Economic Dynamics, 2001, 12 (2): 141 – 170.

［174］Gaines B R. The Learning Curves Underlying Convergence［J］. Technological Forecasting and Social Change, 1998 (57): 7 – 34.

［175］Gambardella A, Torrisi S. Does Technological Convergence Imply Convergence in Markets? Evidence from the Electronics Industry［J］. Research Policy, 1998, 27 (5): 445 – 463.

［176］Giovanni D G. Technical Change and Economic Theory［M］. London: Pinter Publishers, 1988: 46 – 47.

［177］Greenstein S, Khanna T. What Does Industry Mean?［M］//Yoffie D B. Competing in the Age of Digital Convergence［J］. President and Fellows of Harvard Press, 1997: 201 – 226.

［178］Kim Gi – Hyo. Development of Rural Tourism Program for Dynamic Conservation of Agricultural Heritage［J］. Northeast Asia Tourism Research, 2019 (4): 255 – 274.

［179］Kim N, Lee H, Kim W, et al. Dynamic Patterns of Industry Convergence: Evidence from a Large Amount of Unstructured Data［J］. Research Policy, 2015 (9): 44 – 45.

［180］Lei Z, Hui – Bin X, Management S O, et al. Planning of Modern Agricultural Demonstration Zone from the Perspective of Industrial Convergence – Also Study on the Expansion of Its Tourist Functions［J］. 景观研究（英文版）, 2011, 3 (10): 69 – 72.

［181］Liu Y. Cognitive Diagnosis of Cultural and Rural Tourism Convergence［J］. Translational Neuroscience, 2019 (10): 19 – 24.

[182] Marshalla A. Principles of Economics [M]. London: Maillan, 1920: 1877-1890.

[183] Matthews R C O. The Economics of Institutions and the Source of Growth [J]. Economic Journal, 1986 (96): 903-910.

[184] McGehee N G. An Agritourism Systems Model: A Weberian Perspective [J]. Journal of Sustainable Tourism, 2007, 15 (1): 111-124.

[185] Myrdal G. Asian Drama: An Inquiry into the Poverty of Nations [M]. New York: Pantheon Books, 1968.

[186] Rosenberg N. Technological Change in the Machine Tool Industry: 1840-1910 [J]. Journal of Economic History, 1963 (23): 414-446.

[187] Song C H, Elvers D, Leker J. Anticipation of Converging Technology Areas - Are Fined Approach for the Identification of Attractive Fields of Innovation [J]. Technological Forecasting & Social Change, 2016 (116): 98-115.

[188] Wan X, Xuan Y, Lv K. Measuring Convergence of China's ICT Industry: An Input-Output Analysis [J]. Telecommunications Policy, 2001, 35 (4): 301-313.

[189] Weber A. The Theory of the Location of Industries (1909) [M]. Chicago and London: The University of Chicago Press, 1965.

[190] Williamson O E. Markets and Hierarchies: Analysis and Antitrust Implications [M]. New York: The Free Press, 1975: 134-153.

[191] Yoffie D B. Competing in the Age of Digital Convergence [J]. California Management Review, 1996, 38 (4): 31-53.

后　记

随着我国脱贫攻坚战取得全面胜利，巩固拓展脱贫攻坚成果同乡村振兴有效衔接成为一项重点工作。目前，虽然农村已摆脱困扰已久的绝对贫困，但是民族要复兴，乡村必振兴，农业农村工作依然任重道远。现阶段我国城乡发展差距依然明显，要扭转这一局面就必须充分抓好国家乡村振兴战略机遇，持续推进农村三产融合发展。这一方式是近年来农村发展的一种主流和趋势，也是繁荣农村经济、促进农民持续增收的重要措施。通过农村三产融合发展加快农业农村现代化进程，带来农村产业的转型升级。现阶段我国农村三产融合发展层级整体上偏低，而云南作为边疆民族地区，长期受到历史、地理等因素的影响，要实现农村三产融合发展必然有一定的过程。农村三产融合发展是农村一二三产业的联动及整合聚集，是对农村资源的有效整合的新经济形态。在这一模式下，人力资源、土地资源、信息资源、资金及关键技术等要素资源形成有效配置，并在三大产业中形成渗透，拓展了产业范围，对于促进农业多功能的拓展和产业的转型发展起到了重要促进作用，延长了产业链。本书旨在通过对国内外及云南本地的典型案例模式进行深入分析，并据此提出符合云南实际的对策，促进云南农村三产融合发展模式创新与应用，进而更好地服务云南乡村振兴战略。

作者

2024 年 12 月